dt

D0541570

Hans Schnier, Sohn aus reichem Hause, will lieber ein ehr-
licher Clown als ein Heuchler sein. Sechs Jahre lang hat er
mit Marie in wilder Ehe gelebt. Marie verläßt ihn, weil er
sich nicht verpflichten will, die aus dieser Verbindung zu
erwartenden Kinder katholisch erziehen zu lassen. Schnier
ist diesem Verlust nicht gewachsen. Einst ein durchaus
gefragter Pantomime und Spaßmacher, sitzt er am Ende
zum Bettler degradiert mitten im Karnevalstreiben auf den
Stufen des Bonner Bahnhofs, wo Marie, die inzwischen
einen einflußreichen »fortschrittlichen« Katholiken geheiratet hat, von der Hochzeitsreise zurückkehren wird. –
Heinrich Bölls Roman hat 1963 heftige Diskussionen ausgelöst. Das Mißverständnis vom angeblichen »Antikatho-
lizismus« des Autors trug nicht wenig zu dieser starken
Resonanz bei. Doch Heinrich Bölls Held, ein Außenseiter,
leidet lediglich mehr als andere unter den bornierten Phra-
sen, der Unbarmherzigkeit und bequemen Moral unserer
Wohlstandsgesellschaft.

Heinrich Böll, am 21. Dezember 1917 in Köln geboren,
war nach dem Abitur Lehrling im Buchhandel. Danach
Studium der Germanistik. Im Krieg sechs Jahre Soldat.
Seit 1947 veröffentlichte er Erzählungen, Romane, Hör-
und Fernsehspiele, Theaterstücke und war auch als Über-
setzer aus dem Englischen tätig. 1972 erhielt Böll den
Nobelpreis für Literatur. Er starb am 16. Juli 1985 in
Langenbroich/Eifel.

Heinrich Böll

Ansichten eines Clowns

Roman

Mit einem Nachwort des Autors

Deutscher Taschenbuch Verlag

Ausführliche Informationen über
unsere Autoren und Bücher
finden Sie auf unserer Website
www.dtv.de

42., neu durchgesehene Auflage 1997
55. Auflage 2010
1967 Deutscher Taschenbuch Verlag GmbH & Co. KG,
München
© 1963 Verlag Kiepenheuer & Witsch, Köln
Umschlagkonzept: Balk & Brumshagen
Umschlagfoto: Bildarchiv Peter W. Engelmeier
Gesetzt aus der Stempel Garamond 10,5/12ʼ (Linotron)
Gesamtherstellung: Druckerei C. H. Beck, Nördlingen
Gedruckt auf säurefreiem, chlorfrei gebleichtem Papier
Printed in Germany · ISBN 978-3-423-00400-8

Für Annemarie

*Die werden es sehen, denen von Ihm noch
nichts verkündet ward, und die verstehen,
die noch nichts vernommen haben.*

I

Es war schon dunkel, als ich in Bonn ankam, ich zwang mich, meine Ankunft nicht mit der Automatik ablaufen zu lassen, die sich in fünfjährigem Unterwegssein herausgebildet hat: Bahnsteigtreppe runter, Bahnsteigtreppe rauf, Reisetasche abstellen, Fahrkarte aus der Manteltasche nehmen, Reisetasche aufnehmen, Fahrkarte abgeben, zum Zeitungsstand, Abendzeitungen kaufen, nach draußen gehen und ein Taxi heranwinken. Fünf Jahre lang bin ich fast jeden Tag irgendwo abgefahren und irgendwo angekommen, ich ging morgens Bahnhofstreppen rauf und runter und nachmittags Bahnhofstreppen runter und rauf, winkte Taxis heran, suchte in meinen Rocktaschen nach Geld, den Fahrer zu bezahlen, kaufte Abendzeitungen an Kiosken und genoß in einer Ecke meines Bewußtseins die exakt einstudierte Lässigkeit dieser Automatik. Seitdem Marie mich verlassen hat, um Züpfner, diesen Katholiken, zu heiraten, ist der Ablauf noch mechanischer geworden, ohne an Lässigkeit zu verlieren. Für die Entfernung vom Bahnhof zum Hotel, vom Hotel zum Bahnhof gibt es ein Maß: den Taxameter. Zwei Mark, drei Mark, vier Mark fünfzig vom Bahnhof entfernt. Seitdem Marie weg ist, bin ich manchmal aus dem Rhythmus geraten, habe Hotel und Bahnhof miteinander verwechselt, nervös an der Portierloge nach meiner Fahrkarte gesucht oder den Beamten an der Sperre nach meiner Zimmernummer gefragt, irgend etwas, das Schicksal heißen mag, ließ mir wohl meinen Beruf und meine Situation in Erinnerung bringen. Ich bin ein Clown, offizielle Berufsbezeichnung: Komiker, keiner Kirche steuerpflichtig, siebenundzwanzig Jahre alt, und eine meiner Nummern heißt: Ankunft und Abfahrt, eine (fast zu) lange Pantomime, bei der der Zuschauer bis zuletzt Ankunft und Abfahrt verwechselt; da ich diese Nummer meistens im Zug noch einmal durchgehe (sie besteht aus mehr als sechshundert Abläufen, deren Choreographie ich natürlich im Kopf haben muß), liegt es nahe, daß ich hin und wieder meiner eigenen Phantasie erliege: in ein Hotel stürze, nach der Abfahrtstafel ausschaue, diese auch entdecke, eine Treppe hinauf- oder hinunterrenne, um meinen Zug nicht zu versäumen, während ich doch nur auf mein Zimmer zu gehen und mich auf die Vorstellung vorzubereiten brauche. Zum Glück kennt man mich in den meisten Hotels; innerhalb von fünf Jahren ergibt sich ein Rhythmus mit weniger Variationsmöglichkeiten, als man gemeinhin annehmen mag – und außerdem sorgt mein Agent, der meine Eigenheiten kennt, für eine gewisse Reibungslosigkeit. Was er »die Sensibilität der Künstlerseele« nennt, wird voll respektiert, und eine »Aura des Wohlbefindens« umgibt mich, sobald ich auf meinem Zimmer bin: Blumen in einer hübschen Vase, kaum habe ich den Mantel abgeworfen, die Schuhe (ich hasse Schuhe) in die Ecke geknallt, bringt mir ein hübsches Zimmermädchen Kaffee und Kognak, läßt mir ein Bad einlaufen, das mit grünen Ingredienzien wohlriechend und beruhigend gemacht wird. In der Badewanne lese ich Zeitungen, lauter unseriöse, bis zu sechs, mindestens aber drei, und singe mit mäßig lauter Stimme ausschließlich Liturgisches: Choräle, Hymnen, Sequenzen, die mir noch aus der Schulzeit in Erinnerung sind. Meine Eltern, strenggläubige Protestanten, huldigten der Nachkriegsmode konfessioneller Versöhnlichkeit und schickten mich auf eine katholische Schule. Ich selbst bin nicht religiös, nicht einmal kirchlich, und bediene mich der liturgischen Texte und Melodien aus therapeutischen Gründen: sie helfen mir am besten über die beiden Leiden hinweg, mit denen ich von Natur belastet bin: Melancholie und Kopfschmerz. Seitdem Marie zu den Katholiken übergelaufen ist (obwohl Marie selbst katholisch ist, erscheint mir diese Bezeichnung angebracht), steigert sich die Heftigkeit dieser beiden Leiden, und selbst das *Tantum ergo* oder die Lauretanische Litanei, bisher meine Favoriten in der Schmerzbekämpfung, helfen kaum noch. Es gibt ein vorübergehend wirksames Mittel: Alkohol –, es gäbe eine dauerhafte Heilung: Marie; Marie hat mich verlassen. Ein Clown, der ans Saufen kommt, steigt rascher ab, als ein betrunkener Dachdecker stürzt.

Wenn ich betrunken bin, führe ich bei meinen Auftritten Bewegungen, die nur durch Genauigkeit gerechtfertigt sind, ungenau aus und verfalle in den peinlichsten Fehler, der einem Clown unterlaufen kann: ich lache über meine eigenen Einfälle. Eine fürchterliche Erniedrigung. Solange ich nüchtern bin, steigert sich die Angst vor dem Auftritt bis zu dem Augenblick, wo ich die Bühne betrete (meistens mußte ich auf die Bühne gestoßen werden), und was manche Kritiker »diese nachdenkliche, kritische Heiterkeit« nannten, »hinter der man das Herz schlagen hört«, war nichts anderes als eine verzweifelte Kälte, mit der ich mich zur Marionette machte; schlimm übrigens, wenn der Faden riß und ich auf mich selbst zurückfiel. Wahrscheinlich existieren Mönche im Zustand der Kontemplation ähnlich; Marie schleppte immer viel mystische Literatur mit sich herum, und ich erinnere mich, daß die Worte »leer« und »nichts« häufig darin vorkamen.

Seit drei Wochen war ich meistens betrunken und mit trügerischer Zuversicht auf die Bühne gegangen, und die Folgen zeigten sich rascher als bei einem säumigen Schüler, der sich bis zum Zeugnisempfang noch Illusionen machen kann; ein halbes Jahr ist eine lange Zeit zum Träumen. Ich hatte schon nach drei Wochen keine Blumen mehr auf dem Zimmer, in der Mitte des zweiten Monats schon kein Zimmer mit Bad mehr, und Anfang des dritten Monats betrug die Entfernung vom Bahnhof schon sieben Mark, während die Gage auf ein Drittel geschmolzen war. Kein Kognak mehr, sondern Korn, keine Varietés mehr: merkwürdige Vereine, die in dunklen Sälen tagten, wo ich auf einer Bühne mit miserabler Beleuchtung auftrat, wo ich nicht einmal mehr ungenaue Bewegungen, sondern bloß noch Faxen machte, über die sich Dienstjubilare von Bahn, Post, Zoll, katholische Hausfrauen oder evangelische Krankenschwestern amüsierten, biertrinkende Bundeswehroffiziere, deren Lehrgangsabschluß ich verschönte, nicht recht wußten, ob sie lachen durften oder nicht, wenn ich die Reste meiner Nummer ›Verteidigungsrat‹ vorführte, und gestern, in Bochum, vor Jugendlichen, rutschte ich mitten in einer Chaplin-Imitation aus und kam nicht wieder auf die Beine. Es gab nicht einmal Pfiffe, nur ein mitleidiges Geraune, und ich humpelte, als endlich der Vorhang über mich fiel, rasch weg, raffte meine Klamotten zusammen und fuhr, ohne mich abzuschminken, in meine Pension, wo es eine fürchterliche Keiferei gab, weil meine Wirtin sich weigerte, mir mit Geld für das Taxi auszuhelfen. Ich konnte den knurrigen Taxifahrer nur beruhigen, indem ich ihm meinen elektrischen Rasierapparat nicht als Pfand, sondern als Bezahlung übergab. Er war noch nett genug, mir eine angebrochene Packung Zigaretten und zwei Mark bar herauszugeben. Ich legte mich angezogen auf mein ungemachtes Bett, trank den Rest aus meiner Flasche und fühlte mich zum ersten Mal seit Monaten vollkommen frei von Melancholie und Kopfschmerzen. Ich lag auf dem Bett in einem Zustand, den ich mir manchmal für das Ende meiner Tage erhoffe: betrunken und wie in der Gosse. Ich hätte mein Hemd hergegeben für einen Schnaps, nur die komplizierten Verhandlungen, die der Tausch erfordert hätte, hielten mich von diesem Geschäft ab. Ich schlief großartig, tief und mit Träumen, in denen der schwere Bühnenvorhang als ein weiches, dickes Leichentuch über mich fiel wie eine dunkle Wohltat, und doch spürte ich durch Schlaf und Traum hindurch schon die Angst vor dem Erwachen: die Schminke noch auf dem Gesicht, das rechte Knie geschwollen, ein mieses Frühstück auf Kunststofftablett und neben der Kaffeekanne ein Telegramm meines Agenten: »Koblenz und Mainz haben abgesagt Stop Anrufe abends Bonn. Zohnerer.« Dann ein Anruf vom Veranstalter, durch den ich jetzt erst erfuhr, daß er dem christlichen Bildungswerk vorstand. »Kostert«, sagte er am Telefon, auf eine subalterne Weise eisig, »wir müssen die Honorarfrage noch klären, Herr Schnier.« – »Bitte«, sagte ich, »dem steht nichts im Wege.«

»So?« sagte er. Ich schwieg, und als er weitersprach, war seine billige Eisigkeit schon zu simplem Sadismus geworden. »Wir haben einhundert Mark Honorar für einen Clown ausgemacht, der damals zweihundert wert war« – er machte eine Pause, wohl, um mir Gelegenheit zu geben, wütend zu werden, aber ich schwieg, und er wurde wieder, wie er von Natur aus war, ordinär, und sagte: »Ich stehe einer gemeinnützigen Vereinigung vor, und mein Gewissen verbietet es mir, hundert Mark für einen Clown zu zahlen, der mit zwanzig reichlich, man könnte sagen, großzügig bezahlt ist.« Ich sah keinen Anlaß, mein Schweigen zu brechen. Ich steckte mir eine Zigarette an, goß mir noch von dem miesen Kaffee ein, hörte ihn schnaufen; er sagte: »Hören Sie noch?« Und ich sagte: »Ich höre noch«, und wartete. Schweigen ist eine gute Waffe; ich habe während meiner Schulzeit, wenn ich vor den Direktor oder vors Kollegium zitiert wurde, immer konsequent geschwiegen. Ich ließ den christlichen Herrn Kostert da hinten am anderen Ende der Leitung schwitzen; um Mitleid mit mir zu bekommen, war er zu klein, aber es reichte bei ihm zum Selbstmitleid, und schließlich murmelte er: »Machen Sie mir doch einen Vorschlag, Herr Schnier.«

»Hören Sie gut zu, Herr Kostert«, sagte ich, »ich schlage Ihnen folgendes vor: Sie nehmen ein Taxi, fahren zum Bahnhof, kaufen mir eine Fahrkarte erster Klasse nach Bonn –, kaufen mir eine Flasche Schnaps, kommen ins Hotel, bezahlen meine Rechnung einschließlich Trinkgeld und deponieren hier in einem Umschlag so viel Geld, wie ich für ein Taxi zum Bahnhof brauche; außerdem verpflichten Sie sich bei Ihrem christlichen Gewissen, mein Gepäck kostenlos nach Bonn zu befördern. Einverstanden?«

Er rechnete, räusperte sich und sagte: »Aber ich wollte Ihnen fünfzig Mark geben.«

»Gut«, sagte ich, »dann fahren Sie mit der Straßenbahn, dann wird das Ganze billiger für Sie als fünfzig Mark. Einverstanden?«

Er rechnete wieder und sagte: »Könnten Sie nicht das Gepäck im Taxi mitnehmen?«

»Nein«, sagte ich, »ich habe mich verletzt und kann mich nicht damit abgeben.« Offenbar fing sein christliches Gewissen an, sich heftig zu regen. »Herr Schnier«, sagte er milde, »es tut mir leid, daß ich ...«

»Schon gut, Herr Kostert«, sagte ich, »ich bin ja so

glücklich, daß ich der christlichen Sache vier- bis sechsundfünfzig Mark ersparen kann.« Ich drückte auf die Gabel und legte den Hörer neben den Apparat. Es war der Typ, der noch einmal angerufen und sich auf eine langwierige Art ausgeschleimt hätte. Es war viel besser, ihn ganz allein in seinem Gewissen herumpopeln zu lassen. Mir war elend. Ich vergaß zu erwähnen, daß ich nicht nur mit Melancholie und Kopfschmerz, noch mit einer anderen, fast mystischen Eigenschaft begabt bin: ich kann durchs Telefon Gerüche wahrnehmen, und Kostert roch süßlich nach Veilchenpastillen. Ich mußte aufstehen und mir die Zähne putzen. Ich gurgelte mit einem Rest Schnaps nach, schminkte mich mühsam ab, legte mich wieder ins Bett und dachte an Marie, an die Christen, an die Katholiken und schob die Zukunft vor mir her. Ich dachte auch an die Gossen, in denen ich einmal liegen würde. Für einen Clown gibt es, wenn er sich den fünfzig nähert, nur zwei Möglichkeiten: Gosse oder Schloß. Ich glaubte nicht an das Schloß und hatte bis fünfzig noch mehr als zweiundzwanzig Jahre irgendwie hinter mich zu bringen. Die Tatsache, daß Koblenz und Mainz abgesagt hatten, war das, was Zohnerer als »Alarmstufe I« bezeichnen würde, aber es kam auch einer weiteren Eigenschaft, die zu erwähnen ich vergaß, entgegen: meiner Indolenz. Auch Bonn hatte Gossen, und wer schrieb mir vor, bis fünfzig zu warten? Ich dachte an Marie: an ihre Stimme und ihre Brust, ihre Hände und ihr Haar, an ihre Bewegungen und an alles, was wir miteinander getan hatten. Auch an Züpfner, den sie heiraten wollte. Wir hatten uns als Jungen ganz gut gekannt, so gut, daß wir, als wir uns als Männer wiedertrafen, nicht recht wußten, ob wir *du* oder *Sie* zueinander sagen sollten, beide Anreden setzten uns in Verlegenheit, und wir kamen, sooft wir uns sahen, aus dieser Verlegenheit nicht raus. Ich verstand nicht, daß Marie ausgerechnet zu ihm übergelaufen war, aber vielleicht hatte ich Marie nie »verstanden«.

Ich wurde wütend, als ich ausgerechnet durch Kostert aus meinem Nachdenken geweckt wurde. Er kratzte an der Tür wie ein Hund und sagte: »Herr Schnier, Sie müssen mich anhören. Brauchen Sie einen Arzt?« – »Lassen Sie mich in Frieden«, rief ich, »schieben Sie den Briefumschlag unter der Tür durch und gehen Sie nach Hause.«

Er schob den Briefumschlag unter die Tür, ich stand auf, hob ihn auf und öffnete ihn: es war eine Fahrkarte zweiter Klasse von Bochum nach Bonn drin und das Taxigeld war genau abgezählt: Sechs Mark und fünfzig Pfennig. Ich hatte gehofft, er würde es auf zehn Mark aufrunden, und mir schon ausgerechnet, wieviel ich herausschlagen würde, wenn ich die Fahrkarte erster Klasse mit Verlust zurückgab und eine zweiter Klasse kaufte. Es wären ungefähr fünf Mark gewesen. »Alles in Ordnung?« rief er von draußen. »Ja«, sagte ich, »machen Sie, daß Sie wegkommen, Sie mieser christlicher Vogel.« – »Aber erlauben Sie mal«, sagte er, ich brüllte: »Weg.« Es blieb einen Augenblick still, dann hörte ich ihn die Treppe hinuntergehen. Die Kinder dieser Welt sind nicht nur klüger, sie sind auch menschlicher und großzügiger als die Kinder des Lichts. Ich fuhr mit der Straßenbahn zum Bahnhof, um etwas Geld für Schnaps und Zigaretten zu sparen. Die Wirtin rechnete mir noch die Gebühren für ein Telegramm an, das ich abends nach Bonn an Monika Silvs aufgegeben, das Kostert zu bezahlen sich geweigert hatte. So hätte mein Geld für ein Taxi bis zum Bahnhof doch nicht gereicht; das Telegramm hatte ich schon aufgegeben, bevor ich erfuhr, daß Koblenz abgesagt hatte: Die waren meiner Absage zuvorgekommen, und das wurmte mich ein bißchen. Es wäre besser für mich gewesen, wenn ich hätte absagen können, telegrafisch: »Auftritt wegen schwerer Knieverletzung unmöglich.« Nun, wenigstens war das Telegramm an Monika fort: »Bitte bereiten Sie Wohnung für morgen vor. Herzliche Grüße Hans.«

2

In Bonn verlief immer alles anders; dort bin ich nie aufgetreten, dort wohne ich, und das herangewinkte Taxi brachte mich nie in ein Hotel, sondern in meine Wohnung. Ich müßte sagen: uns, Marie und mich. Kein Pförtner im Haus, den ich mit einem Bahnbeamten verwechseln könnte, und doch ist diese Wohnung, in der ich nur drei bis vier Wochen im Jahr verbringe, mir fremder als jedes Hotel. Ich mußte mich zurückhalten, um vor dem Bahnhof in Bonn nicht ein Taxi heranzuwinken: diese Geste war so gut einstudiert, daß sie mich fast in Verlegenheit gebracht hätte. Ich hatte noch eine einzige Mark in der Tasche. Ich blieb auf der Freitreppe stehen und vergewisserte mich meiner Schlüssel: zur Haustür, zur Wohnungstür, zum Schreibtisch; im Schreibtisch würde ich finden: die Fahrradschlüssel. Schon lange denke ich an eine Schlüsselpantomime: Ich denke an ein ganzes Bündel von Schlüsseln aus Eis, die während der Nummer dahinschmelzen.

Kein Geld für ein Taxi; und ich hätte zum ersten Mal im Leben wirklich eins gebraucht: mein Knie war geschwollen, und ich humpelte mühsam quer über den Bahnhofsvorplatz in die Poststraße hinein; zwei Minuten nur vom Bahnhof bis zu unserer Wohnung, sie kamen mir endlos vor. Ich lehnte mich gegen einen Zigarettenautomaten und warf einen Blick auf das Haus, in dem mein Großvater mir eine Wohnung geschenkt hat; elegant ineinandergeschachtelte Appartements mit dezent getönten Balkonverkleidungen; fünf Stockwerke, fünf verschiedene Farbtöne für die Balkonverkleidungen; im fünften Stock, wo alle Verkleidungen rostfarben sind, wohne ich.

War es eine Nummer, die ich vorführte? den Schlüssel ins Haustürschloß stecken, ohne Erstaunen hinnehmen, daß er nicht schmolz, die Aufzugtür öffnen, auf die Fünf drücken: ein sanftes Geräusch trug mich nach oben; durchs schmale Aufzugfenster in den jeweiligen Flurabschnitt, über diesen hinweg durchs jeweilige Flurfenster blicken: ein Denkmalrücken, der Platz, die Kirche, angestrahlt; schwarzer Schnitt, die Betondecke und wieder, in leicht verschobener Optik: der Rücken, Platz, Kirche, angestrahlt: dreimal, beim vierten Mal nur noch Platz und Kirche. Etagentürschlüssel ins Schloß stecken, ohne Erstaunen hinnehmen, daß auch die sich öffnete.

Alles rostfarben in meiner Wohnung: Türen, Verkleidungen, eingebaute Schränke; eine Frau im rostroten Morgenmantel auf der schwarzen Couch hätte gut gepaßt; wahrscheinlich wäre eine solche zu haben, nur: ich leide nicht nur an Melancholie, Kopfschmerzen, Indolenz und der mystischen Fähigkeit, durchs Telefon Gerüche wahrzunehmen, mein fürchterlichstes Leiden ist die Anlage zur Monogamie; es gibt nur eine Frau, mit der ich alles tun kann, was Männer mit Frauen tun: Marie, und seitdem sie von mir weggegangen ist, lebe ich, wie ein Mönch leben sollte; nur: ich bin kein Mönch. Ich hatte mir überlegt, ob ich aufs Land fahren und in meiner alten Schule einen der Patres um Rat fragen sollte, aber alle diese Burschen halten den Menschen für ein polygames

Wesen (aus diesem Grund verteidigen sie so heftig die Einehe), ich muß ihnen wie ein Monstrum vorkommen, und ihr Rat wird nichts weiter sein als ein versteckter Hinweis auf die Gefilde, in denen, wie sie glauben, die Liebe käuflich ist. Bei Christen bin ich noch auf Überraschungen gefaßt, wie bei Kostert etwa, dem es tatsächlich gelang, mich in Erstaunen zu versetzen, aber bei Katholiken überrascht mich nichts mehr. Ich habe dem Katholizismus große Sympathien entgegengebracht, sogar noch, als Marie mich vor vier Jahren zum ersten Mal mit in diesen »Kreis fortschrittlicher Katholiken« nahm; es lag ihr daran, mir intelligente Katholiken vorzuführen, und natürlich hatte sie den Hintergedanken, ich könnte eines Tages konvertieren (diesen Hintergedanken haben alle Katholiken). Schon die ersten Augenblicke in diesem Kreis waren fürchterlich. Ich war damals in einer sehr schwierigen Phase meiner Entwicklung als Clown, noch keine zweiundzwanzig alt und trainierte den ganzen Tag. Ich hatte mich auf diesen Abend sehr gefreut, war todmüde und erwartete eine Art fröhlicher Zusammenkunft, mit viel gutem Wein, gutem Essen, vielleicht Tanz (es ging uns dreckig, und wir konnten uns weder Wein noch gutes Essen leisten); statt dessen gab es schlechten Wein, und es wurde ungefähr so, wie ich mir ein Oberseminar für Soziologie bei einem langweiligen Professor vorstelle. Nicht nur anstrengend, sondern auf eine überflüssige und unnatürliche Weise anstrengend. Zuerst beteten sie miteinander, und ich wußte die ganze Zeit über nicht, wohin mit meinen Händen und meinem Gesicht; ich denke, in eine solche Situation sollte man einen Ungläubigen nicht bringen. Sie beteten auch nicht einfach ein Vaterunser oder ein Ave-Maria (das wäre schon peinlich genug gewesen, protestantisch erzogen, bin ich bedient mit jeglicher Art privater Beterei), nein, es war irgendein von Kinkel verfaßter Text, sehr programmatisch, »und bitten wir Dich, uns zu befähigen, dem Überkommenen wie dem Fortschreitenden in gleicher Weise gerecht zu werden« und so weiter, und dann erst ging man zum »Thema des Abends« über: ›Armut in der Gesellschaft, in der wir leben.‹ Es wurde einer der peinlichsten Abende meines Lebens. Ich kann einfach nicht glauben, daß religiöse Gespräche so anstrengend sein müssen. Ich weiß: an diese Religion zu glauben ist schwer. Auferstehung des Fleisches und ein ewiges Leben. Oft hatte Marie mir aus der Bibel vorgelesen. Es muß schwer sein, das alles zu glauben. Ich habe später sogar Kierkegaard gelesen (eine nützliche Lektüre für einen werdenden Clown), es war schwer, aber nicht anstrengend. Ich weiß nicht, ob es Leute gibt, die sich nach Picasso oder Klee Tischdeckchen sticken. Mir kam es an diesem Abend so vor, als häkelten sich diese fortschrittlichen Katholiken aus Thomas von Aquin, Franz von Assisi, Bonaventura und Leo XIII. Lendenschurze zurecht, die natürlich ihre Blöße nicht deckten, denn es war keiner anwesend (außer mir), der nicht mindestens seine fünfzehnhundert Mark im Monat verdiente. Es war ihnen selbst so peinlich, daß sie später zynisch und snobistisch wurden, außer Züpfner, den die ganze Geschichte so quälte, daß er mich um eine Zigarette bat. Es war die erste Zigarette seines Lebens, und er paffte sie unbeholfen vor sich hin, ich merkte ihm an, er war froh, daß der Qualm sein Gesicht verhüllte. Mir war elend, Maries wegen, die blaß und zitternd da saß, als Kinkel die Anekdote von dem Mann erzählte, der fünfhundert Mark im Monat verdiente, sich gut damit einzurichten verstand, dann tausend verdiente und merkte, daß es schwieriger wurde, der geradezu in große Schwierigkeiten geriet, als er zweitausend verdiente, schließlich, als er dreitausend erreicht hatte, merkte, daß er wieder ganz gut zurechtkam, und seine Erfahrungen zu der Weisheit formulierte: »Bis fünfhundert im Monat geht's ganz gut, aber zwischen fünfhundert und dreitausend das nackte Elend.« Kinkel merkte nicht einmal, was er anrichtete: er quatschte, seine dicke Zigarre rauchend, das Weinglas an den Mund hebend, Käsestangen fressend, mit einer olympischen Heiterkeit vor sich hin, bis sogar Prälat Sommerwild, der geistliche Berater des Kreises, anfing, unruhig zu werden, und ihn auf ein anderes Thema brachte. Ich glaube, er brachte das Stichwort Reaktion auf und hatte damit Kinkel an der Angel. Der biß sofort an, wurde wütend und hörte mitten in seinem Vortrag darüber, daß ein Auto für zwölftausend Mark billiger sei als eins für viertausendfünfhundert, auf, und sogar seine Frau, die ihn in peinlicher Kritiklosigkeit anhimmelt, atmete auf.

3

Ich fühlte mich zum ersten Mal halbwegs wohl in dieser Wohnung; es war warm und sauber, und ich dachte, als ich meinen Mantel an den Kleiderhaken hängte und meine Guitarre in die Ecke stellte, darüber nach, ob eine Wohnung vielleicht doch etwas mehr als eine Selbsttäuschung ist. Ich bin nicht seßhaft, werde es nie sein – und Marie ist noch weniger seßhaft als ich und scheint sich doch entschlossen zu haben, es endgültig zu werden. Sie wurde schon nervös, wenn ich an einem Ort einmal länger als eine Woche hintereinander engagiert war.

Monika Silvs war auch diesmal so nett gewesen, wie sie immer war, wenn wir ihr ein Telegramm schickten; sie hatte sich vom Hausverwalter die Schlüssel besorgt, alles saubergemacht, Blumen ins Wohnzimmer gestellt, den Eisschrank mit allem möglichen gefüllt. Gemahlener Kaffee stand in der Küche auf dem Tisch, eine Flasche Kognak daneben. Zigaretten, eine brennende Kerze neben den Blumen auf dem Wohnzimmertisch. Monika kann ungeheuer gefühlvoll sein, bis zur Sentimentalität, sie kann sogar Kitschiges tun; die Kerze, die sie mir da auf den Tisch gestellt hatte, war eine von den künstlich betropften und hätte die Prüfung durch einen »Katholischen Kreis für Geschmacksfragen« ganz sicher nicht bestanden, aber wahrscheinlich hatte sie in der Eile keine andere Kerze gefunden oder kein Geld für eine teure, geschmackvolle Kerze gehabt, und ich spürte, daß gerade dieser geschmacklosen Kerze wegen meine Zärtlichkeit für Monika Silvs sich bis nahe an den Punkt ausdehnte, wo meine unselige Veranlagung zur Monogamie mir Grenzen gesetzt hat. Die anderen Katholiken aus dem Kreis würden nie riskieren, kitschig oder sentimental zu sein, sie würden sich nie eine Blöße geben, jedenfalls eher in puncto Moral als in puncto Geschmack. Ich konnte sogar Monikas Parfüm, das viel zu herb und zu modisch für sie ist, irgendein Zeug, das, glaube ich, Taiga heißt, noch in der Wohnung riechen.

Ich zündete mir an Monikas Kerze eine von Monikas Zigaretten an, holte den Kognak aus der Küche, das Telefonbuch aus der Diele und hob den Telefonhörer ab. Tatsächlich hatte Monika auch das für mich in Ordnung gebracht. Das Telefon war angeschlossen. Das helle Tuten erschien mir wie der Ton eines unendlich weiten Herzens, ich liebte es in diesem Augenblick mehr als Meeresrauschen, mehr als den Atem der Stürme und Löwenknurren. Irgendwo in diesem hellen Tuten verborgen war Maries Stimme, Leos Stimme, Monikas Stimme. Ich legte langsam den Hörer auf. Er war die einzige Waffe, die mir geblieben war, und ich würde bald Gebrauch davon machen. Ich zog mein rechtes Hosenbein hoch und betrachtete mein aufgeschürftes Knie; die Schürfungen waren oberflächlich, die Schwellung harmlos, ich goß mir einen großen Kognak ein, trank das Glas halb leer und goß den Rest über mein wundes Knie, humpelte in die Küche zurück und stellte den Kognak in den Eisschrank. Erst jetzt fiel mir ein, daß Kostert mir den Schnaps, den ich mir ausbedungen hatte, gar nicht gebracht hatte. Sicher hatte er geglaubt, es wäre aus pädagogischen Gründen besser, mir keinen zu bringen, und hatte der christlichen Sache damit sieben Mark fünfzig gespart. Ich nahm mir vor, ihn anzurufen und ihn um Überweisung des Betrags zu bitten. Dieser Hund sollte nicht so ganz ungeschoren davonkommen, und außerdem brauchte ich das Geld. Ich hatte fünf Jahre lang viel mehr verdient, als ich hätte ausgeben müssen, und doch war alles weg. Ich konnte natürlich weiter auf der Dreißig-bis-fünfzig-Mark-Ebene tingeln, sobald mein Knie wieder ganz heil war; es war mir an sich egal, das Publikum in diesen miesen Sälen ist sogar netter als in den Varietés. Aber dreißig bis fünfzig Mark pro Tag sind einfach zu wenig, die Hotelzimmer zu klein, man stößt beim Training an Tisch und Schränke, und ich bin der Meinung, daß ein Badezimmer kein Luxus ist und, wenn man mit fünf Koffern reist, ein Taxi keine Verschwendung.

Ich nahm den Kognak noch einmal aus dem Eisschrank und trank einen Schluck aus der Flasche. Ich bin kein Säufer. Alkohol tut mir wohl, seitdem Marie gegangen ist. Ich war auch nicht mehr an Geldschwierigkeiten gewöhnt, und die Tatsache, daß ich nur noch eine Mark besaß und keine Aussicht, bald erheblich dazuzuverdienen, machte mich nervös. Das einzige, was ich wirklich verkaufen könnte, wäre das Fahrrad gewesen, aber wenn ich mich entschließen würde, tingeln zu gehen, würde das Fahrrad sehr nützlich sein, es würde mir Taxi und Fahrgeld ersparen. An den Besitz der Wohnung war eine Bedingung geknüpft: ich durfte sie nicht verkaufen oder vermieten. Ein typisches Reicheleutegeschenk. Immer ist ein Haken dabei. Ich brachte es fertig, keinen Kognak mehr zu trinken, ging ins Wohnzimmer und schlug das Telefonbuch auf.

4

Ich bin in Bonn geboren und kenne hier viele Leute: Verwandte, Bekannte, ehemalige Mitschüler. Meine Eltern wohnen hier, und mein Bruder Leo, der unter Züpfners Patenschaft konvertiert ist, studiert hier katholische Theologie. Meine Eltern würde ich notwendigerweise einmal sehen müssen, schon um die Geldgeschichten mit ihnen zu regeln. Vielleicht werde ich das auch einem Rechtsanwalt übergeben. Ich bin in dieser Frage noch unentschlossen. Seit dem Tod meiner Schwester Henriette existieren meine Eltern für mich nicht mehr als solche. Henriette ist schon siebzehn Jahre tot. Sie war sechzehn, als der Krieg zu Ende ging, ein schönes Mädchen, blond, die beste Tennisspielerin zwischen Bonn und Remagen. Damals hieß es, die jungen Mädchen sollten sich freiwillig

zur Flak melden, und Henriette meldete sich, im Februar
1945. Es ging alles so rasch und reibungslos, daß ich's gar
nicht begriff. Ich kam aus der Schule, überquerte die Köl-
ner Straße und sah Henriette in der Straßenbahn sitzen,
die gerade in Richtung Bonn abfuhr. Sie winkte mir zu
und lachte, und ich lachte auch. Sie hatte einen kleinen
Rucksack auf dem Rücken, einen hübschen dunkelblauen
Hut auf und den dicken blauen Wintermantel mit dem
Pelzkragen an. Ich hatte sie noch nie mit Hut gesehen, sie
hatte sich immer geweigert, einen aufzusetzen. Der Hut
veränderte sie sehr. Sie sah wie eine junge Frau aus. Ich
dachte, sie mache einen Ausflug, obwohl es eine merkwürdige Zeit für Ausflüge war. Aber den Schulen war
damals alles zuzutrauen. Sie versuchten sogar, uns im
Luftschutzkeller Dreisatz beizubringen, obwohl wir die
Artillerie schon hörten. Unser Lehrer Brühl sang mit uns
»Frommes und Nationales«, wie er es nannte, worunter
er ›Ein Haus voll Glorie schauet‹ wie ›Siehst du im Osten
das Morgenrot‹ verstand. Nachts, wenn es für eine halbe
Stunde einmal ruhig wurde, hörte man immer nur marschierende Füße: italienische Kriegsgefangene (es war uns
in der Schule erklärt worden, warum die Italiener jetzt
nicht mehr Verbündete waren, sondern als Gefangene bei
uns arbeiteten, aber ich habe bis heute nicht begriffen,
wieso), russische Kriegsgefangene, gefangene Frauen,
deutsche Soldaten; marschierende Füße die ganze Nacht
hindurch. Kein Mensch wußte genau, was los war.

Henriette sah wirklich aus, als mache sie einen Schulausflug. Denen war alles zuzutrauen. Manchmal, wenn
wir zwischen den Alarmen in unserem Klassenraum saßen, hörten wir durchs offene Fenster richtige Gewehr-
schüsse, und wenn wir erschrocken zum Fenster hin-
blickten, fragte der Lehrer Brühl uns, ob wir wüßten, was
das bedeute. Wir wußten es inzwischen: es war wieder ein

Deserteur oben im Wald erschossen worden. »So wird es allen gehen«, sagte Brühl, »die sich weigern, unsere heilige deutsche Erde gegen die jüdischen Yankees zu verteidigen.« (Vor kurzem traf ich ihn noch einmal, er ist jetzt alt, weißhaarig, Professor an einer Pädagogischen Akademie und gilt als ein Mann mit »tapferer politischer Vergangenheit«, weil er nie in der Partei war.)

Ich winkte noch einmal hinter der Straßenbahn her, in der Henriette davonfuhr, ging durch unseren Park nach Hause, wo meine Eltern mit Leo schon bei Tisch saßen. Es gab Brennsuppe, als Hauptgericht Kartoffeln mit Soße und zum Nachtisch einen Apfel. Erst beim Nachtisch fragte ich meine Mutter, wohin denn Henriettes Schulausflug führe. Sie lachte ein bißchen und sagte: »Ausflug. Unsinn. Sie ist nach Bonn gefahren, um sich bei der Flak zu melden. Schäle den Apfel nicht so dick. Junge, sieh mal hier«, sie nahm tatsächlich die Apfelschalen von meinem Teller, schnippelte daran herum und steckte die Ergebnisse ihrer Sparsamkeit, hauchdünne Apfelscheiben, in den Mund. Ich sah Vater an. Er blickte auf seinen Teller und sagte nichts. Auch Leo schwieg, aber als ich meine Mutter noch einmal ansah, sagte sie mit ihrer sanften Stimme: »Du wirst doch einsehen, daß jeder das Seinige tun muß, die jüdischen Yankees von unserer heiligen deutschen Erde wieder zu vertreiben.« Sie warf mir einen Blick zu, mir wurde unheimlich, sie sah dann Leo mit dem gleichen Blick an, und es schien mir, als sei sie drauf und dran, auch uns beide gegen die jüdischen Yankees zu Felde zu schicken. »Unsere heilige deutsche Erde«, sagte sie, »und sie sind schon tief in der Eifel drin.« Mir war zum Lachen zumute, aber ich brach in Tränen aus, warf mein Obstmesser hin und lief auf mein Zimmer. Ich hatte Angst, wußte sogar, warum, hätte es aber nicht ausdrücken können, und ich wurde rasend, als ich an die verfluchten

Apfelschalen dachte. Ich blickte auf die mit dreckigem Schnee bedeckte deutsche Erde in unserem Garten, zum Rhein, über die Trauerweiden hinweg aufs Siebengebirge, und diese ganze Szenerie kam mir idiotisch vor. Ich hatte ein paar von diesen »jüdischen Yankees« gesehen: auf einem Lastwagen wurden sie vom Venusberg runter nach Bonn zu einer Sammelstelle gebracht: sie sahen verfroren aus, ängstlich und jung; wenn ich mir unter Juden überhaupt etwas vorstellen konnte, dann eher etwas wie die Italiener, die noch verfrorener als die Amerikaner aussahen, viel zu müde, um noch ängstlich zu sein. Ich trat gegen den Stuhl, der vor meinem Bett stand, und als er nicht umfiel, trat ich noch einmal dagegen. Er kippte endlich und schlug die Glasplatte auf meinem Nachttisch in Stücke. Henriette mit blauem Hut und Rucksack. Sie kam nie mehr zurück, und wir wissen bis heute nicht, wo sie beerdigt ist. Irgend jemand kam nach Kriegsende zu uns und meldete, daß sie »bei Leverkusen gefallen« sei.

Diese Besorgnis um die heilige deutsche Erde ist auf eine interessante Weise komisch, wenn ich mir vorstelle, daß ein hübscher Teil der Braunkohlenaktien sich seit zwei Generationen in den Händen unserer Familie befindet. Seit siebzig Jahren verdienen die Schniers an den Wühlarbeiten, die die heilige deutsche Erde erdulden muß: Dörfer, Wälder, Schlösser fallen vor den Baggern wie die Mauern Jerichos.

Erst ein paar Tage später erfuhr ich, wer auf die »jüdischen Yankees« Urheberrecht hätte anmelden können: Herbert Kalick, damals vierzehn, mein Jungvolkführer, dem meine Mutter großzügigerweise unseren Park zur Verfügung stellte, auf daß wir alle in der Handhabung von Panzerfäusten ausgebildet würden. Mein achtjähriger Bruder Leo machte mit, ich sah ihn mit einer Übungspanzerfaust auf der Schulter am Tennisplatz vorbeimarschieren, im Gesicht einen Ernst, wie ihn nur Kinder haben können. Ich hielt ihn an und fragte ihn: »Was machst du da?« Und er sagte mit todernstem Gesicht: »Ich werde ein Werwolf, du vielleicht nicht?« – »Doch«, sagte ich und ging mit ihm am Tennisplatz vorbei zum Schießstand, wo Herbert Kalick gerade die Geschichte von dem Jungen erzählte, der mit zehn schon das Eiserne Kreuz erster Klasse bekommen hatte, irgendwo im fernen Schlesien, wo er mit Panzerfäusten drei russische Panzer erledigt hatte. Als einer der Jungen fragte, wie dieser Held geheißen habe, sagte ich: »Rübezahl.« Herbert Kalick wurde ganz gelb im Gesicht und schrie: »Du schmutziger Defätist.« Ich bückte mich und warf Herbert eine Handvoll Asche ins Gesicht. Sie fielen alle über mich her, nur Leo verhielt sich neutral, weinte, half mir aber nicht, und in meiner Angst schrie ich Herbert ins Gesicht: »Du Nazischwein.« Ich hatte das Wort irgendwo gelesen, an einem Bahnübergang auf die Schranke geschrieben. Ich wußte gar nicht genau, was es bedeutete, hatte aber das Gefühl, es könne hier angebracht sein. Herbert Kalick brach sofort die Schlägerei ab und wurde amtlich: er verhaftete mich, ich wurde im Schießstandschuppen zwischen Schießscheiben und Anzeigestöcken eingesperrt, bis Herbert meine Eltern, den Lehrer Brühl und einen Parteimenschen zusammengetrommelt hatte. Ich heulte vor Wut, zertrampelte die Schießscheiben und schrie den Jungen draußen, die mich bewachten, immer wieder zu: »Ihr Nazischweine.« Nach einer Stunde wurde ich in unser Wohnzimmer zum Verhör geschleppt. Der Lehrer Brühl war kaum zu halten. Er sagte immer wieder: »Mit Stumpf und Stiel ausrotten, ausrotten mit Stumpf und Stiel«, und ich weiß bis heute nicht genau, ob er das körperlich oder sozusagen geistig meinte. Ich werde ihm demnächst an die Adresse der Pädagogischen Hochschule schreiben und ihn um der historischen Wahrheit willen um Aufklärung bitten. Der Parteimensch, der stellvertretende Ortsgruppenleiter Lövenich, war ganz vernünftig. Er sagte immer: »Bedenken Sie doch, der Junge ist noch keine elf«, und weil er fast beruhigend auf mich wirkte, beantwortete ich sogar seine Frage, woher ich das ominöse Wort kenne: »Ich habe es gelesen, auf der Bahnschranke an der Annaberger Straße.« – »Es hat dir nicht jemand gesagt«, fragte er, »ich meine, du hast es nicht gehört, mündlich?« – »Nein«, sagte ich. »Der Junge weiß ja gar nicht, was er sagt«, sagte mein Vater und legte mir die Hand auf die Schulter. Brühl warf meinem Vater einen bösen Blick zu, blickte dann ängstlich zu Herbert Kalick. Offenbar galt Vaters Geste als gar zu arge Sympathiekundgebung. Meine Mutter sagte weinend mit ihrer sanften, dummen Stimme: »Er weiß ja nicht, was er tut, er weiß es nicht – ich müßte ja sonst meine Hand von ihm zurückziehen.« – »Zieh sie nur zurück«, sagte ich. Alles das spielte sich in unserem Riesenwohnzimmer ab mit den pompösen, dunkel gebeizten Eichenmöbeln, mit Großvaters Jagdtrophäen oben auf dem breiten Eichenbord, Humpen, und den schweren, bleiverglasten Bücherschränken. Ich hörte die Artillerie oben in der Eifel, kaum zwanzig Kilometer entfernt, manchmal sogar ein Maschinengewehr. Herbert Kalick, blaß, blond, mit seinem fanatischen Gesicht, als eine Art Staatsanwalt fungierend, schlug dauernd mit den Knöcheln auf die Anrichte und forderte: »Härte, Härte, unnachgiebige Härte.« Ich wurde dazu verurteilt, unter Herberts Aufsicht im Garten einen Panzergraben auszuwerfen, und noch am Nachmittag wühlte ich, der Schnierschen Tradition folgend, die deutsche Erde auf, wenn auch – was der Schnierschen Tradition widersprach – eigenhändig. Ich grub den Graben quer durch Großvaters Lieblingsrosenbeet, genau auf die Kopie des Apoll von Belvedere zu, und ich freute mich schon auf den Augenblick, wo die Marmorstatue meinem Wühleifer erliegen würde; ich freute mich zu früh; sie wurde von einem kleinen sommersprossigen Jungen erlegt, der Georg hieß. Er sprengte sich selbst und den Apoll in die Luft durch eine Panzerfaust, die er irrtümlich zur Explosion brachte. Herbert Kalicks Kommentar zu diesem Unfall war lakonisch. »Zum Glück war Georg ja ein Waisenkind.«

5

Ich suchte im Telefonbuch die Nummern aller Leute zusammen, mit denen ich würde sprechen müssen; links schrieb ich untereinander die Namen derer, die ich anpumpen konnte: Karl Emonds, Heinrich Behlen, beides Schulkameraden, der eine ehemals Theologiestudent, jetzt Studienrat, der andere Kaplan, dann Bela Brosen, die Geliebte meines Vaters – rechts untereinander die übrigen, die ich nur im äußersten Fall um Geld bitten würde: meine Eltern, Leo (den ich um Geld bitten konnte, aber er hat nie welches, er gibt alles her), die Kreismitglieder: Kinkel, Fredebeul, Blothert, Sommerwild, zwischen diesen beiden Namensäulen: Monika Silvs, um deren Namen ich eine hübsche Schleife malte. Karl Emonds mußte ich ein Telegramm schicken und ihn um einen Anruf bitten. Er hat kein Telefon. Ich hätte Monika gern als erste angerufen, würde sie aber als letzte anrufen müssen: Unser

Verhältnis zueinander ist in einem Stadium, wo es sowohl physisch wie metaphysisch unhöflich wäre, wenn ich sie verschmähte. Ich war in diesem Punkt in einer fürchterlichen Situation: monogam, lebte ich wider Willen und doch naturgemäß zölibatär, seitdem Marie in »metaphysischem Schrecken«, wie sie es nannte, von mir geflohen ist. Tatsächlich war ich in Bochum mehr oder weniger absichtlich ausgerutscht, hatte mich aufs Knie fallen lassen, um die begonnene Tournee abbrechen und nach Bonn fahren zu können. Ich litt auf eine kaum noch erträgliche Weise unter dem, was in Maries religiösen Büchern irrtümlich als »fleischliches Verlangen« bezeichnet wird. Ich hatte Monika viel zu gern, um mit ihr das Verlangen nach einer anderen Frau zu stillen. Wenn in diesen religiösen Büchern stünde: Verlangen nach einer Frau, so wäre das schon grob genug, aber einige Stufen besser als »fleischliches Verlangen«. Ich kenne nichts Fleischliches außer Metzgerläden, und selbst die sind nicht ganz fleischlich. Wenn ich mir vorstelle, daß Marie diese Sache, die sie nur mit mir tun sollte, mit Züpfner macht, steigert sich meine Melancholie zur Verzweiflung. Ich zögerte lange, bevor ich auch Züpfners Telefonnummer heraussuchte und unter die Kolonne derjenigen schrieb, die ich nicht anzupumpen gedachte. Marie würde mir Geld geben, sofort, alles, was sie besaß, und sie würde zu mir kommen und mir beistehen, besonders, wenn sie erführe, welche Serie von Mißerfolgen mir beschieden gewesen ist, aber sie würde nicht ohne Begleitung kommen. Sechs Jahre sind eine lange Zeit, und sie gehört nicht in Züpfners Haus, nicht an seinen Frühstückstisch, nicht in sein Bett. Ich war sogar bereit, um sie zu kämpfen, obwohl das Wort kämpfen fast nur körperliche Vorstellungen bei mir auslöst, also Lächerliches: Rauferei mit Züpfner. Marie war für mich noch nicht tot, so wie meine Mutter eigentlich für mich tot ist. Ich glaube, daß die Lebenden tot sind und die Toten leben, nicht wie die Christen und Katholiken es glauben. Für mich ist ein Junge wie dieser Georg, der sich mit einer Panzerfaust in die Luft sprengte, lebendiger als meine Mutter. Ich sehe den sommersprossigen, ungeschickten Jungen da auf der Wiese vor dem Apoll, höre Herbert Kalick schreien: »Nicht so, nicht so –«; höre die Explosion, ein paar, nicht sehr viele Schreie, dann Kalicks Kommentar: »Zum Glück war Georg ja ein Waisenkind«, und eine halbe Stunde später beim Abendessen an jenem Tisch, wo man über mich zu Gericht gesessen hatte, sagte meine Mutter zu Leo: »Du wirst es einmal besser machen als dieser dumme Junge, nicht wahr!« Leo nickt, mein Vater blickt zu mir herüber, findet in den Augen seines zehnjährigen Sohnes keinen Trost.

Meine Mutter ist inzwischen schon seit Jahren Präsidentin des Zentralkomitees der Gesellschaften zur Versöhnung rassischer Gegensätze; sie fährt zum Anne-Frank-Haus, gelegentlich sogar nach Amerika und hält vor amerikanischen Frauenklubs Reden über die Reue der deutschen Jugend, immer noch mit ihrer sanften, harmlosen Stimme, mit der sie Henriette wahrscheinlich zum Abschied gesagt hat: »Mach' gut, Kind.« Diese Stimme konnte ich jederzeit am Telefon hören, Henriettes Stimme nie mehr. Sie hatte eine überraschend dunkle Stimme und ein helles Lachen. Einmal fiel ihr mitten in einem Tennismatch der Schläger aus der Hand, sie blieb auf dem Platz stehen und blickte träumend in den Himmel, ein anderes Mal ließ sie während des Essens den Löffel in die Suppe fallen; meine Mutter schrie auf, beklagte die Flecken auf Kleid und Tischtuch; Henriette hörte das gar nicht, und als sie wieder zu sich kam, nahm sie nur den Löffel aus dem Suppenteller, wischte ihn an der Serviette ab und aß weiter; als sie ein drittes Mal, während des Kartenspielens am Kamin, in diesen Zustand verfiel, wurde meine Mutter richtig böse. Sie schrie: »Diese verdammte Träumerei«, und Henriette blickte sie an und sagte ruhig: »Was ist denn, ich habe einfach keine Lust mehr«, und warf die Karten, die sie noch in der Hand hatte, ins Kaminfeuer. Meine Mutter holte die Karten aus dem Feuer, verbrannte sich die Finger dabei, rettete aber die Karten bis auf eine Herzsieben, die angesengt war, und wir konnten nie mehr Karten spielen, ohne an Henriette zu denken, wenn auch meine Mutter so zu tun versuchte, »als wäre nichts gewesen«. Sie ist gar nicht boshaft, nur auf eine unbegreifliche Weise dumm, und sparsam. Sie duldete nicht, daß ein neues Kartenspiel gekauft wurde, und ich nehme an, daß die angesengte Herzsieben immer noch im Spiel ist und meine Mutter sich nichts dabei denkt, wenn sie ihr beim Patiencenlegen in die Hand kommt. Ich hätte gern mit Henriette telefoniert, aber die Vermittlung für solche Gespräche haben die Theologen noch nicht erfunden. Ich suchte die Nummer meiner Eltern, die ich immer wieder vergesse, aus dem Telefonbuch: Schnier Alfons, Dr. h. c. Generaldirektor. Der Doktor h. c. war mir neu. Während ich die Nummer wählte, ging ich in Gedanken nach Hause, die Koblenzer Straße runter, in die Ebertallee, schwenkte links zum Rhein ab. Eine knappe Stunde zu Fuß. Schon hörte ich das Mädchen:

»Hier bei Dr. Schnier.«

»Ich möchte Frau Schnier sprechen«, sagte ich.

»Wer ist am Apparat?«

»Schnier«, sagte ich, »Hans, leiblicher Sohn jener besagten Dame.« Sie schluckte, überlegte einen Augenblick, und ich spürte durch die sechs Kilometer lange Leitung hindurch, daß sie zögerte. Sie roch übrigens sympathisch, nur nach Seife und ein bißchen nach frischem Nagellack. Offenbar war ihr meine Existenz zwar bekannt, aber sie hatte keine klaren Anweisungen mich betreffend. Wohl nur dunkle Gerüchte im Ohr: Außenseiter, radikaler Vogel.

»Darf ich sicher sein«, fragte sie schließlich, »daß es sich nicht um einen Scherz handelt?«

»Sie dürfen sicher sein«, sagte ich, »notfalls bin ich bereit, Auskunft über die besonderen Merkmale meiner Mutter zu geben. Leberfleck links unterhalb des Mundes, Warze ...«

Sie lachte, sagte: »Gut« und stöpselte durch. Unser Telefonsystem ist kompliziert. Mein Vater hat allein drei verschiedene Anschlüsse: einen roten Apparat für die Braunkohle, einen schwarzen für die Börse und einen privaten, der weiß ist. Meine Mutter hat nur zwei Telefone: ein schwarzes fürs Zentralkomitee der Gesellschaften zur Versöhnung rassischer Gegensätze und ein weißes für Privatgespräche. Obwohl meiner Mutter privates Bankkonto einen sechsstelligen Saldo zu ihren Gunsten aufweist, laufen die Rechnungen fürs Telefon (und natürlich die Reisespesen nach Amsterdam und anderswohin) aufs Konto des Zentralkomitees. Das Telefonmädchen hatte falsch gestöpselt, meine Mutter meldete sich geschäftsmäßig an ihrem schwarzen Apparat: »Zentralkomitee der Gesellschaften zur Versöhnung rassischer Gegensätze.«

Ich war sprachlos. Hätte sie gesagt: »Hier Frau Schnier«, hätte ich wahrscheinlich gesagt: »Hier Hans, wie geht's, Mama?« Statt dessen sagte ich: »Hier spricht ein durchreisender Delegierter des Zentralkomitees jüdischer Yankees, verbinden Sie mich bitte mit Ihrer Tochter.« Ich war selbst erschrocken. Ich hörte, daß meine Mutter aufschrie, dann seufzte sie auf eine Weise, die mir deutlich machte, wie alt sie geworden ist. Sie sagte: »Das kannst du wohl nie vergessen, wie?« Ich war selbst nahe am Weinen und sagte leise: »Vergessen? Sollte ich das, Mama?« Sie schwieg, ich hörte nur dieses für mich so erschreckende Altfrauenweinen. Ich hatte sie seit fünf Jahren nicht gesehen, und sie mußte jetzt über sechzig sein. Einen Augenblick lang hatte ich tatsächlich geglaubt, sie könnte ihrerseits durchstöpseln und mich mit Henriette verbinden. Sie redet jedenfalls immer davon, daß sie »vielleicht sogar einen Draht zum Himmel« habe; neckisch tut sie das, wie jedermann heute von seinen Drähten spricht: ein Draht zur Partei, zur Universität, zum Fernsehen, zum Innenministerium.

Ich hätte Henriettes Stimme so gern gehört, und wenn sie nur »nichts« gesagt hätte oder meinetwegen nur »Scheiße«. In ihrem Mund hatte es nicht eine Spur gemein geklungen. Als sie es zu Schnitzler sagte, wenn der von ihrer mystischen Begabung sprach, hatte es so schön geklungen wie Schnee (Schnitzler war ein Schriftsteller, einer der Schmarotzer, die während des Krieges bei uns lebten, und er hatte, wenn Henriette in ihren Zustand verfiel, immer von einer mystischen Begabung gesprochen, und sie hatte einfach »Scheiße« gesagt, wenn er davon anfing). Sie hätte auch etwas anderes sagen können: »Ich habe diesen doofen Fohlenach heute wieder geschlagen«, oder etwas Französisches: *La condition du Monsieur le Comte est parfaite.* « Sie hatte mir manchmal bei den Schularbeiten geholfen, und wir hatten immer darüber gelacht, daß sie in anderer Leute Schularbeiten so gut, bei den eigenen so schlecht war.

Statt dessen hörte ich nur das Altfrauenweinen meiner Mutter, und ich fragte: »Wie geht's Papa?«

»Oh«, sagte sie, »er ist alt geworden – alt und weise.«

»Und Leo?«

»Oh, Le, der ist fleißig, fleißig«, sagte sie, »man prophezeit ihm eine Zukunft als Theologe.«

»O Gott«, sagte ich, »ausgerechnet Leo eine Zukunft als Theologe.«

»Es war ja ziemlich bitter für uns, als er übertrat«, sagte meine Mutter, »aber der Geist weht ja, wo er will.«

Sie hatte ihre Stimme wieder ganz in der Gewalt, und ich war für einen Augenblick versucht, sie nach Schnitzler zu fragen, der immer noch bei uns zu Hause aus und ein geht. Er war ein dicklicher, gepflegter Bursche, der damals immer vom edlen Europäertum, vom Selbstbewußtsein der Germanen schwärmte. Aus Neugierde hatte ich später einmal einen seiner Romane gelesen. ›Französische Liebschaft‹, langweiliger, als der Titel versprach. Das überwältigend Originelle darin war die Tatsache, daß der Held, ein gefangener französischer Leutnant, blond war und die Heldin, ein deutsches Mädchen von der Mosel, dunkelhaarig. Er zuckte jedesmal zusammen, wenn Henriette – im ganzen, glaube ich, zweimal – »Scheiße« sagte, und behauptete, eine mystische Begabung könne durchaus übereingehen mit der »zwanghaften Sucht, häßliche Wörter herauszuschleudern« (dabei war das bei Henriette gar nicht zwanghaft, und sie »schleuderte« das Wort gar nicht, sie sagte es einfach vor sich hin), und schleppte zum Beweis die fünfbändige ›Christliche Mystik‹ von Görres an. In seinem Roman ging es natürlich fein zu, da »klingt die Poesie französischer Weinnamen wie Kristall, das Liebende aneinanderstoßen, um einander zu feiern«. Der Roman endet mit einer heimlichen Trauung; die aber brachte Schnitzler den Undank der Reichsschrifttumskammer ein, die ihm Schreibverbot auferlegte, etwa für zehn Monate. Die Amerikaner nahmen ihn mit offenen Armen als Widerstandskämpfer in den Kulturdienst, und er rennt heute durch Bonn und erzählt bei jeder Gelegenheit, er habe von den Nazis Schreibverbot gehabt. Ein solcher Heuchler braucht nicht einmal zu lügen, um immer richtig zu liegen. Dabei war er es, der meine Mutter zwang, uns zum Dienst zu schicken, mich ins Jungvolk und Henriette in den BDM. »In dieser Stunde, gnädige Frau, müssen wir einfach zusammenhalten, zusammenstehen, zusammen leiden.« Ich seh ihn am Kaminfeuer stehen, mit einer von Vaters Zigarren in der Hand. »Gewisse Ungerechtigkeiten, deren Opfer ich geworden bin, können nicht meine klare objektive Einsicht trüben, daß der Führer« – seine Stimme bebte tatsächlich –, »der Führer die Rettung schon in der Hand hat.« Gesprochen etwa eineinhalb Tage, bevor die Amerikaner Bonn eroberten.

»Was macht eigentlich Schnitzler?« fragte ich meine Mutter.

»Großartig«, sagte sie, »im Auswärtigen Amt kann man ohne ihn gar nicht mehr auskommen.« Sie hat das alles natürlich vergessen, erstaunlich genug, daß die jüdischen Yankees überhaupt bei ihr noch Erinnerungen auslösen. Ich bereute schon längst nicht mehr, daß ich mein Gespräch mit ihr so angefangen hatte.

»Und was macht Großvater?« fragte ich.

»Phantastisch«, sagte sie, »unverwüstlich. Feiert bald seinen neunzigsten. Es bleibt mir ein Rätsel, wie er das macht.«

»Das ist sehr einfach«, sagte ich, »diese alten Knaben werden weder von Erinnerungen noch von Gewissensqualen zermürbt. Ist er zu Hause?«

»Nein«, sagte sie, »er ist für sechs Wochen nach Ischia.«

Wir schwiegen beide, ich war meiner Stimme immer noch nicht ganz sicher, sie ihrer wieder vollkommen, als sie mich fragte: »Aber der eigentliche Zweck deines Anrufs – es geht dir wieder schlecht, wie ich höre. Du hast berufliches Pech – hat man mir erzählt.«

»So?« sagte ich, »du fürchtest wohl, ich würde euch um Geld angehen, aber das brauchst du doch nicht zu fürchten, Mama. Ihr gebt mir ja doch keins. Ich werde den Rechtsweg beschreiten, ich brauche das Geld nämlich, weil ich nach Amerika fahren will. Dort hat mir jemand eine Chance geboten. Ein jüdischer Yankee übrigens, aber ich werde alles tun, keine rassischen Gegensätze aufkommen zu lassen.« Sie war weiter vom Weinen entfernt denn je. Ich hörte, bevor ich auflegte, nur noch, daß sie irgend etwas von Prinzipien sagte. Übrigens hatte sie gerochen, wie sie immer gerochen hat: nach nichts. Eins ihrer Prinzipien: »Eine Dame strömt keinerlei Art von Geruch aus.« Wahrscheinlich hat mein Vater aus diesem Grund eine so hübsche Geliebte, die sicherlich keinerlei Geruch ausströmt, aber so aussieht, als sei sie wohlriechend.

6

Ich stopfte mir alle erreichbaren Kissen in den Rücken, legte mein wundes Bein hoch, zog das Telefon näher und überlegte, ob ich nicht doch in die Küche gehen, den Eisschrank öffnen und die Kognakflasche herüberholen sollte.

Dieses »berufliche Pech« hatte aus dem Mund meiner Mutter besonders boshaft geklungen, und sie hatte ihren

Triumph nicht zu unterdrücken versucht. Wahrscheinlich war ich doch zu naiv, wenn ich annahm, hier in Bonn wüßte noch keiner von meinen Reinfällen. Wenn Mutter es wußte, wußte es Vater, dann wußte es auch Leo, durch Leo Züpfner, der ganze Kreis und Marie. Es würde sie furchtbar treffen, schlimmer als mich. Wenn ich das Saufen wieder ganz drangab, würde ich rasch wieder auf einer Stufe sein, die Zohnerer, mein Agent, als »ganz nett oberhalb des Durchschnitts« bezeichnet, und das würde ausreichen, mich meine noch fehlenden zweiundzwanzig Jahre bis zur Gosse hinbringen zu lassen. Was Zohnerer immer rühmt, ist meine »breite handwerkliche Basis«; von Kunst versteht er sowieso nichts, die beurteilt er mit einer fast schon genialen Naivität einfach nach dem Erfolg. Vom Handwerk versteht er was, und er weiß gut, daß ich noch zwanzig Jahre oberhalb der Dreißig-Mark-Ebene herumtingeln kann. Bei Marie ist das anders. Sie wird betrübt sein über »den künstlerischen Abstieg« und über mein Elend, das ich gar nicht als so schrecklich empfinde. Jemand, der außen steht – jeder auf dieser Welt steht außerhalb jedes anderen –, empfindet eine Sache immer als schlimmer oder besser als der, der in der Sache drin ist, mag die Sache Glück oder Unglück, Liebeskummer oder »künstlerischer Abstieg« sein. Mir würde es gar nichts ausmachen, in muffigen Sälen vor katholischen Hausfrauen oder evangelischen Krankenschwestern gute Clownerie oder auch nur Faxen zu machen. Nur haben diese konfessionellen Vereine eine unglückliche Vorstellung von Honorar. Natürlich denkt so eine gute Vereinsvorsteherin, fünfzig Mark sind eine nette Summe, und wenn er das zwanzigmal im Monat bekommt, müßte er eigentlich zurechtkommen. Aber wenn ich ihr dann meine Schminkrechnung zeige und ihr erzähle, daß ich zum Trainieren ein Hotelzimmer brauche, das etwas größer ist als zweizwanzig mal drei, denkt sie wahrscheinlich, meine Geliebte sei so kostspielig wie die Königin von Saba. Wenn ich ihr aber dann erzähle, daß ich fast nur von weichgekochten Eiern, Bouillon, Bouletten und Tomaten lebe, bekreuzigt sie sich und denkt, ich müßte unterernährt sein, weil ich nicht jeden Mittag ein »deftiges Essen« zu mir nehme. Wenn ich ihr weiterhin erzähle, daß meine privaten Laster aus Abendzeitungen, Zigaretten, Mensch-ärgere-Dich-nicht-Spielen bestehen, hält sie mich wahrscheinlich für einen Schwindler. Ich habe es lange schon aufgegeben, mit irgend jemand über Geld zu reden oder über Kunst. Wo die beiden miteinander in Berührung kommen, stimmt die Sache nie: die Kunst ist entweder unter- oder überbezahlt. Ich habe in einem englischen Wanderzirkus einmal einen Clown gesehen, der handwerklich zwanzigmal und künstlerisch zehnmal soviel konnte wie ich und der pro Abend keine zehn Mark verdiente: er hieß James Ellis, war schon Ende Vierzig, und als ich ihn zum Abendessen einlud – es gab Schinkenomelett, Salat und Apfelpastete –, wurde ihm übel: er hatte seit zehn Jahren nicht mehr so viel auf einmal gegessen. Seitdem ich James kennengelernt habe, rede ich nicht mehr über Geld und über Kunst.

Ich nehme es, wie es kommt, und rechne mit der Gosse. Marie hat ganz andere Ideen im Kopf; sie redete immer von »Verkündigung«, alles sei Verkündigung, auch, was ich tue; ich sei so heiter, sei auf meine Weise so fromm und so keusch, und so weiter. Es ist grauenhaft, was in den Köpfen von Katholiken vor sich geht. Sie können nicht einmal guten Wein trinken, ohne dabei irgendwelche Verrenkungen vorzunehmen, sie müssen sich um jeden Preis »bewußt« werden, wie gut der Wein ist und warum. Was das Bewußtsein angeht, stehen sie den Marxisten nicht nach. Marie war entsetzt, als ich mir vor ein paar Monaten eine Guitarre kaufte und sagte, ich würde nächstens selbstverfaßte und selbstkomponierte Lieder zur Guitarre singen. Sie meinte, das wäre unter meinem »Niveau«, und ich sagte ihr, unter dem Niveau der Gosse gebe es nur noch den Kanal, aber sie verstand nicht, was ich damit meinte, und ich hasse es, ein Bild zu erklären. Entweder versteht man mich oder nicht. Ich bin kein Exeget.

Man hätte meinen können, meine Marionettenfäden wären gerissen; im Gegenteil: ich hatte sie fest in der Hand und sah mich da liegen, in Bochum auf dieser Vereinsbühne, besoffen, mit aufgeschürftem Knie, hörte im Saal das mitleidige Raunen und kam mir gemein vor: ich hatte soviel Mitleid gar nicht verdient, und ein paar Pfiffe wären mir lieber gewesen; nicht einmal das Humpeln war ganz der Verletzung angemessen, obwohl ich tatsächlich verletzt war. Ich wollte Marie zurückhaben und hatte angefangen zu kämpfen, auf meine Weise, nur um der Sache willen, die in ihren Büchern als »fleischliches Verlangen« bezeichnet wird.

7

Ich war einundzwanzig, sie neunzehn, als ich eines Abends einfach auf ihr Zimmer ging, um mit ihr die Sachen zu tun, die Mann und Frau miteinander tun. Ich hatte sie am Nachmittag noch mit Züpfner gesehen, wie sie Hand in Hand mit ihm aus dem Jugendheim kam, beide lächelnd, und es gab mir einen Stich. Sie gehörte nicht zu Züpfner, und dieses dumme Händchenhalten machte mich krank. Züpfner kannte fast jedermann in der Stadt, vor allem wegen seines Vaters, den die Nazis rausgeschmissen hatten; er war Studienrat gewesen und hatte es abgelehnt, nach dem Krieg gleich als Oberstudiendirektor an dieselbe Schule zu gehen. Irgendeiner hatte ihn sogar zum Minister machen wollen, aber er war wütend geworden und hatte gesagt: »Ich bin Lehrer, und ich möchte wieder Lehrer sein.« Er war ein großer, stiller Mann, den ich als Lehrer ein bißchen langweilig fand. Er vertrat einmal unseren Deutschlehrer und las uns ein Gedicht, das von der schönen, jungen Lilofee, vor.

Mein Urteil in Schulsachen besagt nichts. Es war einfach ein Irrtum, mich länger als gesetzlich vorgeschrieben auf die Schule zu schicken; selbst die gesetzlich vorgeschriebene Zeit war schon zuviel. Ich habe der Schule wegen nie die Lehrer angeklagt, sondern nur meine Eltern. Diese »Er-muß-aber-doch-das-Abitur-machen«-Vorstellung ist eigentlich eine Sache, deren sich das Zentralkomitee der Gesellschaften zur Versöhnung rassischer Gegensätze einmal annehmen sollte. Es ist tatsächlich eine Rassenfrage: Abiturienten, Nichtabiturienten, Lehrer, Studienräte, Akademiker, Nichtakademiker, lauter Rassen. – Als Züpfners Vater uns das Gedicht vorgelesen hatte, wartete er ein paar Minuten und fragte dann lächelnd: »Na, möchte einer was dazu sagen?«, und ich sprang sofort auf und sagte: »Ich finde das Gedicht wunderbar.« Daraufhin brach die ganze Klasse in Lachen aus, Züpfners Vater nicht. Er lächelte, aber nicht auf eine hochnäsige Weise. Ich fand ihn sehr nett, nur ein bißchen zu trocken. Seinen Sohn kannte ich nicht sehr gut, aber besser als den Vater. Ich war einmal am Sportplatz vorbeigekommen, als er dort mit seiner Jungengruppe Fußball spielte, und als ich mich dorthin stellte und zusah, rief er mir zu: »Willst du nicht mitmachen?«, und ich sagte sofort ja und ging als linker Läufer in die Mannschaft, die gegen Züpfner spielte. Nach dem Spiel sagte er zu mir: »Willst du nicht mitkommen?« Ich fragte: »Wohin?«, und er sagte: »Zu unserem Heimabend«, und als ich sagte: »Ich bin doch gar nicht katholisch«, lachte er, und die anderen Jungen lachten mit; Züpfner sagte: »Wir singen – und du singst doch sicher gern.« – »Ja«, sagte ich, »aber von Heimabenden habe ich die Nase voll, ich bin zwei Jahre in einem Internat gewesen.« Obwohl er lachte, war er doch gekränkt. Er sagte: »Aber wenn du Lust hast, komm doch wieder zum Fußballspielen.« Ich spielte noch ein paar Mal Fußball mit seiner Gruppe, ging mit ihnen Eis essen, und er lud mich nie mehr ein, mit zum Heimabend zu kommen. Ich wußte auch, daß Marie im selben Heim mit ihrer Gruppe Abende hielt, ich kannte sie gut, sehr gut, weil ich viel mit ihrem Vater zusammen war, und manchmal ging ich abends zum Sportplatz, wenn sie mit ihren Mädchen da Völkerball spielte, und sah ihnen zu. Genauer gesagt: ihr, und sie winkte mir manchmal mitten aus dem Spiel heraus zu und lächelte, und ich winkte zurück und lächelte auch; wir kannten uns sehr gut. Ich ging damals oft zu ihrem Vater, und sie blieb manchmal bei uns sitzen, wenn ihr Vater mir Hegel und Marx zu erklären versuchte, aber zu Hause lächelte sie mir nie zu. Als ich sie an diesem Nachmittag mit Züpfner Hand in Hand aus dem Jugendheim kommen sah, gab es mir einen Stich. Ich war in einer dummen Lage. Ich war von der Schule weggegangen, mit einundzwanzig von der Untersekunda. Die Patres waren sehr nett gewesen, sie hatten mir sogar einen Abschiedsabend gegeben, mit Bier und Schnittchen, Zigaretten und für die Nichtraucher Schokolade, und ich hatte meinen Mitschülern allerlei

Nummern vorgeführt: katholische Predigt und evangelische Predigt, Arbeiter mit Lohntüte, auch allerlei Faxen und Chaplin-Imitationen. Ich hatte sogar eine Abschiedsrede gehalten: ›Über die irrige Annahme, daß das Abitur ein Bestandteil der ewigen Seligkeit sei.‹ Es war ein rauschender Abschied, aber zu Hause waren sie böse und bitter. Meine Mutter war einfach gemein zu mir. Sie riet meinem Vater, mich in den »Pütt« zu stecken, und mein Vater fragte mich dauernd, was ich dann werden wolle, und ich sagte: »Clown.« Er sagte: »Du meinst Schauspieler – gut – vielleicht kann ich dich auf eine Schule schikken.« – »Nein«, sagte ich, »nicht Schauspieler, sondern Clown – und Schulen nützen mir nichts.« – »Aber was stellst du dir denn vor?« fragte er. »Nichts«, sagte ich, »nichts. Ich werde schon abhauen.« Es waren zwei fürchterliche Monate, denn ich fand nicht den Mut, wirklich abzuhauen, und bei jedem Bissen, den ich aß, blickte mich meine Mutter an, als wäre ich ein Verbrecher. Dabei hat sie jahrelang allerlei hergelaufene Schmarotzer am Fressen gehalten, aber das waren »Künstler und Dichter«; Schnitzler, dieser Kitschbruder, und Gruber, der gar nicht so übel war. Er war ein fetter, schweigsamer und schmutziger Lyriker, der ein halbes Jahr bei uns wohnte und nicht eine einzige Zeile schrieb. Wenn er morgens zum Frühstück herunterkam, blickte meine Mutter ihn jedesmal an, als erwarte sie, die Spuren seines nächtlichen Ringens mit dem Dämon zu entdecken. Es war schon fast unzüchtig, wie sie ihn ansah. Er verschwand eines Tages spurlos, und wir Kinder waren überrascht und erschrokken, als wir auf seinem Zimmer einen ganzen Haufen zerlesener Kriminalromane entdeckten, auf seinem Schreibtisch ein paar Zettel, auf denen nur ein Wort stand: »Nichts«, auf einem Zettel stand es zweimal: »Nichts, nichts.« Für solche Leute ging meine Mutter sogar in den Keller und holte ein Extrastück Schinken. Ich glaube, wenn ich angefangen hätte, mir riesige Staffeleien anzuschaffen, und auf riesige Leinwände blödes Zeug gepinselt hätte, wäre sie sogar imstande gewesen, sich mit meiner Existenz zu versöhnen. Dann hätte sie sagen können: »Unser Hans ist ein Künstler, er wird seinen Weg schon finden. Er ringt noch.« Aber so war ich nichts als ein etwas ältlicher Untersekundaner, von dem sie nur wußte, daß er »ganz gut irgendwelche Faxen« machen kann. Ich weigerte mich natürlich, für das bißchen Fressen auch noch »Proben meines Könnens« zu geben. So verbrachte ich halbe Tage bei Maries Vater, dem alten Derkum, dem ich ein bißchen im Laden half und der mir Zigaretten schenkte, obwohl es ihm nicht sehr gutging. Es waren nur zwei Monate, die ich auf diese Weise zu Hause verbrachte, aber sie kamen mir wie eine Ewigkeit vor, viel länger als der Krieg. Marie sah ich selten, sie war mitten in der Vorbereitung fürs Abitur und lernte mit ihren Schulkameradinnen. Manchmal ertappte mich der alte Derkum dabei, daß ich ihm gar nicht zuhörte, sondern nur auf die Küchentür starrte, dann schüttelte er den Kopf und sagte: »Sie kommt heute erst spät«, und ich wurde rot.

Es war ein Freitag, und ich wußte, daß der alte Derkum freitags abends immer ins Kino ging, aber ich wußte nicht, ob Marie zu Hause sein oder bei einer Freundin fürs Abitur pauken würde. Ich dachte an gar nichts und doch an fast alles, sogar daran, ob sie »nachher« noch in der Lage sein würde, ihre Prüfung zu machen, und schon wußte ich, was sich nachher bestätigte, daß nicht nur halb Bonn sich über die Verführung empören würde, sondern hinzufügen würde: »Und so kurz vor dem Abitur.« Ich dachte sogar an die Mädchen aus ihrer Gruppe, für die es eine Enttäuschung sein würde. Ich hatte eine fürchterliche Angst vor dem, was im Internat ein Junge einmal als »die körperlichen Einzelheiten« bezeichnet hatte, und die Frage der Potenz beunruhigte mich. Das Überraschende für mich war, daß ich vom »fleischlichen Verlangen« nicht das geringste spürte. Ich dachte auch daran, daß es unfair von mir war, mit dem Schlüssel, den ihr Vater mir gegeben hatte, ins Haus und auf Maries Zimmer zu gehen, aber ich hatte gar keine andere Wahl, als den Schlüssel zu benutzen. Das einzige Fenster in Maries Zimmer lag zur Straße hin, und die war bis zwei Uhr morgens so belebt, daß ich auf dem Polizeibüro gelandet wäre – und ich mußte diese Sache heute mit Marie tun. Ich ging sogar in eine Drogerie und kaufte mir von dem Geld, das ich von meinem Bruder Leo geliehen hatte, irgendein Zeug, von dem sie in der Schule erzählt hatten, daß es die männliche Kraft steigere. Ich wurde knallrot, als ich in die Drogerie ging, zum Glück bediente mich ein Mann, aber ich sprach so leise, daß er mich anbrüllte und mich aufforderte, »laut und deutlich« zu sagen, was ich wolle, und ich nannte den Namen des Präparats, bekam es und zahlte bei der Frau des Drogisten, die mich kopfschüttelnd ansah. Natürlich kannte sie mich, und als sie am nächsten Morgen erfuhr, was geschehen war, machte sie sich wahrscheinlich Gedanken, die gar nicht zutrafen, denn zwei Straßen weiter öffnete ich die Schachtel und ließ die Pillen in die Gosse rollen.

Um sieben, als die Kinos angefangen hatten, ging ich in die Gudenauggasse, den Schlüssel schon in der Hand, aber die Ladentür war noch auf, und als ich reinging, steckte oben Marie den Kopf in den Flur und rief »Hallo, ist da jemand?« – »Ja«, rief ich, »ich bin's« – ich rannte die Treppe hinauf, und sie sah mich erstaunt an, als ich sie, ohne sie anzurühren, langsam in ihr Zimmer zurückdrängte. Wir hatten nicht viel miteinander gesprochen, uns immer nur angesehen und angelächelt, und ich wußte auch bei ihr nicht, ob ich du oder Sie sagen sollte. Sie hatte den grauen, zerschlissenen, von ihrer Mutter geerbten Bademantel an, das dunkle Haar hinten mit einer grünen Kordel zusammengebunden; später, als ich die Schnur aufknüpfte, sah ich, daß es ein Stück Angelschnur von ihrem Vater war. Sie war so erschrocken, daß ich gar nichts zu sagen brauchte, und sie wußte genau, was ich wollte. »Geh«, sagte sie, aber sie sagte es automatisch, ich wußte ja, daß sie es sagen mußte, und wir wußten beide, daß es sowohl ernst gemeint wie automatisch gesagt war, aber schon, als sie »geh« zu mir sagte, und nicht »gehen Sie«, war die Sache entschieden. Es lag soviel Zärtlichkeit in dem winzigen Wort, daß ich dachte, sie würde für ein Leben ausreichen, und ich hätte fast geweint; sie sagte es so, daß ich überzeugt war: sie hatte gewußt, daß ich kommen würde, jedenfalls war sie nicht vollkommen überrascht. »Nein, nein«, sagte ich, »ich gehe nicht – wohin sollte ich denn gehen?« Sie schüttelte den Kopf. »Soll ich mir zwanzig Mark leihen und nach Köln fahren – und dich dann später heiraten?« – »Nein«, sagte sie, »fahr nicht nach Köln.« Ich sah sie an und hatte kaum noch Angst. Ich war kein Kind mehr, und sie war eine Frau, ich blickte dorthin, wo sie den Bademantel zusammenhielt, ich blickte auf ihren Tisch am Fenster und war froh, daß kein Schulkram da herumlag: nur Nähzeug und ein Schnittmuster. Ich lief in den Laden runter, schloß ihn ab und legte den Schlüssel dahin, wo er schon seit fünfzig Jahren hingelegt wird: zwischen die Seidenkissen und die Sütterlinhefte. Als ich wieder raufkam, saß sie weinend auf ihrem Bett. Ich setzte mich auch auf ihr Bett, an die andere Ecke, zündete eine Zigarette an, gab sie ihr, und sie rauchte die erste Zigarette ihres Lebens, ungeschickt; wir mußten lachen, sie blies den Rauch so komisch aus ihrem gespitzten Mund, daß es fast kokett aussah, und als er ihr zufällig einmal aus der Nase herauskam, lachte ich: es sah so verworfen aus. Schließlich fingen wir an zu reden, und wir redeten viel. Sie sagte, sie denke an die Frauen in Köln, die »diese Sache« für Geld machten und wohl glaubten, sie wäre mit Geld zu bezahlen, aber es wäre nicht mit Geld zu bezahlen, und so stünden alle Frauen, deren Männer dorthin gingen, in ihrer Schuld, und sie wolle nicht in der Schuld dieser Frauen stehen. Auch ich redete viel, ich sagte, daß ich alles, was ich über die sogenannte körperliche Liebe und über die andere Liebe gelesen hätte, für Unsinn hielte. Ich könnte das nicht voneinander trennen, und sie fragte mich, ob ich sie denn schön fände und sie liebte, und ich sagte, sie sei das einzige Mädchen, mit dem ich »diese Sache« tun wollte, und ich hätte immer nur an sie gedacht, wenn ich an die Sache gedacht hätte, auch schon im Internat; immer nur an sie. Schließlich stand Marie auf und ging ins Badezimmer, während ich auf ihrem Bett sitzen blieb, weiterrauchte und an die scheußlichen Pillen dachte, die ich hatte in die Gosse rollen lassen. Ich bekam wieder Angst, ging zum Badezimmer rüber, klopfte an, Marie zögerte einen Augenblick, bevor sie ja sagte, dann ging ich rein, und sobald ich sie sah, war die Angst wieder weg. Ihr liefen die Tränen übers Gesicht, während sie sich Haarwasser ins Haar massierte, dann puderte sie sich, und ich sagte: »Was machst du denn da?« Und sie sagte: »Ich mach mich schön.« Die Tränen gruben kleine Rillen in den Puder, den sie viel zu dick auftrug, und sie sagte: »Willst du nicht doch wieder gehn?« Und ich sagte: »Nein.« Sie betupfte sich noch mit Kölnisch Wasser, während ich auf der Kante der Badewanne saß und mir überlegte, ob zwei Stunden wohl ausreichen würden; mehr als eine halbe Stunde hatten wir schon verschwätzt. In der Schule hatte es Spezialisten für diese Fragen gegeben: wie schwer es sei, ein Mädchen zur Frau zu machen, und ich hatte dauernd Gunther im Kopf, der Siegfried vorschicken mußte, und dachte an das fürchterliche Nibelungengemetzel, das dieser Sache wegen entstanden war, und wie ich in der Schule, als wir die Nibelungensage durchnahmen, aufgestanden war und zu Pater Wunibald gesagt hatte: »Eigentlich war Brunhild doch Siegfrieds Frau«, und er hatte gelächelt und gesagt: »Aber verheiratet war er mit Krimhild, mein Junge«, und ich war wütend geworden und hatte behauptet, das wäre eine Auslegung, die ich als »pfäffisch« empfände. Pater Wunibald wurde wütend, klopfte mit dem Finger aufs Pult, berief sich auf seine Autorität und verbat sich eine »derartige Beleidigung«.

Ich stand auf und sagte zu Marie: »Wein doch nicht«, und sie hörte auf zu weinen und machte mit der Puderquaste die Tränenrillen wieder glatt. Bevor wir auf ihr Zimmer gingen, blieben wir im Flur noch am Fenster stehen und blickten auf die Straße: es war Januar, die Straße naß, gelb die Lichter über dem Asphalt, grün die Reklame über dem Gemüseladen drüben: Emil Schmitz. Ich kannte Schmitz, wußte aber nicht, daß er Emil mit Vornamen hieß, und der Vorname Emil kam mir bei dem Nachnamen Schmitz unpassend vor. Bevor wir in Maries Zimmer gingen, öffnete ich die Tür einen Spalt und knipste drinnen das Licht aus.

Als ihr Vater nach Hause kam, schliefen wir noch nicht; es war fast elf, wir hörten, wie er unten in den Laden ging, sich Zigaretten zu holen, bevor er die Treppe heraufkam. Wir dachten beide, er müsse etwas merken: es war doch etwas so Ungeheures passiert. Aber er merkte nichts, lauschte nur einen Augenblick an der Tür und ging nach oben. Wir hörten, wie er seine Schuhe auszog, auf den

47

Boden warf, wir hörten ihn später im Schlaf husten. Ich dachte darüber nach, wie er die Sache hinnehmen würde. Er war nicht mehr katholisch, schon lange aus der Kirche ausgetreten, und er hatte bei mir immer auf die »verlogene sexuelle Moral der bürgerlichen Gesellschaft« geschimpft und war wütend »über den Schwindel, den die Pfaffen mit der Ehe treiben«. Aber ich war nicht sicher, ob er das, was ich mit Marie getan hatte, ohne Krach hinnehmen würde. Ich hatte ihn sehr gern und er mich, und ich war versucht, mitten in der Nacht aufzustehen, auf sein Zimmer zu gehen, ihm alles zu sagen, aber dann fiel mir ein, daß ich alt genug war, einundzwanzig, Marie auch alt genug, neunzehn, und daß bestimmte Formen männlicher Aufrichtigkeit peinlicher sind als Schweigen, und außerdem fand ich: es ging ihn gar nicht so viel an, wie ich gedacht hatte. Ich hätte ja wohl kaum am Nachmittag zu ihm gehen und ihm sagen können: »Herr Derkum, ich will diese Nacht bei Ihrer Tochter schlafen« – und was geschehen war, würde er schon erfahren.

Wenig später stand Marie auf, küßte mich im Dunkeln und zog die Bettwäsche ab. Es war ganz dunkel im Zimmer, von draußen kam kein Licht rein, wir hatten die dicken Vorhänge zugezogen, und ich dachte darüber nach, woher sie wußte, was jetzt zu tun war: die Bettwäsche abziehen und das Fenster öffnen. Sie flüsterte mir zu: Ich geh ins Badezimmer, wasch du dich hier, und sie zog mich an der Hand aus dem Bett, führte mich im Dunkeln an der Hand in die Ecke, wo ihre Waschkommode stand, führte meine Hand an den Waschkrug, die Seifenschüssel, die Waschschüssel und ging mit den Betttüchern unterm Arm raus. Ich wusch mich, legte mich wieder ins Bett und wunderte mich, wo Marie so lange mit der sauberen Wäsche blieb. Ich war todmüde, froh, daß ich, ohne in Angstzustände zu fallen, an den verflixten Gunther denken konnte, und bekam dann Angst, es könnte Marie irgend etwas passiert sein. Im Internat hatten sie fürchterliche Einzelheiten erzählt. Es war nicht angenehm, ohne Bettwäsche da auf der Matratze zu liegen, sie war alt und durchgelegen, ich hatte nur mein Unterhemd an und fror. Ich dachte wieder an Maries Vater. Alle hielten ihn für einen Kommunisten, aber als er nach dem Krieg Bürgermeister werden sollte, hatten die Kommunisten dafür gesorgt, daß er's nicht wurde, und jedesmal, wenn ich anfing, die Nazis mit den Kommunisten zu vergleichen, wurde er wütend und sagte: »Es ist schon ein Unterschied, Junge, ob einer in einem Krieg fällt, den eine Schmierseifenfirma führt – oder ob er für eine Sache stirbt, an die einer glauben kann.« Was er wirklich war, weiß ich bis heute nicht, und als Kinkel ihn einmal in meiner Gegenwart einen »genialen Sektierer« nannte, war ich drauf und dran, Kinkel ins Gesicht zu spucken. Der alte Derkum war einer der wenigen Männer, die mir Respekt eingeflößt haben. Er war mager und bitter, viel jünger, als er aussah, und vom vielen Zigarettenrauchen hatte er Atembeschwerden. Ich hörte ihn die ganze Zeit über, während ich auf Marie wartete, da oben im Schlafzimmer husten, kam mir gemein vor, und wußte doch, daß ich's nicht war. Er hatte einmal zu mir gesagt: »Weißt du auch, warum in den herrschaftlichen Häusern, wie dein Elternhaus eins ist, die Dienstmädchenzimmer immer neben den Zimmern für die heranwachsenden Jungen liegen? Ich will es dir sagen: es ist eine uralte Spekulation auf die Natur und die Barmherzigkeit.« Ich wünschte, er wäre runtergekommen und hätte mich in Maries Bett überrascht, aber raufgehen und sozusagen Meldung erstatten, das wollte ich nicht.

Es wurde schon hell draußen. Mir war kalt, und die Schäbigkeit von Maries Zimmer bedrückte mich. Die

Derkums galten schon lange als heruntergekommen, und der Abstieg wurde dem »politischen Fanatismus« von Maries Vater zugeschrieben. Sie hatten eine kleine Drukkerei gehabt, einen kleinen Verlag, eine Buchhandlung, aber jetzt hatten sie nur noch diesen kleinen Schreibwarenladen, in dem sie auch Süßigkeiten an Schulkinder verkauften. Mein Vater hatte einmal zu mir gesagt: »Da siehst du, wie weit Fanatismus einen Menschen treiben kann – dabei hat Derkum nach dem Krieg als politisch Verfolgter die besten Chancen gehabt, seine eigene Zeitung zu bekommen.« Merkwürdigerweise hatte ich den alten Derkum nie fanatisch gefunden, aber vielleicht hatte mein Vater Fanatismus und Konsequenz miteinander verwechselt. Maries Vater verkaufte nicht einmal Gebetbücher, obwohl das eine Möglichkeit gewesen wäre, besonders vor den Weißen Sonntagen ein bißchen Geld zu verdienen.

Als es hell in Maries Zimmer wurde, sah ich, wie arm sie wirklich waren: sie hatte drei Kleider im Schrank hängen: das dunkelgrüne, von dem ich das Gefühl hatte, es schon seit einem Jahrhundert an ihr gesehen zu haben, ein gelbliches, das fast ganz verschlissen war, und das merkwürdige dunkelblaue Kostüm, das sie immer in der Prozession trug, der alte, flaschengrüne Wintermantel und nur drei Paar Schuhe. Einen Augenblick lang spürte ich die Versuchung aufzustehen, die Schubladen zu öffnen und mir ihre Wäsche anzusehen, aber dann ließ ich es. Ich glaube, nicht einmal, wenn ich mit einer Frau richtig verheiratet wäre, würde ich mir deren Wäsche ansehen. Ihr Vater hustete schon lange nicht mehr. Es war schon sechs vorüber, als Marie endlich aus dem Badezimmer kam. Ich war froh, daß ich mit ihr getan hatte, was ich immer mit ihr hatte tun wollen, ich küßte sie und war glücklich, daß sie lächelte. Ich spürte ihre Hände an meinem Hals: eiskalt, und ich fragte sie flüsternd: »Was hast du denn gemacht?« Sie sagte: »Was soll ich wohl gemacht haben, ich habe die Bettwäsche ausgewaschen. Ich hätte dir gern frische gebracht, aber wir haben nur vier Paar, immer zwei auf den Betten und zwei in der Wäsche.« Ich zog sie neben mich, deckte sie zu und legte ihre eiskalten Hände in meine Achselhöhlen, und Marie sagte, dort lägen sie so wunderbar, warm wie Vögel in einem Nest. »Ich konnte die Bettwäsche doch nicht Frau Huber geben«, sagte sie, »die wäscht immer für uns, und so hätte die ganze Stadt teilgenommen an dem, was wir getan haben, und wegwerfen wollte ich sie auch nicht. Ich dachte einen Augenblick lang daran, sie wegzuwerfen, aber dann fand ich es doch zu schade.« – »Hast du denn kein warmes Wasser gehabt?« fragte ich, und sie sagte: »Nein, der Boiler ist schon lange kaputt.« Dann fing sie ganz plötzlich an zu weinen, und ich fragte sie, warum sie denn jetzt weine, und sie flüsterte: »Mein Gott, ich bin doch katholisch, das weißt du doch –«, und ich sagte, daß jedes andere Mädchen, evangelisch oder ungläubig, wahrscheinlich auch weinen würde, und ich wüßte sogar, warum; sie blickte mich fragend an, und ich sagte: »Weil es wirklich so etwas wie Unschuld gibt.« Sie weinte weiter, und ich fragte nicht, warum sie weine. Ich wußte es: sie hatte diese Mädchengruppe schon ein paar Jahre und war immer mit der Prozession gegangen, hatte bestimmt mit den Mädchen dauernd von der Jungfrau Maria gesprochen – und nun kam sie sich wie eine Betrügerin oder Verräterin vor. Ich konnte mir vorstellen, wie schlimm es für sie war. Es war wirklich schlimm, aber ich hatte nicht länger warten können. Ich sagte, ich würde mit den Mädchen sprechen, und sie schrak hoch und sagte: »Was – mit wem?« – »Mit den Mädchen aus deiner Gruppe«, sagte ich, »es ist wirklich eine schlimme Sache für dich, und wenn es hart auf hart kommt, kannst du meinetwegen sagen, ich hätte dich vergewaltigt.« Sie lachte und sagte: »Nein, das ist Unsinn, was willst du denn den Mädchen sagen?« Ich sagte: »Ich werde nichts sagen, ich werde einfach vor ihnen auftreten, ein paar Nummern vorführen und Imitationen machen, und sie werden denken: Ach, das ist also dieser Schnier, der mit Marie diese Sache getan hat – dann ist es schon ganz anders, als wenn da nur herumgeflüstert wird.« Sie überlegte, lachte wieder und sagte leise: »Du bist nicht dumm.« Dann weinte sie plötzlich wieder und sagte: »Ich kann mich hier nicht mehr blicken lassen.« Ich fragte: »Warum?«, aber sie weinte nur und schüttelte den Kopf.

Ihre Hände in meinen Achselhöhlen wurden warm, und je wärmer ihre Hände wurden, desto schläfriger wurde ich. Bald waren es ihre Hände, die mich wärmten, und als sie mich wieder fragte, ob ich sie denn liebe und schön fände, sagte ich, das sei doch selbstverständlich, aber sie meinte, sie höre das Selbstverständliche so gern, und ich murmelte schläfrig, ja, ja, ich fände sie schön und liebte sie.

Ich wurde wach, als Marie aufstand, sich wusch und anzog. Sie schämte sich nicht, und mir war es selbstverständlich, ihr dabei zuzusehen. Es war noch deutlicher als eben: wie ärmlich sie gekleidet war. Während sie alles zuband und zuknöpfte, dachte ich an die vielen hübschen Dinge, die ich ihr kaufen würde, wenn ich Geld hätte. Ich hatte schon oft vor Modegeschäften gestanden und mir Röcke und Pullover, Schuhe und Taschen angesehen und mir vorgestellt, wie ihr das alles stehen würde, aber ihr Vater hatte so strikte Vorstellungen von Geld, daß ich nie gewagt hätte, ihr etwas mitzubringen. Er hatte mir einmal gesagt: »Es ist schrecklich, arm zu sein, schlimm ist aber auch, so gerade hinzukommen, ein Zustand, in dem sich die meisten Menschen befinden.« – »Und reich zu sein?« hatte ich gefragt, »wie ist das?« Ich war rot geworden. Er hatte mich scharf angesehen, war auch rot geworden und hatte gesagt: »Junge, das kann schlimm werden, wenn du das Denken nicht aufgibst. Wenn ich noch Mut und den Glauben hätte, daß man in dieser Welt etwas ausrichten kann, weißt du, was ich tun würde?« – »Nein«, sagte ich. »Ich würde«, sagte er und wurde wieder rot, »irgendeine Gesellschaft gründen, die sich um die Kinder reicher Leute kümmert. Die Dummköpfe wenden den Begriff asozial immer nur auf die Armen an.«

Mir ging viel durch den Kopf, während ich Marie beim Ankleiden zusah. Es machte mich froh und auch unglücklich, wie selbstverständlich für sie ihr Körper war. Später, als wir miteinander von Hotel zu Hotel zogen, bin ich morgens immer im Bett geblieben, um ihr zusehen zu können, wie sie sich wusch und anzog, und wenn das Badezimmer so ungünstig lag, daß ich ihr vom Bett aus nicht zusehen konnte, legte ich mich in die Wanne. An diesem Morgen in ihrem Zimmer wäre ich am liebsten liegengeblieben und wünschte, sie würde nie mit Anziehen fertig. Sie wusch sich gründlich Hals, Arme und Brust und putzte sich eifrig die Zähne. Ich selbst habe mich immer möglichst vor dem Waschen am Morgen gedrückt, und Zähneputzen ist mir immer noch ein Greuel. Ich ziehe die Badewanne vor, aber ich sah Marie immer gern dabei zu, sie war so sauber und alles so selbstverständlich, sogar die kleine Bewegung, mit der sie den Deckel auf die Zahnpastatube schraubte. Ich dachte auch an meinen Bruder Leo, der sehr fromm war, gewissenhaft und genau und der immer wieder betonte, er »glaube« an mich. Er stand auch vor dem Abitur, und er schämte sich irgendwie, daß er's geschafft hatte, mit neunzehn, ganz normal, während ich mit einundzwanzig mich immer noch in der Untersekunda über die betrügerische Interpretation des Nibelungenlieds ärgerte. Leo kannte sogar Marie von irgendwelchen Arbeitsgemeinschaften her, wo katholische und evangelische Jugendliche über Demokratie und über konfessionelle Toleranz diskutierten. Wir beide, Leo und ich, betrachteten unsere Eltern nur noch als eine Art Heimleiterehepaar. Es war für Leo ein fürchterlicher Schock gewesen, als er erfuhr, daß Vater schon seit fast zehn Jahren eine Geliebte hat. Auch für mich war es ein Schock, aber kein moralischer, ich konnte mir schon vorstellen, daß es schlimm sein mußte, mit meiner Mutter verheiratet zu sein, deren trügerische Sanftmut eine I-und-E-Sanftmut war. Sie sprach selten einen Satz, in dem ein A, O oder U vorgekommen wäre, und es war typisch für sie, daß sie Leos Namen in Le abgekürzt hatte. Ihr Lieblingssatz war: »Wir sehen die Dinge eben verschieden« – der zweitliebste Satz war: »Im Prinzip habe ich recht, ich bin bereit, gewisse Dinge zu ventilieren.« Für mich war die Tatsache, daß Vater eine Geliebte hat, eher ein ästhetischer Schock: Es paßte gar nicht zu ihm. Er ist weder leidenschaftlich noch vital, und wenn ich nicht annehmen mußte, daß sie nur eine Art Krankenschwester oder Seelenbadefrau für ihn war (wobei wieder der pathetische Ausdruck Geliebte nicht zutrifft), so war das Unordentliche daran, daß es nicht zu Vater paßte. Tatsächlich war sie einfach eine liebe, hübsche, nicht wahnsinnig intelligente Sängerin, der er nicht einmal zusätzliche Engagements oder Konzerte verschaffte. Dazu war er wieder zu korrekt. Mir kam die Sache reichlich verworren vor, für Leo war's bitter. Er war in seinen Idealen getroffen, und meine Mutter wußte Leos Zustand nicht anders zu umschreiben als: »Le ist in einer Krise«, und als er dann eine Klassenarbeit fünf schrieb, wollte sie Leo zu einem Psychologen schleppen. Es gelang mir, das

zu verhindern, indem ich ihm zunächst einmal alles erzählte, was ich über diese Sache, die Mann und Frau miteinander tun, wußte, und ihm so intensiv bei den Schularbeiten half, daß er die nächsten Arbeiten wieder drei und
zwei schrieb – und dann hielt meine Mutter den Psychologen nicht mehr für notwendig.

Marie zog das dunkelgrüne Kleid an, und obwohl sie
Schwierigkeiten mit dem Reißverschluß hatte, stand ich
nicht auf, ihr zu helfen: es war so schön anzusehen, wie
sie sich mit den Händen auf den Rücken griff, ihre weiße
Haut, das dunkle Haar und das dunkelgrüne Kleid; ich
war auch froh zu sehen, daß sie nicht nervös dabei wurde;
sie kam schließlich ans Bett, und ich richtete mich auf und
zog den Reißverschluß zu. Ich fragte sie, warum sie denn
so schrecklich früh aufstehe, und sie sagte, ihr Vater
schliefe erst gegen morgen richtig ein und würde bis neun
im Bett bleiben, und sie müsse die Zeitungen unten rein-
nehmen und den Laden aufmachen, denn manchmal kämen die Schulkinder schon vor der Messe, um Hefte zu
kaufen, Bleistifte, Bonbons, und: »Außerdem«, sagte sie,
»ist es besser, wenn du um halb acht aus dem Haus bist.
Ich mache jetzt Kaffee, und in fünf Minuten kommst du
leise in die Küche runter.«

Ich kam mir fast verheiratet vor, als ich in die Küche
runterkam, Marie mir Kaffee einschenkte und mir ein
Brötchen zurechtmachte. Sie schüttelte den Kopf und
sagte: »Nicht gewaschen, nicht gekämmt, kommst du immer so zum Frühstück?«, und ich sagte ja, nicht einmal
im Internat hätten sie es fertiggebracht, mich zum regel-
mäßigen Waschen am frühen Morgen zu erziehen.

»Aber was machst du denn?« fragte sie, »irgendwie
mußt du dich doch frisch machen?«

»Ich reibe mich immer mit Kölnisch Wasser ab«, sagte
ich.

»Das ist ziemlich teuer«, sagte sie und wurde sofort rot.

»Ja«, sagte ich, »aber ich bekomme es immer geschenkt, eine große Flasche, von einem Onkel, der Generalvertreter für das Zeug ist.« Ich sah mich vor Verlegenheit in der Küche um, die ich so gut kannte: sie war klein und dunkel, nur eine Art Hinterzimmer zum Laden; in der Ecke der kleine Herd, in dem Marie die Briketts bei Glut gehalten hatte, auf die Weise, wie alle Hausfrauen es tun: sie wickelt sie abends in nasses Zeitungspapier, stochert morgens die Glut hoch und entfacht mit Holz und frischen Briketts das Feuer. Ich hasse diesen Geruch von Brikettasche, der morgens in den Straßen hängt und an diesem Morgen in der muffigen kleinen Küche hing. Es war so eng, daß Marie jedesmal, wenn sie den Kaffeetopf vom Herd nahm, aufstehen und den Stuhl wegschieben mußte, und wahrscheinlich hatten ihre Großmutter und ihre Mutter es genauso machen müssen. An diesem Morgen kam mir die Küche, die ich so gut kannte, zum ersten Mal alltäglich vor. Vielleicht erlebte ich zum ersten Mal, was Alltag ist: Dinge tun müssen, bei denen nicht mehr die Lust dazu entscheidet. Ich hatte keine Lust, dieses enge Haus je wieder zu verlassen und draußen irgendwelche Pflichten auf mich zu nehmen; die Pflicht, für das, was ich mit Marie getan hatte, einzustehen, bei den Mädchen, bei Leo, sogar meine Eltern würden es irgendwo erfahren. Ich wäre am liebsten hier geblieben und hätte bis an mein Lebensende Bonbons und Sütterlinhefte verkauft, mich abends mit Marie oben ins Bett gelegt und bei ihr geschlafen, richtig geschlafen bei ihr, so wie die letzten Stunden vor dem Aufstehen, mit ihren Händen unter meinen Achseln. Ich fand es furchtbar und großartig, diesen Alltag, mit Kaffeetopf und Brötchen und Maries verwaschener blauweißer Schürze über dem grünen Kleid, und mir schien, als sei nur Frauen der Alltag so selbstverständlich wie ihr Körper. Ich war stolz darauf, daß Marie meine Frau war, und fühlte mich selbst nicht ganz so erwachsen, wie ich mich von jetzt an würde verhalten müssen. Ich stand auf, ging um den Tisch herum, nahm Marie in die Arme und sagte: »Weißt du noch, wie du nachts aufgestanden bist und die Bettücher gewaschen hast?« Sie nickte. »Und ich vergesse nicht«, sagte sie, »wie du meine Hände unter den Achseln gewärmt hast – jetzt mußt du gehen, es ist gleich halb acht, und die ersten Kinder kommen.«

Ich half ihr, die Zeitungspakete von draußen hereinzuholen und auszupacken. Drüben kam gerade Schmitz mit seinem Gemüseauto vom Markt, und ich sprang in den Flur zurück, damit er mich nicht sehen sollte – aber er hatte mich schon gesehen. Nicht einmal der Teufel kann so scharfe Augen haben wie Nachbarn. Ich stand da im Laden und blickte auf die frischen Morgenzeitungen, auf die die meisten Männer so verrückt sind. Mich interessieren Zeitungen nur abends oder in der Badewanne, und in der Badewanne kommen mir die seriösesten Morgenzeitungen so unseriös wie Abendzeitungen vor. Die Schlagzeile an diesem Morgen lautete: »Strauß: mit voller Konsequenz!« Vielleicht wäre es doch besser, die Abfassung eines Leitartikels oder der Schlagzeilen einer kybernetischen Maschine zu überlassen. Es gibt Grenzen, über die hinaus Schwachsinn unterbunden werden sollte. Die Ladenklingel ging, ein kleines Mädchen, acht oder neun Jahre alt, schwarzhaarig, mit roten Wangen und frisch gewaschen, das Gebetbuch unterm Arm, kam in den Laden. »Seidenkissen«, sagte sie, »für einen Groschen.« Ich wußte nicht, wieviel Seidenkissen es für einen Groschen gab, ich machte das Glas auf und zählte zwanzig Stück in eine Tüte und schämte mich zum ersten Mal meiner nicht ganz sauberen Finger, die durch das dicke Bonbonglas noch vergrößert wurden. Das Mädchen sah mich erstaunt an, als zwanzig Bonbons in die Tüte fielen, aber ich sagte: »Stimmt schon, geh«, und ich nahm ihren Groschen von der Theke und warf ihn in die Kasse.

Marie lachte, als sie zurückkam und ich ihr stolz den Groschen zeigte. »Jetzt mußt du gehen«, sagte sie.

»Warum eigentlich?« fragte ich, »kann ich nicht warten, bis dein Vater herunterkommt?«

»Wenn er herunterkommt, um neun, mußt du wieder hier sein. Geh«, sagte sie, »du mußt es deinem Bruder Leo sagen, bevor er's von irgend jemand anderem erfährt.«

»Ja«, sagte ich, »du hast recht – und du«, ich wurde schon wieder rot, »mußt du nicht zur Schule?«

»Ich geh heute nicht«, sagte sie, »nie mehr gehe ich. Komm rasch zurück.«

Es fiel mir schwer, von ihr wegzugehen, sie brachte mich bis zur Ladentür, und ich küßte sie in der offenen Tür, so daß Schmitz und seine Frau drüben es sehen konnten. Sie glotzten herüber wie Fische, die plötzlich überrascht entdecken, daß sie den Angelhaken schon lange verschluckt haben.

Ich ging weg, ohne mich umzusehen. Mir war kalt, ich schlug den Rockkragen hoch, steckte mir eine Zigarette an, machte einen kleinen Umweg über den Markt, ging die Franziskanerstraße runter und sprang an der Ecke Koblenzer Straße auf den fahrenden Bus, die Schaffnerin drückte mir die Tür auf, drohte mir mit dem Finger, als ich bei ihr stehen blieb, um zu bezahlen, und deutete kopfschüttelnd auf meine Zigarette. Ich knipste sie aus, schob den Rest in meine Rocktasche und ging zur Mitte durch. Ich stand nur da, blickte auf die Koblenzer Straße und dachte an Marie. Irgend etwas in meinem Gesicht schien den Mann, neben dem ich stand, wütend zu machen. Er senkte sogar die Zeitung, verzichtete auf sein

»Strauß: mit voller Konsequenz!«, schob seine Brille vorne auf die Nase, sah mich kopfschüttelnd an und murmelte: »Unglaublich.« Die Frau, die hinter ihm saß – ich war fast über einen Sack voll Möhren, den sie neben sich stehen hatte, gestolpert –, nickte zu seinem Kommentar, schüttelte auch den Kopf und bewegte lautlos ihre Lippen.

Ich hatte mich sogar ausnahmsweise vor Maries Spiegel mit ihrem Kamm gekämmt, trug meine graue, saubere, ganz normale Jacke, und mein Bartwuchs war nie so stark, daß ein Tag ohne Rasur mich zu einer »unglaublichen« Erscheinung hätte machen können. Ich bin weder zu groß noch zu klein, und meine Nase ist nicht so lang, daß sie in meinem Paß unter besondere Merkmale eingetragen ist. Dort steht: keine. Ich war weder schmutzig noch betrunken, und doch regte die Frau mit dem Möhrensack sich auf, mehr als der Mann mit der Brille, der schließlich nach einem letzten verzweifelten Kopfschütteln seine Brille wieder hochschob und sich mit Straußens Konsequenzen beschäftigte. Die Frau fluchte lautlos vor sich hin, machte unruhige Kopfbewegungen, um den übrigen Fahrgästen mitzuteilen, was ihre Lippen nicht preisgaben. Ich weiß bis heute nicht, wie Juden aussehen, sonst könnte ich ermessen, ob sie mich für einen gehalten hat, ich glaube eher, daß es nicht an meinem Äußeren lag, eher an meinem Blick, wenn ich aus dem Bus auf die Straße blickte und an Marie dachte. Mich machte diese stumme Feindseligkeit nervös, ich stieg eine Station zu früh aus, und ich ging zu Fuß das Stück die Ebertallee hinunter, bevor ich zum Rhein hin abschwenkte.

Die Stämme der Buchen in unserem Park waren schwarz, noch feucht, der Tennisplatz frisch gewalzt, rot, vom Rhein her hörte ich das Hupen der Schleppkähne, und als ich in den Flur trat, hörte ich Anna in der Küche leise vor sich hinschimpfen. Ich verstand immer nur: »... kein gutes Ende – gutes Ende – kein.« Ich rief in die offene Küchentür hinein: »Für mich kein Frühstück, Anna«, ging rasch weiter und blieb im Wohnzimmer stehen. So dunkel war mir die Eichentäfelung, die Holzgalerie mit Humpen und Jagdtrophäen noch nie vorgekommen. Nebenan im Musikzimmer spielte Leo eine Mazurka von Chopin. Er hatte damals vor, Musik zu studieren, stand morgens um halb sechs auf, um vor Schulbeginn noch zu üben. Was er spielte, versetzte mich in eine spätere Tageszeit, und ich vergaß auch, daß Leo spielte. Leo und Chopin passen nicht zueinander, aber er spielte so gut, daß ich ihn vergaß. Von den älteren Komponisten sind mir Chopin und Schubert die liebsten. Ich weiß, daß unser Musiklehrer recht hatte, wenn er Mozart himmlisch, Beethoven großartig, Gluck einzigartig und Bach gewaltig nannte; ich weiß. Bach kommt mir immer vor wie eine dreißigbändige Dogmatik, die mich in Erstaunen versetzt. Aber Schubert und Chopin sind so irdisch, wie ich es wohl bin. Ich höre sie am liebsten. Im Park, zum Rhein hin, sah ich vor den Trauerweiden die Schießscheiben in Großvaters Schießstand sich bewegen. Offenbar war Fuhrmann beauftragt, sie zu ölen. Mein Großvater trommelt manchmal ein paar »alte Knaben« zusammen, dann stehen fünfzehn Riesenautos im kleinen Rondell vor dem Haus, fünfzehn Chauffeure stehen fröstelnd zwischen den Hecken und Bäumen oder spielen gruppenweise auf den Steinbänken Skat, und wenn einer von den »alten Knaben« eine Zwölf geschossen hat, hört man bald drauf einen Sektpfropfen knallen. Manchmal hatte Großvater mich rufen lassen, und ich hatte den alten Knaben ein paar Faxen vorgemacht, Adenauer imitiert oder Erhard – was auf eine deprimierende Weise einfach ist, oder ich hatte ihnen kleine Nummern vorgeführt: Manager im

Speisewagen. Und wie boshaft ich es auch zu machen versucht hatte, sie hatten sich totgelacht, »köstlich amüsiert«, und wenn ich anschließend mit einem leeren Patronenkarton oder einem Tablett rundging, hatten sie meistens Scheine geopfert. Mit diesen zynischen alten Knakkern verstand ich mich ganz gut, ich hatte nichts mit ihnen zu tun, mit chinesischen Mandarinen hätte ich mich genausogut verstanden. Einige hatten sich sogar zu Kommentaren meinen Darbietungen gegenüber verstiegen: »Kolossal.« – »Großartig.« Manche hatten sogar mehr als ein Wort gesagt: »Der Junge hat's in sich«, oder: »In dem steckt noch was.«

Während ich Chopin hörte, dachte ich zum erstenmal daran, Engagements zu suchen, um ein bißchen Geld zu verdienen. Ich könnte Großvater bitten, mich als Alleinunterhalter bei Kapitalistenversammlungen zu empfehlen, oder zur Aufheiterung nach Aufsichtsratssitzungen. Ich hatte sogar schon eine Nummer ›Aufsichtsrat‹ einstudiert.

Als Leo ins Zimmer kam, war Chopin sofort weg; Leo ist sehr groß, blond, mit seiner randlosen Brille sieht er aus, wie ein Superintendent aussehen müßte oder ein schwedischer Jesuit. Die scharfen Bügelfalten seiner dunklen Hose nahmen den letzten Hauch Chopin weg, der weiße Pullover über der scharfgebügelten Hose wirkte peinlich, wie der Kragen des roten Hemdes, das über dem weißen Pullover zu sehen war. Ein solcher Anblick – wenn ich sehe, wie jemand vergeblich versucht, gelockert auszusehen – versetzt mich immer in tiefe Melancholie, wie anspruchsvolle Vornamen, Ethelbert, Gerentrud. Ich sah auch wieder, wie Leo Henriette ähnlich sieht, ohne ihr zu gleichen: die Stupsnase, die blauen Augen, der Haaransatz – aber nicht ihren Mund, und alles, was an Henriette hübsch und beweglich wirkte, ist an ihm rührend und steif. Man sieht ihm nicht an, daß er der beste Turner in der Klasse ist; er sieht aus wie ein Junge, der vom Turnen befreit ist, hat aber über seinem Bett ein halbes Dutzend Sportdiplome hängen.

Er kam rasch auf mich zu, blieb plötzlich ein paar Schritte vor mir stehen, seine verlegenen Hände etwas seitwärts gespreizt, und sagte: »Hans, was ist denn?« Er blickte mir in die Augen, etwas darunter, wie jemand, der einen auf einen Flecken aufmerksam machen will, und ich merkte, daß ich geweint hatte. Wenn ich Chopin oder Schubert höre, weine ich immer. Ich nahm mit dem rechten Zeigefinger die beiden Tränen weg und sagte: »Ich wußte nicht, daß du so gut Chopin spielen kannst. Spiel die Mazurka doch noch einmal.«

»Ich kann nicht«, sagte er, »ich muß zur Schule, wir kriegen in der ersten Stunde die Deutschthemen fürs Abitur.«

»Ich bring dich mit Mutters Auto hin«, sagte ich.

»Ich mag nicht mit diesem dummen Auto fahren«, sagte er, »du weißt, daß ich es hasse.« Mutter hatte damals von einer Freundin »wahnsinnig preiswert« einen Sportwagen übernommen, und Leo war sehr empfindlich, wenn ihm irgend etwas als Angeberei ausgelegt werden konnte. Es gab nur eine Möglichkeit, ihn in wilden Zorn zu versetzen: wenn jemand ihn hänselte oder hätschelte unserer reichen Eltern wegen, dann wurde er rot und schlug mit den Fäusten um sich.

»Mach eine Ausnahme«, sagte ich, »setz dich ans Klavier und spiel. Willst du gar nicht wissen, wo ich war?«

Er wurde rot, blickte auf den Boden und sagte: »Nein, ich will es nicht wissen.«

»Ich war bei einem Mädchen«, sagte ich, »bei einer Frau – meiner Frau.«

»So?« sagte er, ohne aufzublicken. »Wann hat die Trauung denn stattgefunden?« Er wußte immer noch nicht, wohin mit seinen verlegenen Händen, wollte plötzlich mit gesenktem Kopf an mir vorbeigehen. Ich hielt ihn am Ärmel fest.

»Es ist Marie Derkum«, sagte ich leise. Er entzog mir seinen Ellenbogen, trat einen Schritt zurück und sagte: »Mein Gott, nein.«

Er sah mich böse an und knurrte irgend etwas vor sich hin.

»Was«, fragte ich, »was hast du gesagt?«

»Daß ich jetzt doch mit dem Auto fahren muß – bringst du mich?«

Ich sagte ja, nahm ihn bei der Schulter und ging neben ihm her durchs Wohnzimmer. Ich wollte es ihm ersparen, mich anzusehen. »Geh und hol die Schlüssel«, sagte ich, »dir gibt Mutter sie – und vergiß die Papiere nicht – und, Leo, ich brauche Geld – hast du noch Geld?«

»Auf der Kasse«, sagte er, »kannst du's dir selber holen?«

»Ich weiß nicht«, sagte ich, »schick es mir lieber.«

»Schicken?« fragte er. »Willst du weggehen?«

»Ja«, sagte ich. Er nickte und ging die Treppe hinauf.

Erst in dem Augenblick, als er mich fragte, hatte ich gewußt, daß ich weggehen wollte. Ich ging in die Küche, wo Anna mich knurrend empfing.

»Ich dachte, du wolltest kein Frühstück mehr«, sagte sie böse.

»Frühstück nicht«, sagte ich, »aber Kaffee.« Ich setzte mich an den gescheuerten Tisch und sah Anna zu, wie sie am Herd den Filter von der Kaffeekanne nahm und ihn zum Austropfen auf eine Tasse stellte. Wir frühstückten immer morgens mit den Mädchen in der Küche, weil es uns zu langweilig war, im Eßzimmer feierlich serviert zu bekommen. Um diese Zeit war nur Anna in der Küche.

Norette, das Zweitmädchen, war bei Mutter im Schlafzimmer, servierte ihr das Frühstück und besprach mit ihr
Garderobe und Kosmetik. Wahrscheinlich mahlte Mutter
jetzt irgendwelche Weizenkeime zwischen ihren herrlichen Zähnen, während irgendein Zeug, das aus Plazenten
hergestellt ist, auf ihrem Gesicht liegt und Norette ihr aus
der Zeitung vorliest. Vielleicht waren sie auch jetzt erst
beim Morgengebet, das sich aus Goethe und Luther zu-
sammensetzt und meistens einen Zusatz moralischer Auf-
rüstung erhält, oder Norette las meiner Mutter aus den
gesammelten Prospekten für Abführmittel vor. Sie hat
ganze Schnellhefter voll Medikamentenprospekte, getrennt nach »Verdauung«, »Herz«, »Nerven«, und wenn
sie irgendwo eines Arztes habhaft werden kann, informiert sie sich nach »Neuerscheinungen«, spart dabei das
Honorar für eine Konsultation. Wenn einer der Ärzte ihr
dann Probepackungen schickt, ist sie selig.
Ich sah Annas Rücken an, daß sie den Augenblick
scheute, wo sie sich rumdrehen, mir ins Gesicht blicken
und mit mir reden mußte. Wir beide haben uns gern,
obwohl sie die peinliche Tendenz, mich zu erziehen, nie
unterdrücken kann. Sie war schon fünfzehn Jahre bei uns,
Mutter hat sie von einem Vetter, der evangelischer Pfarrer
war, übernommen. Anna ist aus Potsdam, und schon die
Tatsache, daß wir, obschon evangelisch, rheinischen Dia-
lekt sprechen, kommt ihr irgendwie ungeheuerlich, fast
widernatürlich vor. Ich glaube, ein Protestant, der bay-
risch spräche, würde ihr wie der Leibhaftige vorkommen.
Ans Rheinland hat sie sich schon ein bißchen gewöhnt.
Sie ist groß, schlank und stolz drauf, daß sie »sich wie
eine Dame bewegt«. Ihr Vater war Zahlmeister bei einem
Ding, von dem ich nur weiß, daß es I. R. 9 hieß. Es nutzt
gar nichts, Anna zu sagen, daß wir ja nicht bei diesem
I. R. 9 sind; was Jugenderziehung anbelangt, läßt sie sich

nicht von dem Spruch abbringen: »Das wäre beim I. R. 9 nicht möglich gewesen.« Ich bin nie ganz hinter dieses I. R. 9 gekommen, weiß aber inzwischen, daß ich in dieser geheimnisvollen Erziehungsinstitution wahrscheinlich nicht einmal als Kloreiniger eine Chance gehabt hätte. Vor allem meine Waschpraktiken riefen bei Anna immer I. R. 9-Beschwörungen hervor, und »diese fürchterliche Angewohnheit, so lange wie möglich im Bett zu bleiben«, ruft bei ihr einen Ekel hervor, als wäre ich mit Lepra behaftet. Als sie sich endlich umdrehte, mit der Kaffeekanne an den Tisch kam, hielt sie die Augen gesenkt wie eine Nonne, die einen etwas anrüchigen Bischof bedient. Sie tat mir leid, wie die Mädchen aus Maries Gruppe. Anna hatte mit ihrem Nonneninstinkt sicher gemerkt, wo ich herkam, während meine Mutter wahrscheinlich, wenn ich drei Jahre lang mit einer Frau heimlich verheiratet wäre, nicht das geringste merken würde. Ich nahm Anna die Kanne aus der Hand, goß mir Kaffee ein, hielt Annas Arm fest und zwang sie, mich anzusehen: sie tat es mit ihren blassen, blauen Augen, flatternden Lidern, und ich sah, daß sie tatsächlich weinte. »Verdammt, Anna«, sagte ich, »sieh mich an. Ich nehme an, daß man in deinem I. R. 9 sich auch mannhaft in die Augen geschaut hat.«

»Ich bin kein Mann«, wimmerte sie, ich ließ sie los; sie stellte sich mit dem Gesicht zum Herd, murmelte etwas von Sünde und Schande, Sodom und Gomorrha, und ich sagte: »Anna, mein Gott, denk doch dran, was die in Sodom und Gomorrha wirklich gemacht haben.« Sie schüttelte meine Hand von ihrer Schulter, ich ging aus der Küche, ohne ihr zu sagen, daß ich von zu Haus wegwollte. Sie war die einzige, mit der ich manchmal über Henriette sprach.

Leo stand schon draußen vor der Garage und blickte ängstlich auf seine Armbanduhr. »Hat Mutter gemerkt, daß ich weg war?« fragte ich. Er sagte: »Nein«, gab mir die Schlüssel und hielt das Tor auf. Ich stieg in Mutters Auto, fuhr raus und ließ Leo einsteigen. Er blickte angestrengt auf seine Fingernägel. »Ich habe das Sparbuch«, sagte er, »ich hole das Geld in der Pause. Wohin soll ich's schicken?« – »Schick's an den alten Derkum«, sagte ich. »Bitte«, sagte er, »fahr los, es ist Zeit.« Ich fuhr schnell, über unseren Gartenweg, durch die Ausfahrt und mußte draußen an der Haltestelle warten, an der Henriette eingestiegen war, als sie zur Flak fuhr. Es stiegen ein paar Mädchen in Henriettes Alter in die Straßenbahn. Als wir die Bahn überholten, sah ich noch mehr Mädchen in Henriettes Alter, lachend, wie sie gelacht hatte, mit blauen Mützen auf dem Kopf und Mänteln mit Pelzkragen. Wenn ein Krieg käme, würden ihre Eltern sie genau so wegschicken, wie meine Eltern Henriette weggeschickt hatten, sie würden ihnen Taschengeld zustecken, ein paar belegte Brote, ihnen auf die Schulter klopfen und sagen: »Mach's gut.« Ich hätte den Mädchen gern zugewinkt, ließ es aber. Es wird alles mißverstanden. Wenn man in einem so dummen Auto fährt, kann man nicht einmal einem Mädchen winken. Ich hatte einmal einem Jungen im Hofgarten eine halbe Tafel Schokolade geschenkt und ihm die blonden Haare aus der schmutzigen Stirn gestrichen; er weinte und hatte sich die Tränen durchs Gesicht auf die Stirn geschmiert, ich wollte ihn nur trösten. Es gab einen fürchterlichen Auftritt mit zwei Frauen, die fast die Polizei gerufen hätten, und ich fühlte mich nach der Keiferei wirklich wie ein Unhold, weil eine der Frauen immer zu mir sagte: »Sie schmutziger Kerl, Sie schmutziger Kerl.« Es war scheußlich, der Auftritt kam mir so pervers vor, wie ein wirklicher Unhold mir vorkommt.

Während ich die Koblenzer Straße runterfuhr, viel zu schnell, schaute ich nach einem Ministerauto aus, das ich hätte schrammen können. Mutters Auto hat vorstehende Radnaben, mit denen ich ein Auto hätte ankratzen können, aber so früh war noch kein Minister unterwegs. Ich sagte zu Leo: »Wie ist es nun, gehst du wirklich zum Militär?« Er wurde rot und nickte. »Wir haben darüber gesprochen«, sagte er, »im Arbeitskreis, und sind zu dem Ergebnis gekommen, daß es der Demokratie dient.« – »Na gut«, sagte ich, »geh nur hin und mach diese Idiotie mit, ich bedaure manchmal, daß ich nicht wehrpflichtig bin.« Leo drehte sich mir fragend zu, wandte aber den Kopf weg, als ich ihn ansehen wollte. »Warum?« fragte er. »Oh«, sagte ich, »ich würde so gern den Major einmal wiedersehen, der bei uns einquartiert war und Frau Wieneken erschießen lassen wollte. Er ist jetzt sicher Oberst oder General.« Ich hielt vor dem Beethovengymnasium, um ihn rauszulassen, er schüttelte den Kopf, sagte: »Park doch hinten rechts vom Konvikt«, ich fuhr weiter, hielt, gab Leo die Hand, aber er lächelte gequält, hielt mir weiter die offene Hand hin. Ich war in Gedanken schon weg, verstand nicht, und es machte mich nervös, wie Leo dauernd ängstlich auf seine Armbanduhr blickte. Es war erst fünf vor acht, und er hatte noch reichlich Zeit. »Du willst doch nicht wirklich zum Militär gehn«, sagte ich. »Warum nicht«, sagte er böse, »gib mir den Autoschlüssel.« Ich gab ihm den Autoschlüssel, nickte ihm zu und ging. Ich dachte die ganze Zeit an Henriette und fand es Wahnsinn, daß Leo Soldat werden wollte. Ich ging durch den Hofgarten, unter der Universität her zum Markt. Mir war kalt, und ich wollte zu Marie.

Der Laden war voller Kinder, als ich dort ankam. Die Kinder nahmen Bonbons, Griffel, Radiergummi aus den Regalen und legten dem alten Derkum das Geld auf die Theke. Als ich mich durch den Laden ins Hinterzimmer zwängte, blickte er nicht auf. Ich ging zum Herd, wärmte meine Hände an der Kaffeekanne und dachte, Marie würde jeden Augenblick kommen. Ich hatte keine Zigaretten mehr, und ich überlegte, ob ich sie so nehmen oder bezahlen sollte, wenn ich Marie darum bat. Ich goß mir aus der Kanne Kaffee ein, und mir fiel auf, daß drei Tassen auf dem Tisch standen. Als es im Laden still wurde, setzte ich meine Tasse ab. Ich wünschte, Marie wäre bei mir gewesen. Ich wusch mir am Spülbecken neben dem Herd Gesicht und Hände, kämmte mich mit der Nagelbürste, die in der Seifenschale lag, ich zog meinen Hemdkragen glatt, die Krawatte hoch und prüfte noch einmal meine Fingernägel: sie waren sauber. Ich wußte plötzlich, daß ich das alles tun mußte, was ich sonst nie tat.

Als ihr Vater hereinkam, hatte ich mich gerade gesetzt, ich stand sofort auf. Er war so verlegen wie ich, auch so schüchtern, er sah nicht böse aus, nur sehr ernst, und als er die Hand zur Kaffeekanne ausstreckte, zuckte ich zusammen, nicht viel, aber merklich. Er schüttelte den Kopf, goß sich ein, hielt mir die Kanne hin, ich sagte danke, er sah mich immer noch nicht an. In der Nacht oben in Maries Bett, als ich über alles nachdachte, hatte ich mich sehr sicher gefühlt. Ich hätte gern eine Zigarette gehabt, aber ich wagte nicht, mir eine aus seiner Schachtel zu nehmen, die auf dem Tisch lag. Jederzeit sonst hätte ich es getan. Wie er da stand, über den Tisch gebeugt, mit der großen Glatze und dem grauen, unordentlichen Haarkranz, kam er mir sehr alt vor. Ich sagte leise: »Herr Derkum, Sie haben ein Recht«, aber er schlug mit der Hand auf den Tisch, sah mich endlich an, über seine Brille hinweg, und sagte: »Verflucht, mußte das sein – und gleich so, daß die ganze Nachbarschaft dran teilhat?« Ich war froh, daß er nicht enttäuscht war und von Ehre anfing. »Mußte das wirklich sein – du weißt doch, wie wir uns krummgelegt haben für diese verfluchte Prüfung, und jetzt«, er schloß die Hand, öffnete sie, als wenn er einen Vogel freiließe, »nichts.« – »Wo ist Marie?« fragte ich. »Weg«, sagte er, »nach Köln gefahren.« – »Wo ist sie?« rief ich, »wo?« – »Nur die Ruhe«, sagte er, »das wirst du schon erfahren. Ich nehme an, daß du jetzt von Liebe, Heirat und so weiter anfangen willst – spar dir das – los, geh. Ich bin gespannt, was aus dir wird. Geh.« Ich hatte Angst, an ihm vorbeizugehen. Ich sagte: »Und die Adresse?« – »Hier«, sagte er und schob mir einen Zettel über den Tisch. Ich steckte den Zettel ein. »Sonst noch was«, schrie er, »sonst noch was? Worauf wartest du noch?« – »Ich brauche Geld«, sagte ich, und ich war froh, daß er plötzlich lachte, es war ein merkwürdiges Lachen, hart und böse, wie ich es erst einmal von ihm gehört hatte, als wir über meinen Vater sprachen. »Geld«, sagte er, »das ist ein Witz, aber komm«, sagte er, »komm«, und er zog mich am Ärmel in den Laden, trat hinter die Theke, riß die Kasse auf und warf mir mit beiden Händen Kleingeld hin: Groschen, Fünfer und Pfennige, er streute die Münzen über die Hefte und Zeitungen, ich zögerte, fing dann langsam an, die Münzen einzusammeln, ich war versucht, sie mir in die offene Hand zu streichen, nahm sie aber dann einzeln auf, zählte sie und steckte sie markweise in die Tasche. Er sah mir dabei zu, nickte, zog sein Portemonnaie und legte mir ein Fünfmarkstück hin. Wir wurden beide rot. »Entschuldige«, sagte er leise, »entschuldige, o Gott – entschuldige.« Er dachte, ich wäre beleidigt, aber ich verstand ihn sehr gut. Ich sagte: »Schenken Sie mir noch eine Schachtel Zigaretten«, und er griff sofort hinter sich ins Regal und gab mir zwei Schachteln. Er weinte. Ich beugte mich über die Theke und küßte ihn auf die Wange. Er ist der einzige Mann, den ich je geküßt habe.

8

Die Vorstellung, daß Züpfner Marie beim Ankleiden zuschauen könnte oder zusehen darf, wie sie den Deckel auf die Zahnpastatube schraubt, machte mich ganz elend. Mein Bein schmerzte, und es kamen mir Zweifel, ob ich auf der Dreißig-bis-fünfzig-Mark-Ebene noch eine Chance zum Tingeln gehabt hätte. Mich quälte auch die Vorstellung, daß Züpfner überhaupt nichts dran lag, Marie beim Zuschrauben der Zahnpastatuben zuzuschauen: meiner bescheidenen Erfahrung nach haben Katholiken nicht den geringsten Sinn für Details. Ich hatte Züpfners Telefonnummer auf meinem Blatt stehen, war noch nicht gewappnet, diese Nummer zu wählen. Man weiß nie, was ein Mensch unter weltanschaulichem Zwang alles tut, und vielleicht hatte sie Züpfner wirklich geheiratet, und Maries Stimme am Telefon sagen zu hören: Hier Züpfner – ich hätte es nicht ertragen. Um mit Leo telefonieren zu können, hatte ich unter Priesterseminaren im Telefonbuch gesucht, nichts gefunden, und ich wußte doch, daß es diese beiden Dinger gab: Leoninum und Albertinum. Schließlich fand ich die Kraft, den Hörer aufzunehmen und die Nummer der Auskunft zu wählen, ich bekam sogar Anschluß, und das Mädchen, das sich meldete, sprach sogar mit rheinischem Tonfall. Manchmal sehne ich mich danach, Rheinisch zu hören, so sehr, daß ich von irgendeinem Hotel aus eine Bonner Telefondienststelle anrufe, um diese vollkommen unmartialische Sprache zu hören, der das R fehlt, genau der Laut, auf dem die militärische Disziplin hauptsächlich beruht.

Ich hörte das »Bitte warten« nur fünfmal, dann meldete sich schon ein Mädchen, und ich fragte sie nach diesen

»Dingern, in denen katholische Priester ausgebildet werden«; ich sagte, ich hätte unter Priesterseminaren nachgesehen, nichts gefunden, sie lachte und sagte, diese »Dinger« – sie sprach dabei sehr hübsch die Anführungszeichen – hießen Konvikte, und sie gab mir die Nummern von beiden. Die Mädchenstimme am Telefon hatte mich ein bißchen getröstet. Sie hatte so natürlich geklungen, nicht prüde, nicht kokett, und sehr rheinisch. Es gelang mir sogar, die Telegrammaufnahme zu bekommen und das Telegramm an Karl Emonds aufzugeben.

Es ist mir immer unverständlich gewesen, warum jedermann, der für intelligent gehalten werden möchte, sich bemüht, diesen Pflichthaß auf Bonn auszudrücken. Bonn hat immer gewisse Reize gehabt, schläfrige Reize, so wie es Frauen gibt, von denen ich mir vorstellen kann, daß ihre Schläfrigkeit Reize hat. Bonn verträgt natürlich keine Übertreibung, und man hat diese Stadt übertrieben. Eine Stadt, die keine Übertreibung verträgt, kann man nicht darstellen: immerhin eine seltene Eigenschaft. Es weiß ja auch jedes Kind, daß das Bonner Klima ein Rentnerklima ist, es bestehen da Beziehungen zwischen Luft- und Blutdruck. Was Bonn überhaupt nicht steht, ist diese defensive Gereiztheit: ich hatte zu Hause reichlich Gelegenheit, mit Ministerialbeamten, Abgeordneten, Generalen zu sprechen – meine Mutter ist eine Partytante –, und sie alle befinden sich im Zustand gereizter, manchmal fast weinerlicher Verteidigung. Sie lächeln alle so verquält ironisch über Bonn. Ich verstehe dieses Getue nicht. Wenn eine Frau, deren Reiz ihre Schläfrigkeit ist, anfinge, plötzlich wie eine Wilde Cancan zu tanzen, so könnte man nur annehmen, daß sie gedopt wäre – aber eine ganze Stadt zu dopen, das gelingt ihnen nicht. Eine gute alte Tante kann einem beibringen, wie man Pullover strickt, Deckchen häkelt und Sherry serviert – ich würde doch nicht von ihr erwarten, daß sie mir einen zweistündigen geistreichen und verständnisvollen Vortrag über Homosexualität hält oder plötzlich in den Nutten-Jargon verfällt, den alle in Bonn so schmerzlich vermissen. Falsche Erwartungen, falsche Scham, falsche Spekulation auf Widernatürliches. Es würde mich nicht wundern, wenn sogar die Vertreter des Heiligen Stuhls anfingen, sich über Nuttenmangel zu beklagen. Ich lernte bei einer der Parties zu Hause einmal einen Parteimenschen kennen, der in einem Ausschuß zur Bekämpfung der Prostitution saß und sich bei mir flüsternd über den Nuttenmangel in Bonn beklagte. Bonn war vorher wirklich nicht so übel mit seinen vielen engen Gassen, Buchhandlungen, Burschenschaften, kleinen Bäckereien mit einem Hinterzimmer, wo man Kaffee trinken konnte.

Bevor ich Leo anzurufen versuchte, humpelte ich auf den Balkon, um einen Blick auf meine Heimatstadt zu werfen. Die Stadt ist wirklich hübsch: das Münster, die Dächer des ehemaligen kurfürstlichen Schlosses, das Beethovendenkmal, der kleine Markt und der Hofgarten. Bonns Schicksal ist es, daß man ihm sein Schicksal nicht glaubt. Ich atmete in vollen Zügen oben auf meinem Balkon die Bonner Luft, die mir überraschenderweise wohltat: als Luftveränderung kann Bonn für Stunden Wunder wirken.

Ich ging vom Balkon weg, ins Zimmer zurück und wählte, ohne zu zögern, die Nummer des Dings, in dem Leo studiert. Ich war bange. Seitdem er katholisch geworden ist, habe ich Leo noch nicht gesehen. Er hat mir die Konversion auf seine kindlich korrekte Art mitgeteilt: »Lieber Bruder«, schrieb er, »teile ich Dir hierdurch mit, daß ich nach reiflicher Überlegung zu dem Entschluß gekommen bin, zur katholischen Kirche überzutreten und mich auf den Priesterberuf vorzubereiten. Gewiß werden wir bald Gelegenheit haben, uns mündlich über diese entscheidende Veränderung in meinem Leben zu unterhalten. Dein Dich liebender Bruder Leo.« Schon die altmodische Art, wie er krampfhaft versucht, den Briefbeginn mit Ich zu umgehen; statt: ich teile Dir mit, teile ich Dir mit, schreibt – das war ganz Leo. Nichts von der Eleganz, mit der er Klavier spielen kann. Diese Art, alles geschäftsmäßig zu erledigen, steigert meine Melancholie. Wenn er so weitermacht, wird er einmal ein edler, weißhaariger Prälat. In diesem Punkt – im Briefstil – sind Vater und Leo gleich hilflos: sie schreiben über alles, als ob es um Braunkohle ginge.

Es dauerte lange, ehe sich in dem Ding jemand bequemte, ans Telefon zu kommen, und ich fing gerade an, diese kirchliche Schlamperei, meiner Stimmung entsprechend, mit harten Worten zu brandmarken, sagte »Scheiße«, da hob dort jemand den Hörer ab, und eine überraschend heisere Stimme sagte: »Ja?« Ich war enttäuscht. Ich hatte mit einer sanften Nonnenstimme gerechnet, mit dem Geruch schwachen Kaffees und trockenen Kuchens, statt dessen: ein krächzender Mann, und es roch nach Krüllschnitt und Kohl, auf eine so penetrante Art, daß ich anfing zu husten.

»Pardon«, sagte ich schließlich, »könnte ich den Studenten der Theologie Leo Schnier sprechen?«

»Mit wem spreche ich?«

»Schnier«, sagte ich. Offenbar ging das über seinen Horizont. Er schwieg lange, ich fing wieder an zu husten, faßte mich und sagte: »Ich buchstabiere: Schule, Nordpol, Ida, Emil, Richard.«

»Was soll das?« sagte er schließlich, und ich glaubte, aus seiner Stimme so viel Verzweiflung zu hören, wie ich empfand. Vielleicht hatten sie einen netten alten, pfeiferauchenden Professor dort ans Telefon gesteckt, und ich kramte in aller Eile ein paar lateinische Vokabeln zusammen und sagte demütig: »*Sum frater leonis.*« Ich kam mir unfair dabei vor, ich dachte an die vielen, die vielleicht hin und wieder den Wunsch verspürten, jemand dort zu sprechen, und die nie ein lateinisches Wort gelernt hatten.

Merkwürdigerweise kicherte er jetzt und sagte: »*Frater tuus est in refectorio* – beim Essen«, sagte er etwas lauter, »die Herren sind beim Essen, und während des Essens darf nicht gestört werden.«

»Die Sache ist sehr dringend«, sagte ich.

»Todesfall?« fragte er.

»Nein«, sagte ich, »aber fast.«

»Also schwerer Unfall?«

»Nein«, sagte ich, »ein innerlicher Unfall.«

»Ach«, sagte er und seine Stimme klang etwas milder, »innere Verblutungen.«

»Nein«, sagte ich, »seelisch. Eine rein seelische Angelegenheit.« Offenbar war das ein Fremdwort für ihn, er schwieg auf eine eisige Weise.

»Mein Gott«, sagte ich, »der Mensch besteht doch aus Leib und Seele.«

Sein Brummen schien Zweifel an dieser Behauptung auszudrücken, zwischen zwei Zügen aus seiner Pfeife murmelte er: »Augustin – Bonaventura – Cusanus – Sie sind auf dem falschen Wege.«

»Seele«, sagte ich hartnäckig, »bitte richten Sie Herrn Schnier aus, die Seele seines Bruders sei in Gefahr, und er möge, sobald er mit dem Essen fertig ist, anrufen.«

»Seele«, sagte er kalt, »Bruder, Gefahr.« Er hätte genausogut: Müll, Mist, Melkeimer sagen können. Mir kam die Sache komisch vor: immerhin wurden die Studenten dort zu zukünftigen Seelsorgern ausgebildet, und er mußte das Wort Seele schon einmal gehört haben. »Die Sache ist sehr, sehr dringend«, sagte ich.

Er machte nur »Hm, hm«, es schien ihm vollkommen unverständlich, daß etwas, das mit Seele zusammenhing, dringend sein könnte.

»Ich werde es ausrichten«, sagte er, »was war das mit der Schule?«

»Nichts«, sagte ich, »gar nichts. Die Sache hat nichts mit Schule zu tun. Ich habe das Wort lediglich benutzt, um meinen Namen zu buchstabieren.«

»Sie glauben wohl, die lernen in der Schule noch buchstabieren. Glauben Sie das im Ernst?« Er wurde so lebhaft, daß ich annehmen konnte, er habe endlich sein Lieblingsthema erreicht. »Viel zu milde Methoden heute«, schrie er, »viel zu milde.«

»Natürlich«, sagte ich, »es müßte viel mehr Prügel in der Schule geben.«

»Nicht wahr«, rief er feurig.

»Ja«, sagte ich »besonders die Lehrer müßten viel mehr Prügel kriegen. Sie denken doch daran, meinem Bruder die Sache auszurichten?«

»Schon notiert«, sagte er, »dringende seelische Angelegenheit. Schulsache. Hören Sie, junger Freund, darf ich Ihnen als der zweifellos Ältere einen wohlgemeinten Rat geben?«

»Oh, bitte«, sagte ich.

»Lassen Sie von Augustinus ab: geschickt formulierte Subjektivität ist noch lange nicht Theologie und richtet in jungen Seelen Schaden an. Nichts als Journalismus mit ein paar dialektischen Elementen. Sie nehmen mir diesen Rat nicht übel?«

»Nein«, sagte ich, »ich gehe auf der Stelle hin und schmeiß meinen Augustinus ins Feuer.«

»Recht so«, sagte er fast jubelnd, »ins Feuer damit. Gott

mit Ihnen.« Ich war drauf und dran, danke zu sagen, aber es kam mir unangebracht vor, und so legte ich einfach auf und wischte mir den Schweiß ab. Ich bin sehr geruchsempfindlich, und der intensive Kohlgeruch hatte mein vegetatives Nervensystem mobilisiert. Ich dachte auch über die Methoden der kirchlichen Behörden nach: es war ja nett, daß sie einem alten Mann das Gefühl gaben, noch nützlich zu sein, aber ich konnte nicht einsehen, daß sie einem Schwerhörigen und so schrulligen alten Knaben ausgerechnet den Telefondienst übergaben. Den Kohlgeruch kannte ich vom Internat her. Ein Pater dort hatte uns mal erklärt, daß Kohl als sinnlichkeitsdämpfend gelte. Die Vorstellung, daß meine oder irgend jemandes Sinnlichkeit gedämpft wurde, war mir ekelhaft. Offenbar denken sie dort Tag und Nacht nur an das »fleischliche Verlangen«, und irgendwo in der Küche sitzt sicherlich eine Nonne, die den Speisezettel aufsetzt, dann mit dem Direktor darüber spricht, und beide sitzen sich dann gegenüber und sprechen nicht darüber, aber denken bei jeder Speise, die auf dem Zettel steht: das hemmt, das fördert die Sinnlichkeit. Mir erscheint eine solche Szene als ein klarer Fall von Obszönität, genau wie dieses verfluchte, stundenlange Fußballspielen im Internat; wir wußten alle, daß es müde machen sollte, damit wir nicht auf Mädchengedanken kämen, das machte mir das Fußballspielen widerlich, und wenn ich mir vorstelle, daß mein Bruder Leo Kohl essen muß, damit seine Sinnlichkeit gedämpft wird, möchte ich am liebsten in dieses Ding gehen und über den ganzen Kohl Salzsäure schütten. Was die Jungen da vor sich haben, ist auch ohne Kohl schwer genug: es muß schrecklich schwer sein, jeden Tag diese unfaßbaren Sachen zu verkündigen: Auferstehung des Fleisches und ein ewiges Leben. Im Weinberg des Herrn herumzuackern und zu sehen, wie verflucht wenig Sichtbares da herauskommt. Heinrich Behlen, der so nett zu uns war, als Marie die Fehlgeburt hatte, hat mir das alles einmal erklärt. Er bezeichnete sich mir gegenüber immer als »ungelernter Arbeiter im Weinberg des Herrn, sowohl was die Stimmung wie was die Bezahlung anbetrifft«.

Ich brachte ihn nach Haus, als wir um fünf aus dem Krankenhaus weggingen, zu Fuß, weil wir kein Geld für die Straßenbahn hatten, und als er vor seiner Haustür stand und den Schlüsselbund aus der Tasche zog, unterschied er sich in nichts von einem Arbeiter, der von der Nachtschicht kommt, müde, unrasiert, und ich wußte, es mußte schrecklich für ihn sein: jetzt die Messe zu lesen, mit all den Geheimnissen, von denen Marie mir immer erzählte. Als Heinrich die Tür aufschloß, stand seine Haushälterin da im Flur, eine mürrische alte Frau, in Pantoffeln, die Haut an ihren nackten Beinen ganz gelblich, und nicht einmal eine Nonne, und nicht seine Mutter oder Schwester; sie zischte ihn an: »Was soll das? Was soll das?« Diese ärmliche Junggesellenmuffigkeit; verflucht, mich wundert's nicht, wenn manche katholischen Eltern Angst haben, ihre jungen Töchter zu einem Priester in die Wohnung zu schicken, und mich wundert's nicht, wenn diese armen Kerle manchmal Dummheiten machen.

Fast hätte ich den schwerhörigen alten Pfeifenraucher in Leos Konvikt noch einmal angerufen: ich hätte mich gern mit ihm über das fleischliche Verlangen unterhalten. Ich hatte Angst, einen von denen anzurufen, die ich kannte: dieser Unbekannte würde mich wahrscheinlich besser verstehen. Ich hätte ihn gern gefragt, ob meine Auffassung vom Katholizismus richtig sei. Es gab für mich nur vier Katholiken auf der Welt: Papst Johannes, Alec Guinness, Marie und Gregory, einen altgewordenen Negerboxer, der fast einmal Weltmeister geworden wäre und sich jetzt in Varietés kümmerlich als Kraftmensch durchschlug. Hin und wieder im Turnus der Engagements traf ich ihn. Er war sehr fromm, richtig kirchlich, gehörte dem Dritten Orden an und trug sein Skapulier immer vorne auf seiner enormen Boxerbrust. Die meisten hielten ihn für schwachsinnig, weil er fast kein Wort sprach und außer Gurken und Brot kaum etwas aß; und doch war er so stark, daß er mich und Marie auf seinen Händen wie Puppen vor sich her durchs Zimmer tragen konnte. Es gab noch ein paar Katholiken mit ziemlich hohem Wahrscheinlichkeitsgrad: Karl Emonds und Heinrich Behlen, auch Züpfner. Bei Marie fing ich schon an zu zweifeln: ihr »metaphysischer Schrecken« leuchtete mir nicht ein, und wenn sie nun hinging und mit Züpfner all das tat, was ich mit ihr getan hatte, so beging sie Dinge, die in ihren Büchern eindeutig als Ehebruch und Unzucht bezeichnet wurden. Ihr metaphysischer Schrecken bezog sich einzig und allein auf meine Weigerung, uns standesamtlich trauen, unsere Kinder katholisch erziehen zu lassen. Wir hatten noch gar keine Kinder, sprachen aber dauernd darüber, wie wir sie anziehen, wie wir mit ihnen sprechen, wie wir sie erziehen wollten, und wir waren uns in allen Punkten einig, bis auf die katholische Erziehung. Ich war einverstanden, sie taufen zu lassen. Marie sagte, ich müsse es schriftlich geben, sonst würden wir nicht kirchlich getraut. Als ich mich mit der kirchlichen Trauung einverstanden erklärte, stellte sich heraus, daß wir auch standesamtlich getraut werden mußten – und da verlor ich die Geduld, und ich sagte, wir sollten doch noch etwas warten, jetzt käme es ja wohl auf ein Jahr nicht mehr an, und sie weinte und sagte, ich verstünde eben nicht, was es für sie bedeute, in diesem Zustand zu leben und ohne die Aussicht, daß unsere Kinder christlich erzogen würden. Es war schlimm, weil sich herausstellte, daß wir in diesem

Punkt fünf Jahre lang aneinander vorbeigeredet hatten. Ich hatte tatsächlich nicht gewußt, daß man sich staatlich trauen lassen muß, bevor man kirchlich getraut wird. Natürlich hätte ich das wissen müssen, als erwachsener Staatsbürger und »vollverantwortliche männliche Person«, aber ich wußte es einfach nicht, so wie ich bis vor kurzem nicht wußte, daß man Weißwein kalt und Rotwein angewärmt serviert. Ich wußte natürlich, daß es Standesämter gab und dort irgendwelche Trauungszeremonien vollzogen und Urkunden ausgestellt wurden, aber ich dachte, das wäre eine Sache für unkirchliche Leute und für solche, die sozusagen dem Staat eine kleine Freude machen wollten. Ich wurde richtig böse, als ich erfuhr, daß man dorthin mußte, bevor man kirchlich getraut werden konnte, und als Marie dann noch davon anfing, daß ich mich schriftlich verpflichten müsse, unsere Kinder katholisch zu erziehen, bekamen wir Streit. Das kam mir wie Erpressung vor, und es gefiel mir nicht, daß Marie so ganz und gar einverstanden mit dieser Forderung nach schriftlicher Abmachung war. Sie konnte ja die Kinder taufen lassen und sie so erziehen, wie sie es für richtig hielt.

Es ging ihr schlecht an diesem Abend, sie war blaß und müde, sprach ziemlich laut mit mir, und als ich dann sagte, ja, gut, ich würde alles tun, auch diese Sachen unterschreiben, wurde sie böse und sagte: »Das tust du jetzt nur aus Faulheit, und nicht, weil du von der Berechtigung abstrakter Ordnungsprinzipien überzeugt bist«, und ich sagte, ja, ich täte es tatsächlich aus Faulheit und weil ich sie gern mein ganzes Leben lang bei mir haben möchte, und ich würde sogar regelrecht zur katholischen Kirche übertreten, wenn es nötig sei, um sie zu behalten. Ich wurde sogar pathetisch und sagte, ein Wort wie »abstrakte Ordnungsprinzipien« erinnere mich an eine Folterkammer.

Sie empfand es als Beleidigung, daß ich, um sie zu behalten, sogar katholisch werden wollte. Und ich hatte geglaubt, ihr auf eine Weise geschmeichelt zu haben, die fast zu weit ging. Sie sagte, es ginge jetzt nicht mehr um sie und um mich, sondern um die »Ordnung«.

Es war Abend, in einem Hotelzimmer in Hannover, in einem von diesen teuren Hotels, wo man, wenn man eine Tasse Kaffee bestellt, nur eine dreiviertel Tasse Kaffee bekommt. Sie sind in diesen Hotels so fein, daß eine volle Tasse Kaffee als ordinär gilt, und die Kellner wissen viel besser, was fein ist, als die feinen Leute, die dort die Gäste spielen. Ich komme mir in diesen Hotels immer vor wie in einem besonders teuren und besonders langweiligen Internat, und ich war an diesem Abend todmüde: drei Auftritte hintereinander. Am frühen Nachmittag vor irgendwelchen Stahlaktionären, nachmittags vor Lehramtskandidaten und abends in einem Varieté, wo der Applaus so matt war, daß ich den nahenden Untergang schon heraushörte. Als ich mir in diesem dummen Hotel Bier aufs Zimmer bestellte, sagte der Oberkellner so eisig am Telefon: »Jawoll, mein Herr«, als hätte ich Jauche gewünscht, und sie brachten mir das Bier in einem Silberbecher. Ich war müde, ich wollte nur noch Bier trinken, ein bißchen Mensch-ärgere-Dich-nicht spielen, ein Bad nehmen, die Abendzeitungen lesen und neben Marie einschlafen: meine rechte Hand auf ihrer Brust und mein Gesicht so nah an ihrem Kopf, daß ich den Geruch ihres Haars mit in den Schlaf nehmen konnte. Ich hatte noch den matten Applaus im Ohr. Es wäre fast humaner gewesen, sie hätten alle den Daumen zur Erde gekehrt. Diese müde, blasierte Verachtung meiner Nummern war so schal wie das Bier in dem dummen Silberbecher. Ich war einfach nicht in der Lage, ein weltanschauliches Gespräch zu führen.

»Es geht um die Sache, Hans«, sagte sie, etwas weniger laut, und sie merkte nicht einmal, daß »Sache« für uns eine bestimmte Bedeutung hatte; sie schien es vergessen zu haben. Sie ging vor dem Fußende des Doppelbettes auf und ab und schlug beim Gestikulieren mit der Zigarette jedesmal so präzis in die Luft, daß die kleinen Rauchwölkchen wie Punkte wirkten. Sie hatte inzwischen rauchen gelernt, in dem lindgrünen Pullover sah sie schön aus: die weiße Haut, das Haar dunkler als früher, ich sah an ihrem Hals zum erstenmal Sehnen. Ich sagte: »Sei doch barmherzig, laß mich erst mal ausschlafen, wir wollen morgen beim Frühstück noch einmal über alles reden, vor allem über die Sache«, aber sie merkte nichts, drehte sich um, blieb vor dem Bett stehen, und ich sah ihrem Mund an, daß es Motive zu diesem Auftritt gab, die sie sich selbst nicht eingestand. Als sie an der Zigarette zog, sah ich ein paar Fältchen um ihren Mund, die ich noch nie gesehen hatte. Sie sah mich kopfschüttelnd an, seufzte, drehte sich wieder um und ging auf und ab.

»Ich versteh nicht ganz«, sagte ich müde, »erst streiten wir um meine Unterschrift unter dieses Erpressungsformular – dann um die standesamtliche Trauung – jetzt bin ich zu beidem bereit, und du bist noch böser als vorher.«

»Ja«, sagte sie, »es geht mir zu rasch, und ich spüre, daß du die Auseinandersetzung scheust. Was willst du eigentlich?«

»Dich«, sagte ich, und ich weiß nicht, ob man einer Frau etwas Netteres sagen kann.

»Komm«, sagte ich, »leg dich neben mich und bring den Aschenbecher mit, dann können wir viel besser reden.« Ich konnte das Wort Sache nicht mehr in ihrer Gegenwart aussprechen. Sie schüttelte den Kopf, stellte mir den Aschenbecher aufs Bett, ging zum Fenster und blickte hinaus. Ich hatte Angst. »Irgend etwas an diesem Gespräch gefällt mir nicht – es klingt nicht nach dir!«

»Wonach denn?« fragte sie leise, und ich fiel auf die plötzlich wieder so sanfte Stimme herein.

»Sie riecht nach Bonn«, sagte ich, »nach dem Kreis, nach Sommerwild und Züpfner – und wie sie alle heißen.«

»Vielleicht«, sagte sie, ohne sich umzudrehen, »bilden deine Ohren sich ein, gehört zu haben, was deine Augen gesehen haben.«

»Ich versteh dich nicht«, sagte ich müde, »was meinst du.«

»Ach«, sagte sie, »als ob du nicht wüßtest, daß hier Katholikentag ist.«

»Ich hab die Plakate gesehen«, sagte ich.

»Und daß Heribert und Prälat Sommerwild hier sein könnten, ist dir nicht in den Sinn gekommen?«

Ich hatte nicht gewußt, daß Züpfner mit Vornamen Heribert hieß. Als sie den Namen nannte, fiel mir ein, daß nur er gemeint sein konnte. Ich dachte wieder an das Händchenhalten. Mir war schon aufgefallen, daß in Hannover viel mehr katholische Priester und Nonnen zu sehen waren, als zu der Stadt zu passen schien, aber ich hatte nicht daran gedacht, daß Marie hier jemand treffen könnte, und selbst wenn – wir waren ja manchmal, wenn ich ein paar Tage frei hatte, nach Bonn gefahren, und sie hatte den ganzen »Kreis« ausgiebig genießen können.

»Hier im Hotel?« fragte ich müde.

»Ja«, sagte sie.

»Warum hast du mich nicht mit ihnen zusammengebracht?«

»Du warst ja kaum hier«, sagte sie, »eine Woche lang immer unterwegs – Braunschweig, Hildesheim, Celle . . .«

»Aber jetzt habe ich Zeit«, sagte ich, »ruf sie an, und wir trinken noch was unten in der Bar.«

»Sie sind weg«, sagte sie, »heute nachmittag gefahren.«

»Es freut mich«, sagte ich, »daß du so lange und ausgiebig ›katholische Luft‹ hast atmen können, wenn auch importierte.« Das war nicht mein, sondern ihr Ausdruck. Manchmal hatte sie gesagt, sie müsse mal wieder katholische Luft atmen.

»Warum bist du böse«, sagte sie; sie stand immer noch mit dem Gesicht zur Straße, rauchte schon wieder, und auch das war mir fremd an ihr: dieses hastige Rauchen, es war mir so fremd wie die Art, in der sie mit mir sprach. In diesem Augenblick hätte sie Irgendeine sein können, eine Hübsche, nicht sehr Intelligente, die irgendeinen Vorwand suchte, um zu gehen.

»Ich bin nicht böse«, sagte ich, »du weißt es. Sag mir nur, daß du's weißt.«

Sie sagte nichts, nickte aber, und ich konnte genug von ihrem Gesicht sehen, um zu wissen, daß sie die Tränen zurückhielt. Warum? Sie hätte weinen sollen, heftig und lange. Dann hätte ich aufstehen, sie in den Arm nehmen und küssen können. Ich tat es nicht. Ich hatte keine Lust, und nur aus Routine oder Pflicht wollte ich's nicht tun. Ich blieb liegen. Ich dachte an Züpfner und Sommerwild, daß sie drei Tage lang mit denen hier herumgeredet hatte, ohne mir etwas davon zu erzählen. Sie hatten sicherlich über mich gesprochen. Züpfner gehört zum Dachverband katholischer Laien. Ich zögerte zu lange, eine Minute, eine halbe oder zwei, ich weiß nicht. Als ich dann aufstand und zu ihr ging, schüttelte sie den Kopf, schob meine Hände von ihrer Schulter weg und fing wieder an zu reden, von ihrem metaphysischen Schrecken und von Ordnungsprinzipien, und ich kam mir vor, als wäre ich schon zwanzig Jahre lang mit ihr verheiratet. Ihre Stimme hatte einen erzieherischen Ton, ich war zu müde, ihre Argumente aufzufangen, sie flogen an mir vorbei. Ich unterbrach sie und erzählte ihr von dem Reinfall, den ich im Varieté erlebt hatte, dem ersten seit drei Jahren. Wir standen nebeneinander am Fenster, blickten auf die Straße hinunter, wo dauernd Taxis vorfuhren, die katholische Komiteemitglieder zum Bahnhof brachten: Nonnen, Priester und seriös wirkende Laien. In einer Gruppe erkannte ich Schnitzler, er hielt einer sehr fein aussehenden alten Nonne die Taxitür auf. Als er bei uns wohnte, war er evangelisch. Er mußte entweder konvertiert sein oder als evangelischer Beobachter hier gewesen sein. Ihm war alles zuzutrauen. Unten wurden Koffer geschleppt und Trinkgelder in Hoteldienerhände gedrückt. Mir drehte sich vor Müdigkeit und Verwirrung alles vor den Augen: Taxis und Nonnen, Lichter und Koffer, und ich hatte dauernd den mörderisch müden Applaus im Ohr.

Marie hatte längst ihren Monolog über die Ordnungsprinzipien abgebrochen, sie rauchte auch nicht mehr, und als ich vom Fenster zurücktrat, kam sie mir nach, faßte mich an der Schulter und küßte mich auf die Augen. »Du bist so lieb«, sagte sie, »so lieb und so müde«, aber als ich sie umarmen wollte, sagte sie leise: »Bitte, bitte, nicht«, und es war falsch von mir, daß ich sie wirklich losließ. Ich warf mich in den Kleidern aufs Bett, schlief sofort ein, und als ich am Morgen wach wurde, war ich nicht erstaunt darüber, daß Marie gegangen war. Ich fand den Zettel auf dem Tisch: »Ich muß den Weg gehen, den ich gehen muß.« Sie war fast fünfundzwanzig, und es hätte ihr etwas Besseres einfallen müssen. Ich nahm es ihr nicht übel, es kam mir nur ein bißchen wenig vor. Ich setzte mich sofort hin und schrieb ihr einen langen Brief, nach dem Frühstück noch einen, ich schrieb ihr jeden Tag und schickte die Briefe alle an Fredebeuls Adresse nach Bonn, aber ich bekam nie Antwort.

9

Es dauerte auch bei Fredebeul lange, bis jemand an den Apparat kam; das dauernde Tuten machte mich nervös, ich stellte mir vor, daß Frau Fredebeul schlief, von dem Tuten geweckt wurde, wieder einschlief, wieder geweckt wurde, und ich durchlitt alle Qualen ihrer von diesem Anruf betroffenen Ohren. Ich war drauf und dran, wieder aufzulegen, gestand mir aber eine Art Notstand zu und ließ es weiterklingeln. Fredebeul selbst aus tiefem Schlaf zu wecken, hätte mich nicht im geringsten gequält: dieser Bursche hat keinen ruhigen Schlaf verdient; er ist krankhaft ehrgeizig, hat wahrscheinlich immer die Hand auf dem Telefon liegen, um anzurufen oder Anrufe anzunehmen, von Ministerialdirektoren, Redakteuren, Zentralkomitees, Dachverbänden und von der Partei. Seine Frau habe ich gern. Sie war noch Schülerin, als er sie zum erstenmal mit in den Kreis brachte, und die Art, wie sie da saß, mit ihren hübschen Augen den theologisch-soziologischen Auseinandersetzungen folgte, machte mich ganz elend. Ich sah ihr an, daß sie viel lieber tanzen oder ins Kino gegangen wäre. Sommerwild, bei dem diese Zusammenkunft stattfand, fragte mich dauernd: »Ist Ihnen zu heiß, Schnier«, und ich sagte: »Nein, Prälat«, obwohl mir der Schweiß von Stirn und Wangen lief. Ich ging schließlich auf Sommerwilds Balkon, weil ich das Gerede nicht mehr ertragen konnte. Sie selbst hatte das ganze Palaver ausgelöst, weil sie – übrigens vollkommen außer dem Zusammenhang des Gesprächs, das eigentlich über Größe und Grenzen des Provinzialismus ging – gesagt hatte, sie fände einiges, was Benn geschrieben hätte, doch »ganz hübsch«. Daraufhin wurde Fredebeul, als dessen Verlobte sie galt, knallrot, denn Kinkel warf ihm einen seiner berühmten sprechenden Blicke zu: »Wie, das hast du noch nicht bei ihr in Ordnung gebracht?« Er brachte es also selbst in Ordnung und schreinerte das arme Mädchen zurecht, indem er das ganze Abendland als Hobel ansetzte. Es blieb fast nichts von dem netten Mädchen übrig, die Späne flogen, und ich ärgerte mich über diesen Feigling Fredebeul, der nicht eingriff, weil er mit Kinkel auf eine bestimmte ideologische Linie »verschworen« ist, ich weiß jetzt gar nicht mehr, ob links oder rechts, jedenfalls haben sie ihre Linie, und Kinkel fühlte sich moralisch verpflichtet, Fredebeuls Braut auszurichten. Auch Sommerwild rührte sich nicht, obwohl er die Kinkel und Fredebeul entgegengesetzte Linie vertritt, ich weiß nicht, welche: wenn Kinkel und Fredebeul links sind, ist Sommerwild rechts, oder umgekehrt. Auch Marie war ein bißchen blaß geworden, aber ihr imponiert Bildung – das habe ich ihr nie ausreden können –, und Kinkels Bildung imponierte auch der späteren Frau Fredebeul: sie nahm mit fast schon unzüchtigen Seufzern die wortstarke Belehrung hin: Das ging von den Kirchenvätern bis Brecht wie ein Unwetter nieder, und als ich erfrischt vom Balkon zurückkam, saßen alle vollkommen erschossen da, tranken Bowle – und das Ganze nur, weil das arme Ding gesagt hatte, sie fände einiges von Benn »ganz hübsch«.

Jetzt hat sie schon zwei Kinder von Fredebeul, ist kaum zweiundzwanzig, und während das Telefon immer noch in ihrer Wohnung klingelte, stellte ich mir vor, wie sie irgendwo mit Babyflaschen, Puderdosen, Windeln und Cremes herumhantierte, vollkommen hilflos und konfus, und ich dachte an die Berge von schmutziger Babywäsche und das ungespülte, fettige Geschirr in ihrer Küche. Ich hatte ihr einmal, als mir die Unterhaltung zu anstrengend wurde, geholfen, Toast zu rösten, Schnittchen zu machen und Kaffee zu kochen, Arbeiten, von denen ich nur sagen kann, daß sie mir weniger widerwärtig sind als gewisse Formen der Unterhaltung.

Eine sehr zaghafte Stimme sagte: »Ja, bitte?« und ich konnte aus dieser Stimme heraushören, daß es in Küche, Badezimmer und Schlafzimmer hoffnungsloser aussah als je. Riechen konnte ich diesmal fast nichts: nur, daß sie eine Zigarette in der Hand haben mußte.

»Schnier«, sagte ich, und ich hatte einen Ausruf der Freude erwartet, wie sie ihn immer tut, wenn ich sie anrufe. Ach, Sie in Bonn – wie nett – oder ähnlich, aber sie schwieg verlegen, sagte dann schwach: »Ach, nett.« Ich wußte nicht, was ich sagen sollte. Früher hatte sie immer gesagt: »Wann kommen Sie noch einmal und führen uns was vor?« Kein Wort. Es war mir peinlich, nicht meinet-, mehr ihretwegen, meinetwegen war es nur deprimierend, ihretwegen war es peinlich. »Die Briefe«, sagte ich schließlich mühsam, »die Briefe, die ich Marie an Ihre Adresse schickte?«

»Liegen hier«, sagte sie, »ungeöffnet zurückgekommen.«

»An welche Adresse hatten Sie sie denn nachgeschickt?«

»Ich weiß nicht«, sagte sie, »das hat mein Mann gemacht.«

»Aber Sie müssen doch auf den zurückkommenden Briefen gesehen haben, welche Adresse er drauf geschrieben hat?«

»Wollen Sie mich verhören?«

»O nein«, sagte ich sanft, »nein, nein, ich dachte nur ganz bescheiden, ich könnte ein Recht haben, zu erfahren, was mit meinen Briefen geschehen ist.«

»Die Sie, ohne uns zu fragen, hierhergeschickt haben.«

»Liebe Frau Fredebeul«, sagte ich, »bitte, werden Sie jetzt menschlich.«

Sie lachte, matt, aber doch hörbar, sagte aber nichts.

»Ich meine«, sagte ich, »es gibt doch einen Punkt, wo die Menschen, wenn auch aus ideologischen Gründen – menschlich werden.«

»Soll das heißen, daß ich mich bisher unmenschlich verhalten habe?«

»Ja«, sagte ich. Sie lachte wieder, sehr matt, aber immer noch hörbar.

»Ich bin sehr unglücklich über diese Geschichte«, sagte sie schließlich, »aber mehr kann ich nicht sagen. Sie haben uns alle eben schrecklich enttäuscht.«

»Als Clown?« fragte ich.

»Auch«, sagte sie, »aber nicht nur.«

»Ihr Mann ist wohl nicht zu Hause?«

»Nein«, sagte sie, »er kommt erst in ein paar Tagen zurück. Er hält Wahlreden in der Eifel.«

»Was?« rief ich; das war wirklich eine Neuigkeit, »doch nicht für die CDU?«

»Warum nicht«, sagte sie in einem Ton, der mir deutlich zu verstehen gab, daß sie gern einhängen würde.

»Na gut«, sagte ich, »ist es zuviel verlangt, wenn ich Sie bitte, mir meine Briefe hierherzuschicken.«

»Wohin?«

»Nach Bonn – hier an meine Bonner Adresse.«

»Sie sind in Bonn?« fragte sie, und es kam mir so vor, als ob sie ein »Um Gottes willen« unterdrücke.

»Auf Wiedersehen«, sagte ich, »und Dank für so viel Humanität.« Es tat mir leid, daß ich so böse mit ihr war, ich war am Ende. Ich ging in die Küche, nahm den Kognak aus dem Eisschrank und nahm einen tiefen Schluck. Es half nichts, ich nahm noch einen, es half ebensowenig. Von Frau Fredebeul hatte ich eine solche Abfertigung am wenigsten erwartet. Ich hatte mit einem langen Sermon über die Ehe gerechnet, mit Vorwürfen über mein Verhalten Marie gegenüber; sie konnte auf eine nette, konsequente Weise dogmatisch sein, aber meistens, wenn ich in Bonn war und sie anrief, hatte sie mich scherzhaft aufgefordert, ihr doch noch einmal in Küche und Kinderzimmer zu helfen. Ich mußte mich in ihr getäuscht haben, oder vielleicht war sie wieder schwanger und schlecht gelaunt. Ich hatte nicht den Mut, noch einmal anzurufen und möglicherweise herauszukriegen, was mit ihr los war. Sie war immer so nett zu mir gewesen. Ich konnte es mir nicht anders erklären, als daß Fredebeul ihr »strikte Anweisungen« gegeben hatte, mich so abzufertigen. Mir ist schon oft aufgefallen, daß Ehefrauen loyal gegenüber ihrem Mann sind bis zum völligen Wahnsinn. Frau Fredebeul war wohl zu jung, als daß sie hätte wissen können, wie sehr mich ihre unnatürliche Kälte treffen würde, und ich konnte ihr wohl nicht zumuten, einzusehen, daß Fredebeul nicht viel mehr ist als ein opportunistischer Schwätzer, der um jeden Preis Karriere machen will und seine Großmutter »fallenlassen« würde, wenn sie ihm hinderlich wäre. Sicher hatte er ihr gesagt: »Schnier abschreiben«, und sie schrieb mich einfach ab. Sie war ihm untertan, und solange er gemeint hatte, ich sei zu irgend etwas nütze, hatte sie ihrer Natur folgen und nett zu mir sein dürfen, jetzt mußte sie gegen ihre Natur schnöde zu mir sein. Vielleicht tat ich ihnen auch unrecht, und sie folgten beide nur ihrem Gewissen. Wenn Marie mit Züpfner verheiratet war, war es wohl sündhaft, wenn sie mir Kontakt mit ihr verschafften – daß Züpfner *der* Mann im Dachverband war und Fredebeul nützen konnte, machte dem Gewissen keine Schwierigkeiten. Sicher mußten die das Gute und Richtige auch dann tun, wenn es ihnen nützte. Über Fredebeul war ich weniger erschrocken als über seine Frau. Über ihn hatte ich mir nie Illusionen gemacht, und nicht einmal die Tatsache, daß er jetzt Wahlreden für die CDU hielt, konnte mich in Erstaunen versetzen.

Ich stellte die Kognakflasche endgültig in den Eisschrank zurück.

Am besten rief ich sie jetzt alle hintereinander an, um die Katholiken hinter mir zu haben. Ich war irgendwie wach geworden und humpelte nicht einmal mehr, als ich aus der Küche wieder ins Wohnzimmer ging.

Sogar die Garderobe und die Tür zur Besenkammer in der Diele waren rostfarben.

Ich versprach mir nichts davon, Kinkel anzurufen – und wählte doch seine Nummer. Er hatte sich immer als begeisterter Verehrer meiner Kunst erklärt – und wer unser Gewerbe kennt, weiß, daß sogar das winzigste Lob eines Bühnenarbeiters unsere Brust bis zum Platzen schwellen läßt. Ich hatte den Wunsch, Kinkels christlichen Abendfrieden zu stören – und den Hintergedanken, daß er mir Maries Aufenthalt verraten würde. Er war der Kopf des Kreises, hatte Theologie studiert, dann aber einer hübschen Frau wegen das Studium abgebrochen, war Jurist geworden, hatte sieben Kinder und galt als »einer unserer fähigsten Sozialpolitiker«. Vielleicht war er's wirklich, ich konnte das nicht beurteilen. Bevor ich ihn kennenlernte, hatte Marie mir eine Broschüre von ihm zu lesen gegeben, ›Wege zu einer neuen Ordnung‹, und nach der Lektüre dieser Schrift, die mir gut gefiel, hatte ich ihn mir als einen großen, zarten, blonden Menschen vorgestellt, und als ich ihn dann zum erstenmal sah: einen schweren, kurzen Kerl mit dichtem schwarzem Haar, »strotzend von Vitalität«, konnte ich gar nicht glauben, daß er es sei. Daß er nicht so aussah, wie ich ihn mir vorgestellt habe, macht mich vielleicht so ungerecht ihm gegenüber. Der alte Derkum hatte immer, wenn Marie anfing, von Kinkel zu schwärmen, von den Kinkel-Cocktails gesprochen: Mischungen aus wechselnden Bestandteilen: Marx plus Guardini oder Bloy plus Tolstoi.

Als wir zum erstenmal eingeladen wurden, fing die Sache gleich peinlich an. Wir kamen viel zu früh, und im Hintergrund der Wohnung stritten sich Kinkels Kinder laut, mit zischenden Stimmen, die durch Zischen beschwichtigt wurden, darüber, wer den Abendbrottisch abräumen müsse. Kinkel kam, lächelnd, noch kauend, und überspielte krampfhaft seine Gereiztheit über unser zu frühes Erscheinen. Auch Sommerwild kam, nicht kauend, sondern grinsend und händereibend. Kinkels Kinder im Hintergrund kreischten auf eine bösartige Weise, die in peinlichem Widerspruch zu Kinkels Lächeln und Sommerwilds Grinsen stand, wir hörten, wie es hinten von Ohrfeigen klatschte, ein brutales Geräusch, und hinter geschlossenen Türen, wußte ich, ging das Kreischen heftiger als vorher weiter. Ich saß da neben Marie und rauchte vor Aufregung, durch die Disharmonien im Hintergrund vollkommen aus dem Gleichgewicht gebracht, eine Zigarette nach der anderen, während Sommerwild mit Marie plauderte, immer dieses »verzeihende und großzügige Lächeln« auf dem Gesicht. Wir waren zum erstenmal seit unserer Flucht wieder in Bonn. Marie war blaß vor Aufregung, auch vor Ehrfurcht und Stolz, und ich verstand sie sehr gut. Es lag ihr daran, sich mit der »Kirche wieder zu versöhnen«, und Sommerwild war so nett zu ihr, und Kinkel und Sommerwild waren Leute, zu denen sie ehrfürchtig aufblickte. Sie stellte mich Sommerwild vor, und als wir uns wieder setzten, sagte Sommerwild: »Sind Sie verwandt mit den Braunkohlenschniers?« Mich ärgerte das. Er wußte ganz genau, mit wem ich verwandt war. Fast jedes Kind in Bonn wußte, daß Marie Derkum mit einem von den Braunkohlenschniers durchgebrannt war, »kurz vor dem Abitur, und sie war doch so fromm«. Ich beantwortete Sommerwilds Frage gar nicht, er lachte und sagte: »Mit Ihrem Herrn Großvater geh ich manchmal auf die Jagd, und Ihren Herrn Vater treffe ich gelegentlich zum Skat in der Bonner Herren-Union.« Auch darüber ärgerte ich mich. Er konnte doch nicht so dumm sein, anzunehmen, daß mir dieser Unsinn mit Jagd und Herren-Union imponieren würde, und er sah mir nicht so aus, als ob er aus Verlegenheit irgend etwas sagte. Ich machte endlich den Mund auf und sagte: »Auf die Jagd? Ich dachte immer, katholischen Geistlichen wäre Teilnahme an der Jagd verboten.« Es entstand ein peinliches Schweigen, Marie wurde rot, Kinkel rannte irritiert durchs Zimmer und suchte den Korkenzieher, seine Frau, die gerade hereingekommen war, schüttete Salzmandeln auf einen Glasteller, auf dem schon Oliven lagen. Sogar Sommerwild wurde rot, und es stand ihm gar nicht, er war schon rot genug im Gesicht. Er sagte leise und doch ein bißchen gekränkt: »Für einen Protestanten sind Sie gut informiert.« Und ich sagte: »Ich bin kein Protestant, aber ich interessiere mich für bestimmte Dinge, weil Marie sich dafür interessiert.« Und während Kinkel uns allen Wein einschenkte, sagte Sommerwild: »Es gibt Vorschriften, Herr Schnier, aber auch Ausnahmen. Ich stamme aus einem Geschlecht, in dem der Oberförsterberuf erblich war.« Wenn er gesagt hätte Försterberuf, so hätte ich das verstanden, daß er sagte Oberförsterberuf, fand ich wieder ärgerlich, aber ich sagte nichts, machte nur ein mucksiges Gesicht. Dann fingen sie mit ihrer Augensprache an. Frau Kinkel sagte mit den Augen zu Sommerwild: Lassen Sie ihn, er ist ja noch so schrecklich jung. Und Sommerwild sagte mit seinen Augen zu ihr: Ja, jung und ziemlich ungezogen, und Kinkel sagte, während er mir als letztem

Wein eingoß, mit den Augen zu mir: O Gott, wie jung Sie noch sind. Laut sagte er zu Marie: »Wie geht's dem Vater? Immer noch der alte?« Die arme Marie war so blaß und verstört, daß sie nur stumm nicken konnte. Sommerwild sagte: »Was wäre unsere gute alte, so fromme Stadt ohne Herrn Derkum.« Das ärgerte mich wieder, denn der alte Derkum hatte mir erzählt, daß Sommerwild versucht hatte, die Kinder der katholischen Schule, die immer noch bei ihm Bonbons und Bleistifte kaufen, vor ihm zu warnen. Ich sagte: »Ohne Herrn Derkum wäre unsere gute alte, so fromme Stadt noch dreckiger, er ist wenigstens kein Heuchler.« Kinkel warf mir einen erstaunten Blick zu, hob sein Glas und sagte: »Danke, Herr Schnier, Sie geben mir das Stichwort für einen guten Toast: Trinken wir auf das Wohl von Martin Derkum.« Ich sagte: »Ja, auf *sein* Wohl mit Freuden.« Und Frau Kinkel sprach wieder mit den Augen zu ihrem Mann: Er ist nicht nur jung und ungezogen – auch unverschämt. Ich habe nie verstanden, daß Kinkel später immer diesen »ersten Abend mit Ihnen« als den nettesten bezeichnet hat. Kurz drauf kamen Fredebeul, seine Braut, Monika Silvs und ein gewisser von Severn, von dem, bevor er kam, gesagt wurde, daß er »zwar eben konvertiert sei, aber der SPD nahestehe«, was offenbar als himmelstürmende Sensation angesehen wurde. Ich sah auch Fredebeul an diesem Abend zum erstenmal, und es ging mir mit ihm wie mit fast allen: ich war ihnen trotz allem sympathisch, und sie waren mir alle trotz allem unsympathisch, außer Fredebeuls Braut und Monika Silvs; von Severn war mir weder das eine noch das andere. Er war langweilig und schien fest entschlossen, sich auf der sensationellen Tatsache, Konvertit *und* SPD-Mitglied zu sein, endgültig auszuruhen; er lächelte, war freundlich, und doch schienen seine etwas vorstehenden Augen ständig zu sagen: Seht mich an, ich bin's! Ich fand ihn gar nicht übel. Fredebeul war sehr jovial zu mir, er sprach fast eine Dreiviertelstunde über Beckett und Ionesco, rasselte lauter Zeug herunter, von dem ich merkte, daß er's zusammengelesen hatte, und sein glattes hübsches Gesicht mit dem überraschend breiten Mund strahlte vor Wohlwollen, als ich dummerweise bekannte, Beckett gelesen zu haben; alles, was er sagt, kommt mir immer so bekannt vor, als ob ich's schon irgendwo gelesen hätte. Kinkel strahlte ihn bewundernd an, und Sommerwild blickte um sich, mit den Augen sprechend: Was, wir Katholiken sind nicht hinterm Mond. Das alles war vor dem Gebet. Es war Frau Kinkel, die sagte: »Ich glaube, Odilo, wir können das Gebet sprechen. Heribert kommt wohl heute nicht« – sie blickten alle auf Marie, dann viel zu plötzlich von ihr weg, aber ich kapierte nicht, warum wieder so ein peinliches Schweigen entstand – erst in Hannover im Hotelzimmer wußte ich plötzlich, daß Heribert Züpfners Vorname ist. Er kam doch noch später, nach dem Gebet, als sie mitten im Thema des Abends waren, und ich fand es sehr lieb, wie Marie sofort, als er reinkam, auf ihn zuging, ihn ansah und eine hilflose Schulterbewegung machte, bevor Züpfner die anderen begrüßte und sich lächelnd neben mich setzte. Sommerwild erzählte dann die Geschichte von dem katholischen Schriftsteller, der lange mit einer geschiedenen Frau zusammenlebte, und als er sie dann heiratete, sagte ein hoher Prälat zu ihm: »Aber mein lieber Besewitz, konnten Sie's denn nicht beim Konkubinat belassen?« Sie lachten alle ziemlich ausgelassen über diese Geschichte, besonders Frau Kinkel auf eine fast schon obszöne Weise. Der einzige, der nicht lachte, war Züpfner, und ich hatte ihn gern deswegen. Auch Marie lachte nicht. Sicher erzählte Sommerwild diese Geschichte, um mir zu zeigen, wie großherzig, warm, wie witzig und farbig die katholische

Kirche sei; daß ich mit Marie auch sozusagen im Konkubinat lebte, daran dachten sie nicht. Ich erzählte ihnen die Geschichte von dem Arbeiter, der ganz in unserer Nähe gelebt hatte; er hieß Frehlingen und hatte in seinem Siedlungshäuschen auch mit einer geschiedenen Frau zusammengelebt, deren drei Kinder er sogar ernährte. Zu Frehlingen war eines Tages der Pfarrer gekommen und hatte ihn mit ernster Miene und unter gewissen Drohungen aufgefordert, »dem unsittlichen Treiben ein Ende zu setzen«, und Frehlingen, der ziemlich fromm war, hatte die hübsche Frau mit ihren drei Kindern tatsächlich fortgeschickt. Ich erzählte auch, wie die Frau nachher auf den Strich ging, um die Kinder zu ernähren, und wie Frehlingen ans Saufen gekommen war, weil er sie wirklich gern hatte. Es entstand wieder so ein peinliches Schweigen, wie immer, wenn ich etwas sagte, aber Sommerwild lachte und sagte: »Aber Herr Schnier, Sie wollen doch die beiden Fälle nicht etwa miteinander vergleichen?« – »Wieso nicht?« sagte ich. »Das können Sie nur, weil Ihnen Besewitz kein Begriff ist«, sagte er wütend, »er ist der feinsinnigste Autor, der die Bezeichnung christlich verdient.« Und ich wurde auch wütend und sagte: »Wissen Sie denn, wie feinsinnig Frehlingen war – und welch ein christlicher Arbeiter.« Er sah mich nur kopfschüttelnd an und hob verzweifelt die Hände. Es entstand eine Pause, in der man nur Monika Silvs hüsteln hörte, aber sobald Fredebeul im Zimmer ist, braucht kein Gastgeber Angst vor einer Gesprächspause zu haben. Er hakte sich in die kurze Stille sofort ein, lenkte zum Thema des Abends zurück und sprach von der Relativität des Armutsbegriffs, etwa eineinhalb Stunden lang, bis er endlich Kinkel Gelegenheit gab, die Anekdote von jenem Mann zu erzählen, der zwischen fünfhundert Mark und dreitausend im Monat das nackte

Elend erlebt hatte, und Züpfner bat mich um eine Zigarette, um seine Schamröte mit Rauch zu verhüllen.

Mir war so elend wie Marie, als wir mit der letzten Bahn nach Köln zurückfuhren. Wir hatten das Geld für die Fahrt zusammengekratzt, weil Marie soviel daran gelegen hatte, die Einladung anzunehmen. Es war uns auch körperlich übel, wir hatten zu wenig gegessen und mehr getrunken, als wir gewohnt waren. Die Fahrt kam uns endlos lang vor, und als wir in Köln-West ausstiegen, mußten wir zu Fuß nach Hause gehen. Wir hatten kein Fahrgeld mehr.

Bei Kinkel kam sofort jemand ans Telefon. »Alfred Kinkel hier«, sagte eine selbstbewußte Jungenstimme.

»Schnier«, sagte ich, »könnte ich Ihren Vater sprechen?«

»Schnier, der Theologe, oder Schnier, der Clown?«

»Der Clown«, sagte ich.

»Ach«, sagte er, »ich hoffe, Sie nehmen es nicht zu schwer?«

»Schwer?« sagte ich müde, »was soll ich nicht zu schwer nehmen?«

»Was?« sagte er, »Sie haben die Zeitung nicht gelesen?«

»Welche?« sagte ich.

»Die Stimme Bonns«, sagte er.

»Ein Verriß?« fragte ich.

»Oh«, sagte er, »ich glaube, das ist schon eher eine Todesanzeige. Soll ich's Ihnen mal holen und vorlesen?«

»Nein, danke«, sagte ich. Dieser Junge hatte einen hübsch sadistischen Unterton in der Stimme.

»Aber Sie sollten sich's anschauen«, sagte er, »um daraus zu lernen.« Mein Gott, pädagogische Ambitionen hatte er auch noch.

»Wer hat's denn geschrieben?« sagte ich.

»Ein gewisser Kostert, der als unser Korrespondent im Ruhrgebiet bezeichnet wird. Glänzend geschrieben, aber ziemlich gemein.«

»Nun ja«, sagte ich, »er ist ja auch ein Christ.«

»Sie etwa nicht?«

»Nein«, sagte ich, »Ihr Vater ist wohl nicht zu sprechen?«

»Er will nicht gestört werden, aber für Sie störe ich ihn gerne.«

Es war das erstemal, daß Sadismus mir nützlich wurde. »Danke«, sagte ich.

Ich hörte, wie er den Hörer auf den Tisch legte, durchs Zimmer ging, und wieder hörte ich im Hintergrund dieses böse Zischen. Es hörte sich an, als wäre eine ganze Schlangenfamilie miteinander in Streit geraten: zwei männliche Schlangen und eine weibliche. Es ist mir immer peinlich, wenn ich Augen- oder Ohrenzeuge von Vorgängen werde, die nicht für mein Auge oder Ohr bestimmt sind, und die mystische Begabung, durchs Telefon Gerüche wahrzunehmen, ist keineswegs eine Freude, sondern eine Last. Es roch in der Kinkelschen Wohnung nach Fleischbrühe, als hätten sie einen ganzen Ochsen gekocht. Das Gezische im Hintergrund klang lebensgefährlich, als würde der Sohn den Vater oder die Mutter den Sohn umbringen. Ich dachte an Laokoon, und daß dieses Gezische und Gekeife – ich konnte sogar Geräusche eines Handgemenges hören, Aus und Ahs, Ausrufe wie »du ekelhaftes Biest«, »du brutales Schwein« – in der Wohnung dessen stattfand, der als die »graue Eminenz des deutschen Katholizismus« bezeichnet wurde, trug nicht zu meiner Erheiterung bei. Ich dachte auch an den miesen Kostert in Bochum, der sich noch gestern abend ans Telefon gehängt und seinen Text durchtelefoniert haben mußte, und doch hatte er heute morgen an meiner

Zimmertür wie ein demütiger Köter gekratzt und den christlichen Bruder gespielt.

Kinkel sträubte sich offenbar buchstäblich mit Händen und Füßen, ans Telefon zu kommen, und seine Frau – ich konnte die Geräusche und Bewegungen im Hintergrund allmählich entziffern – war noch heftiger dagegen als er, während der Sohn sich weigerte, mir zu sagen, er habe sich getäuscht, sein Vater sei nicht zu Hause. Plötzlich wurde es vollkommen still, so still, wie es ist, wenn jemand verblutet, wirklich: es war eine verblutende Stille. Dann hörte ich schleppende Schritte, hörte, wie einer den Hörer vom Tisch nahm, und rechnete damit, daß der Hörer aufgelegt würde. Ich wußte noch genau, wo das Telefon in Kinkels Wohnung steht. Genau unter der von drei Barockmadonnen, die Kinkel immer als die minderwertigste bezeichnet. Mir wäre fast lieber gewesen, er hätte aufgelegt. Ich hatte Mitleid mit ihm, es mußte fürchterlich für ihn sein, jetzt mit mir zu sprechen, und für mich selbst erhoffte ich nichts von diesem Gespräch, weder Geld noch guten Rat. Wäre seine Stimme außer Atem gewesen, hätte mein Mitleid überwogen, aber seine Stimme war so dröhnend und vital wie je. Jemand hat mal seine Stimme mit einem ganzen Trompeterkorps verglichen.

»Hallo, Schnier«, dröhnte es mir entgegen »reizend, daß Sie anrufen.«

»Hallo, Doktor«, sagte ich, »ich bin in einer Klemme.«

Das einzig Bösartige an meinen Worten war das Doktor, denn sein Doktor ist, wie der von Papa, ein nagelneuer h. c.

»Schnier«, sagte er, »stehen wir so miteinander, daß Sie glauben, mich mit Herr Doktor anreden zu müssen?«

»Ich habe keine Ahnung, wie wir miteinander stehen«, sagte ich.

Er lachte besonders dröhnend: vital, katholisch, offen, mit »barocker Heiterkeit«. – »Meine Sympathien für Sie sind unverändert die gleichen.« Es fiel mir schwer, das zu glauben. Wahrscheinlich war ich für ihn schon so tief gefallen, daß es sich nicht mehr lohnte, mich noch tiefer fallen zu lassen.

»Sie sind in einer Krise«, sagte er, »nichts weiter, Sie sind noch jung, reißen Sie sich zusammen, und es wird wieder werden.« Zusammenreißen, das klang nach Annas I. R. 9.

»Wovon sprechen Sie?« fragte ich mit sanfter Stimme.

»Wovon soll ich sprechen«, sagte er, »von Ihrer Kunst, Ihrer Karriere.«

»Aber das meine ich gar nicht«, sagte ich, »ich spreche, wie Sie wissen, grundsätzlich nicht über Kunst, und über Karriere schon gar nicht. Ich meine – ich will – ich suche Marie«, sagte ich.

Er stieß einen nicht genau definierbaren Ton aus, der zwischen Grunzen und Rülpsen lag. Ich hörte im Hintergrund des Zimmers noch Restgezische, hörte, wie Kinkel den Hörer auf den Tisch legte, wieder aufnahm, seine Stimme war kleiner und dunkler, er hatte sich eine Zigarre in den Mund gesteckt.

»Schnier«, sagte er, »lassen Sie doch das Vergangene vergangen sein. Ihre Gegenwart ist die Kunst.«

»Vergangen?« fragte ich, »versuchen Sie sich doch vorzustellen, Ihre Frau ginge plötzlich zu einem anderen.«

Er schwieg auf eine Weise, die mir auszudrücken schien: täte sie es doch, sagte dann, an seiner Zigarre herumschmatzend: »Sie war nicht Ihre Frau, und Sie haben nicht sieben Kinder miteinander.«

»So«, sagte ich, »sie war nicht meine Frau?«

»Ach«, sagte er, »dieser romantische Anarchismus. Seien Sie ein Mann.«

»Verflucht«, sagte ich, »gerade, weil ich diesem Geschlecht angehöre, ist die Sache schlimm für mich – und die sieben Kinder können ja noch kommen. Marie ist erst fünfundzwanzig.«

»Unter einem Mann«, sagte er, »verstehe ich jemand, der sich abfindet.«

»Das klingt sehr christlich«, sagte ich.

»Gott, ausgerechnet Sie wollen mir wohl sagen, was christlich ist.«

»Ja«, sagte ich, »soweit ich unterrichtet bin, spenden sich nach katholischer Auffassung die Eheleute gegenseitig das Sakrament?«

»Natürlich«, sagte er.

»Und wenn sie doppelt und dreifach standesamtlich und kirchlich verheiratet sind und spenden sich das Sakrament nicht – ist die Ehe nicht existent.«

»Hm«, machte er.

»Hören Sie, Doktor«, sagte ich, »würde es Ihnen etwas ausmachen, die Zigarre aus dem Mund zu nehmen. Das Ganze klingt, als sprächen wir über Aktienkurse. Ihr Schmatzen macht mir die Sache irgendwie peinlich.«

»Na, hören Sie«, sagte er, aber er nahm die Zigarre aus dem Mund, »und merken Sie sich, wie Sie über die Sache denken, ist Ihre Sache. Fräulein Derkum denkt offenbar anders darüber und handelt so, wie ihr Gewissen es ihr befiehlt. Genau richtig – kann ich nur sagen.«

»Warum sagt mir dann keiner von euch ekelhaften Katholiken, wo sie ist? Ihr versteckt sie vor mir.«

»Machen Sie sich doch nicht lächerlich, Schnier«, sagte er, »wir leben nicht mehr im Mittelalter.«

»Ich wünschte, wir lebten im Mittelalter«, sagte ich, »dann wäre sie mir als Konkubine erlaubt und würde nicht dauernd in die Gewissenszange genommen. Nun, sie wird wiederkommen.«

»An Ihrer Stelle wäre ich nicht so sicher, Schnier«, sagte Kinkel. »Es ist schlimm, daß Ihnen offenbar das Organ für Metaphysik fehlt.«

»Mit Marie war alles in Ordnung, solange sie sich Sorgen um meine Seele gemacht hat, aber ihr habt ihr beigebracht, sich Sorgen um ihre eigene Seele zu machen, und jetzt ist es so, daß ich, dem das Organ für Metaphysik fehlt, mir Sorgen um Maries Seele mache. Wenn sie mit Züpfner verheiratet ist, wird sie erst richtig sündig. Soviel habe ich von eurer Metaphysik kapiert: es ist Unzucht und Ehebruch, was sie begeht, und Prälat Sommerwild spielt dabei die Rolle des Kupplers.«

Er brachte es tatsächlich fertig zu lachen, wenn auch nicht sehr dröhnend. »Das klingt alles sehr komisch, wenn man bedenkt, daß Heribert sozusagen die weltliche und Prälat Sommerwild sozusagen die geistliche Eminenz des deutschen Katholizismus ist.«

»Und Sie sind sein Gewissen«, sagte ich wütend, »und wissen genau, daß ich recht habe.«

Er schnaufte eine Weile da oben am Venusberg unter der minderwertigsten seiner drei Barockmadonnen. »Sie sind auf eine bestürzende Weise jung – und auf eine beneidenswerte.«

»Lassen Sie das, Doktor«, sagte ich, »lassen Sie sich nicht bestürzen und beneiden Sie mich nicht, wenn ich Marie nicht zurückbekomme, bringe ich euren attraktivsten Prälaten um. Ich bringe ihn um«, sagte ich, »ich habe nichts mehr zu verlieren.«

Er schwieg und steckte wieder seine Zigarre in den Mund.

»Ich weiß«, sagte ich, »daß jetzt Ihr Gewissen fieberhaft arbeitet. Wenn ich Züpfner umbrächte, das wär Ihnen ganz recht: der mag Sie nicht und steht Ihnen zu weit rechts, während Sommerwild für Sie eine gute Stütze in

Rom ist, wo Sie – ganz zu Unrecht übrigens nach meiner bescheidenen Meinung – als linker Vogel verschrien sind.«

»Lassen Sie doch diesen Unsinn, Schnier. Was haben Sie nur?«

»Katholiken machen mich nervös«, sagte ich, »weil sie unfair sind.«

»Und Protestanten?« fragte er lachend.

»Die machen mich krank mit ihrem Gewissensgefummel.«

»Und Atheisten?« Er lachte noch immer.

»Die langweilen mich, weil sie immer nur von Gott sprechen.«

»Und was sind Sie eigentlich?«

»Ich bin ein Clown«, sagte ich, »im Augenblick besser als mein Ruf. Und es gibt ein katholisches Lebewesen, das ich notwendig brauche: Marie – aber ausgerechnet die habt ihr mir genommen.«

»Unsinn, Schnier«, sagte er, »schlagen Sie sich doch diese Entführungstheorien aus dem Kopf. Wir leben im zwanzigsten Jahrhundert.«

»Eben«, sagte ich, »im dreizehnten wäre ich ein netter Hofnarr gewesen, und nicht einmal die Kardinäle hätten sich drum gekümmert, ob ich mit ihr verheiratet gewesen wäre oder nicht. Jetzt trommelt jeder katholische Laie auf ihrem armen Gewissen rum, treibt sie in ein unzüchtiges, ehebrecherisches Leben nur wegen eines dummen Fetzens Papier. Ihre Madonnen, Doktor, hätten Ihnen im dreizehnten Jahrhundert Exkommunikation und Kirchenbann eingebracht. Sie wissen ganz genau, daß sie in Bayern und Tirol aus den Kirchen geklaut werden – ich brauche Ihnen nicht zu sagen, daß Kirchenraub auch heute noch als ziemlich schweres Verbrechen gilt.«

»Hören Sie, Schnier«, sagte er, »wollen Sie etwa persönlich werden? Das überrascht mich bei Ihnen.«

»Sie mischen sich seit Jahren in meine persönlichsten Dinge ein, und wenn ich eine kleine Nebenbemerkung mache und Sie mit einer Wahrheit konfrontiere, die persönlich unangenehm werden könnte, werden Sie wild. Wenn ich wieder zu Geld gekommen bin, werde ich einen Privatdetektiv engagieren, der für mich herausfinden muß, woher Ihre Madonnen stammen.«

Er lachte nicht mehr, hüstelte nur, und ich merkte, daß er noch nicht begriffen hatte, daß es mir ernst war. »Hängen Sie ein, Kinkel«, sagte ich, »legen Sie auf, sonst fange ich noch vom Existenzminimum an. Ich wünsche Ihnen und Ihrem Gewissen einen guten Abend.« Aber er begriff es noch immer nicht, und so war ich es, der zuerst auflegte.

10

Ich wußte sehr gut, daß Kinkel überraschend nett zu mir gewesen war. Ich glaube, er hätte mir sogar Geld gegeben, wenn ich ihn drum gebeten hätte. Sein Gerede von Metaphysik mit der Zigarre im Mund und die plötzliche Gekränktheit, als ich von seinen Madonnen anfing, das war mir doch zu ekelhaft. Ich wollte nichts mehr mit ihm zu tun haben. Auch mit Frau Fredebeul nicht. Weg, Fredebeul selbst würde ich bei irgendeiner Gelegenheit einmal ohrfeigen. Es ist sinnlos, gegen ihn mit »geistigen Waffen« zu kämpfen. Manchmal bedaure ich, daß es keine Duelle mehr gibt. Die Sache zwischen Züpfner und mir, wegen Marie, wäre nur durch ein Duell zu klären gewesen. Es war scheußlich, daß sie mit Ordnungsprinzipien, schriftlichen Erklärungen und tagelangen Geheimbesprechungen in einem hannoverschen Hotel geführt worden war. Marie war nach der zweiten Fehlgeburt so herunter, nervös, rannte dauernd in die Kirche und war gereizt, wenn ich an meinen freien Abenden nicht mit ihr ins Theater, ins Konzert oder zu einem Vortrag ging. Wenn ich ihr vorschlug, doch wieder wie früher Mensch-ärgere-Dich-nicht zu spielen, Tee dabei zu trinken und auf dem Bauch im Bett zu liegen, wurde sie noch gereizter. Im Grunde fing die Sache damit an, daß sie nur noch aus Freundlichkeit, um mich zu beruhigen oder nett zu mir zu sein, Mensch-ärgere-Dich-nicht mit mir spielte. Und sie ging auch nicht mehr mit in die Filme, in die ich so gern gehe: die für Sechsjährige zugelassen sind.

Ich glaube, es gibt niemanden auf der Welt, der einen Clown versteht, nicht einmal ein Clown versteht den anderen, da ist immer Neid oder Mißgunst im Spiel. Marie war nah daran, mich zu verstehen, ganz verstand sie mich nie. Sie meinte immer, ich müßte als »schöpferischer Mensch« ein »brennendes Interesse« daran haben, soviel Kultur wie möglich aufzunehmen. Ein Irrtum. Ich würde natürlich sofort ein Taxi nehmen, wenn ich abends frei hätte und erführe, daß irgendwo Beckett gespielt wird, und ich gehe auch hin und wieder ins Kino, wenn ich genau überlege, sogar oft, und immer nur in Filme, die auch für Sechsjährige zugelassen sind. Marie konnte das nie verstehen, ein großer Teil ihrer katholischen Erziehung bestand eben doch nur aus psychologischen Informationen und einem mystisch verbrämten Rationalismus, im Rahmen des »Laßt sie Fußball spielen, damit sie nicht an Mädchen denken«. Dabei dachte ich so gern an Mädchen, später immer nur an Marie. Ich kam mir manchmal schon wie ein Unhold vor. Ich gehe gern in diese Filme für Sechsjährige, weil darin von dem Erwachsenenkitsch mit Ehebruch und Ehescheidung nichts vorkommt. In den Ehebruchs- und Ehescheidungsfilmen spielt immer irgend jemandes Glück eine so große Rolle. »Mach mich glücklich, Liebling«, oder: »Willst du denn meinem Glück im Wege stehen?« Unter Glück, das länger als eine Sekunde, vielleicht zwei, drei Sekunden dauert, kann ich mir nichts vorstellen. Richtige Hurenfilme sehe ich wieder ganz gern, aber es gibt so wenige. Die meisten sind so anspruchsvoll, daß man gar nicht merkt, daß es eigentlich Hurenfilme sind. Es gibt noch eine Kategorie von Frauen, die nicht Huren und nicht Ehefrauen sind, die barmherzigen Frauen, aber sie werden in den Filmen vernachlässigt. In den Filmen, die für Sechsjährige zugelassen sind, wimmelt es meistens von Huren. Ich habe nie begriffen, was die Ausschüsse, die die Filme einstufen, sich dabei denken, wenn sie solche Filme für Kinder zulassen. Die Frauen in diesen Filmen sind entweder von Natur Huren oder sind es nur im soziologischen Sinn; barmherzig sind sie fast nie. Da tanzen in irgendeinem Wildwest-Tingeltangel Blondinen Cancan, rauhe Cowboys, Goldgräber oder Trapper, die zwei Jahre lang in der Einsamkeit hinter Stinktieren her gewesen sind, schauen den hübschen, jungen Blondinen beim Cancantanzen zu, aber wenn diese Cowboys, Goldgräber, Trapper dann hinter den Mädchen hergehen und mit auf deren Zimmer wollen, kriegen sie meistens die Tür vor der Nase zugeknallt, oder irgendein brutales Schwein boxt sie unbarmherzig nieder. Ich denke mir, daß damit etwas wie Tugendhaftigkeit ausgedrückt werden soll. Unbarmherzigkeit, wo Barmherzigkeit das einzig Menschliche wäre. Kein Wunder, daß die armen Hunde dann anfangen, sich zu prügeln, zu schießen, – es ist wie das Fußballspielen im Internat, nur, da es erwachsene Männer sind, unbarmherziger. Ich verstehe die amerikanische Moral nicht. Ich denke mir, daß dort eine barmherzige Frau als Hexe verbrannt würde, eine Frau, die es nicht für Geld und nicht aus Leidenschaft für den Mann tut, nur aus Barmherzigkeit mit der männlichen Natur.

Besonders peinlich finde ich Künstlerfilme. Künstlerfilme werden wohl meistens von Leuten gemacht, die van Gogh für ein Bild nicht einmal ein ganzes, sondern nur ein halbes Paket Tabak gegeben und später auch das noch bereut hätten, weil ihnen klar geworden wäre, daß er es ihnen für eine Pfeife Tabak auch gegeben hätte. In Künstlerfilmen wird das Leiden der Künstlerseele, die Not und das Ringen mit dem Dämon immer in die Vergangenheit verlegt. Ein lebender Künstler, der keine Zigaretten hat, keine Schuhe für seine Frau kaufen kann, ist uninteressant für die Filmleute, weil noch nicht drei Generationen von Schwätzern ihnen bestätigt haben, daß er ein Genie ist. Eine Generation von Schwätzern würde ihnen nicht ausreichen. »Das ungestüme Suchen der Künstlerseele.« Sogar Marie glaubte daran. Peinlich, es gibt so etwas Ähnliches, man sollte es nur anders nennen. Was ein Clown braucht, ist Ruhe, die Vortäuschung von dem, was andere Leute Feierabend nennen. Aber diese anderen Leute begreifen eben nicht, daß die Vortäuschung von Feierabend für einen Clown darin besteht, seine Arbeit zu vergessen, sie begreifen es nicht, weil sie sich, was für sie wieder vollkommen natürlich ist, erst an *ihrem* Feierabend mit sogenannter Kunst beschäftigen. Ein Problem für sich sind die künstlerischen Menschen, die an nichts anderes als Kunst denken, aber keinen Feierabend brauchen, weil sie nicht arbeiten. Wenn dann einer anfängt, einen künstlerischen Menschen zum Künstler zu ernennen, entstehen die peinlichsten Mißverständnisse. Die künstlerischen

Menschen fangen immer genau dann von Kunst an, wenn der Künstler gerade das Gefühl hat, so etwas wie Feierabend zu haben. Sie treffen meistens den Nerv ganz genau, in diesen zwei, drei, bis zu fünf Minuten, wo der Künstler die Kunst vergißt, fängt ein künstlerischer Mensch von van Gogh, Kafka, Chaplin oder Beckett an. In solchen Augenblicken möchte ich am liebsten Selbstmord begehen – wenn ich anfange, *nur* an die Sache zu denken, die ich mit Marie tue, oder an Bier, fallende Blätter im Herbst, an Mensch-ärgere-Dich-nicht oder an etwas Kitschiges, vielleicht Sentimentales, fängt irgendein Fredebeul oder Sommerwild von Kunst an. Genau in dem Augenblick, wo ich das ungeheuer erregende Gefühl habe, ganz normal zu sein, auf eine so spießige Weise normal wie Karl Emonds, fangen Fredebeul oder Sommerwild von Claudel oder Ionesco an. Ein bißchen davon hat auch Marie, früher weniger, in der letzten Zeit mehr. Ich merkte es, als ich ihr erzählte, daß ich anfangen würde, Lieder zur Guitarre zu singen. Es traf, wie sie sagte, ihren ästhetischen Instinkt. Der Feierabend des Nichtkünstlers ist die Arbeitszeit eines Clowns. Alle wissen, was Feierabend ist, vom hochbezahlten Manager bis zum einfachsten Arbeiter, ob diese Burschen Bier trinken oder in Alaska Bären schießen, ob sie Briefmarken sammeln, Impressionisten oder Expressionisten (eins ist sicher, wer Kunst *sammelt,* ist kein Künstler). – Schon die Art, wie sie sich ihre Feierabendzigarette anstecken, eine bestimmte Miene aufsetzen, kann mich zur Raserei bringen, weil ich dieses Gefühl gerade gut genug kenne, sie um die Dauer dieses Gefühls zu beneiden. Es gibt Augenblicke des Feierabends für einen Clown – dann mag er die Beine ausstrecken und für eine halbe Zigarette lang wissen, was Feierabend ist. Mörderisch ist der sogenannte Urlaub: das kennen die anderen offenbar für drei, vier, sechs Wochen!

Marie hat ein paarmal versucht, mir dieses Gefühl zu verschaffen, wir fuhren an die See, ins Binnenland, in Bäder, ins Gebirge, ich wurde schon am zweiten Tag krank, war von oben bis unten mit Pusteln bedeckt, und meine Seele war voller Mordgedanken. Ich denke, ich war krank vor Neid. Dann kam Marie auf den fürchterlichen Gedanken, mit mir Ferien zu machen an einem Ort, wo Künstler Urlaub machen. Natürlich waren es lauter künstlerische Menschen, und ich hatte am ersten Abend schon eine Schlägerei mit einem Schwachsinnigen, der im Filmgewerbe eine große Rolle spielt und mich in ein Gespräch über Grock und Chaplin und den Narren in Shakespeares Dramen verwickelte. Ich wurde nicht nur ganz schön zusammengeschlagen (diese künstlerischen Menschen, die es fertigbringen, von kunstähnlichen Berufen gut zu leben, arbeiten ja nicht und strotzen vor Kraft), ich bekam auch eine schwere Gelbsucht. Sobald wir aus diesem fürchterlichen Nest heraus waren, wurde ich rasch wieder gesund.

Was mich so unruhig macht, ist die Unfähigkeit, mich zu beschränken oder, wie mein Agent Zohnerer sagen würde, zu konzentrieren. Meine Nummern sind zu sehr gemischt aus Pantomime, Artistik, Clownerie – ich wäre ein guter Pierrot, könnte aber auch ein guter Clown sein, und ich wechsle meine Nummern zu oft. Wahrscheinlich hätte ich mit den Nummern ›Katholische und evangelische Predigt‹, ›Aufsichtsratssitzung‹, ›Straßenverkehr‹ und ein paar anderen jahrelang leben können, aber wenn ich eine Nummer zehn- oder zwanzigmal gezeigt habe, wird sie mir so langweilig, daß ich mitten im Ablauf Gähnanfälle bekomme, buchstäblich, ich muß meine Mundmuskulatur mit äußerster Anspannung disziplinieren. Ich langweile mich über mich selbst. Wenn ich mir vorstelle, daß es Clowns gibt, die dreißig Jahre lang dieselben Nummern vorführen, wird mir so bang ums Herz, als wenn ich dazu verdammt wäre, einen ganzen Sack Mehl mit einem Löffel leer zu essen. Mir muß eine Sache Spaß machen, sonst werde ich krank. Plötzlich fällt mir ein, ich könnte möglicherweise auch jonglieren oder singen: alles Ausflüchte, um dem täglichen Training zu entfliehen. Mindestens vier, möglichst sechs Stunden Training, besser noch länger. Ich hatte auch das in den vergangenen sechs Wochen vernachlässigt und mich täglich mit ein paar Kopfständen, Handständen und Purzelbäumen begnügt und auf der Gummimatte, die ich immer mit mir herumschleppe, ein bißchen Gymnastik gemacht. Jetzt war das verletzte Knie eine gute Entschuldigung, auf der Couch zu liegen, Zigaretten zu rauchen und Selbstmitleid zu inhalieren. Meine letzte neue Pantomime ›Ministerrede‹ war ganz gut gewesen, aber ich war es leid, zu karikieren, und kam doch über eine bestimmte Grenze nicht hinaus. Alle meine lyrischen Versuche waren gescheitert. Es war mir noch nie gelungen, das Menschliche darzustellen, ohne furchtbaren Kitsch zu produzieren. Meine Nummern ›Tanzendes Paar‹ und ›Schulgang und Heimkehr aus der Schule‹ waren wenigstens artistisch noch passabel. Als ich aber dann ›Lebenslauf eines Mannes‹ versuchte, fiel ich doch wieder in die Karikatur. Marie hatte recht, als sie meine Versuche, Lieder zur Guitarre zu singen, als Fluchtversuch bezeichnete. Am besten gelingt mir die Darstellung alltäglicher Absurditäten: ich beobachte, addiere diese Beobachtungen, potenziere sie und ziehe aus ihnen die Wurzel, aber mit einem anderen Faktor, als mit dem ich sie potenziert habe. In jedem größeren Bahnhof kommen morgens Tausende Menschen an, die in der Stadt arbeiten – und es fahren Tausende aus der Stadt weg, die außerhalb arbeiten. Warum tauschen diese Leute nicht einfach ihre Arbeitsplätze aus? Oder die Autoschlangen, die sich in Hauptverkehrszeiten aneinander vorbeiquälen. Austausch der Arbeits- oder Wohnplätze, und die ganze überflüssige Stinkerei, das dramatische Mit-den-Armen-Rudern der Polizisten wäre zu vermeiden: es wäre so still auf den Straßenkreuzungen, daß sie dort Mensch-ärgere-Dich-nicht spielen könnten. Ich machte aus dieser Beobachtung eine Pantomime, bei der ich nur mit Händen und Füßen arbeite, mein Gesicht unbewegt und schneeweiß immer in der Mitte bleibt, und es gelingt mir, mit meinen vier Extremitäten den Eindruck einer ungeheuren Quantität von überstürzter Bewegung zu erwecken. Mein Ziel ist: möglichst wenig, am besten gar keine Requisiten. Für die Nummer ›Schulgang und Heimkehr von der Schule‹ brauche ich nicht einmal einen Ranzen; die Hand, die ihn hält, genügt, ich renne vor bimmelnden Straßenbahnen im letzten Augenblick über die Straße, springe auf Busse, von diesen ab, werde durch Schaufenster abgelenkt, schreibe mit Kreide orthographisch Falsches an Häuserwände, stehe – zu spät gekommen – vor dem scheltenden Lehrer, nehme den Ranzen von der Schulter und schleiche mich in die Bank. Das Lyrische in der kindlichen Existenz darzustellen gelingt mir ganz gut: im Leben eines Kindes hat das Banale Größe, es ist fremd, ohne Ordnung, immer tragisch. Auch ein Kind hat nie Feierabend als Kind; erst, wenn die »Ordnungsprinzipien« angenommen werden, fängt der Feierabend an. Ich beobachte jede Art der Feierabendäußerung mit fanatischem Eifer: wie ein Arbeiter die Lohntüte in die Tasche steckt und auf sein Motorrad steigt, wie ein Börsenjobber endgültig den Telefonhörer aus der Hand legt, sein Notizbuch in die Schublade legt, diese abschließt oder eine Lebensmittelverkäuferin die Schürze ablegt, sich die Hände wäscht und vor dem Spiegel ihr Haar und ihre Lippen zurechtmacht, ihre Handtasche nimmt – und weg ist sie, es ist alles so menschlich, daß ich mir oft wie ein Unmensch vorkomme, weil ich den Feierabend nur als Nummer vorführen kann. Ich habe mich mit Marie darüber unterhalten, ob ein Tier wohl Feierabend haben könnte, eine Kuh, die wiederkäut, ein Esel, der dösend am Zaun steht. Sie meinte, Tiere, die arbeiten und also Feierabend hätten, wären eine Blasphemie. Schlaf wäre so etwas wie Feierabend, eine großartige Gemeinsamkeit zwischen Mensch und Tier, aber das Feierabendliche am Feierabend wäre ja, daß man ihn ganz bewußt erlebt. Sogar Ärzte haben Feierabend, neuerdings sogar die Priester. Darüber ärgere ich mich, sie dürften keinen haben und müßten wenigstens das am Künstler verstehen. Von Kunst brauchen sie gar nichts zu verstehen, nichts von Sendung, Auftrag und solchem Unsinn, aber von der Natur des Künstlers. Ich habe mich mit Marie immer darüber gestritten, ob der Gott, an den sie glaubt, wohl Feierabend habe, sie behauptete immer, ja, holte das Alte Testament heraus und las mir aus der Schöpfungsgeschichte vor: Und am siebten Tage ruhte Gott. Ich widerlegte sie mit dem Neuen Testament, meinte, es könnte ja sein, daß der Gott im Alten Testament Feierabend gehabt habe, aber ein Christus mit Feierabend wäre mir unvorstellbar. Marie wurde blaß, als ich das sagte, gab zu, daß ihr die Vorstellung eines Christus mit Feierabend blasphemisch vorkomme, er habe gefeiert, aber wohl nie Feierabend gehabt.

Schlafen kann ich wie ein Tier, meistens traumlos, oft nur für Minuten, und habe doch das Gefühl, eine Ewigkeit lang weg gewesen zu sein, als hätte ich den Kopf durch eine Wand gesteckt, hinter der dunkle Unendlichkeit liegt, Vergessen und ewiger Feierabend, und das, woran Henriette dachte, wenn sie plötzlich den Tennisschläger auf den Boden, den Löffel in die Suppe fallen ließ oder mit einem kurzen Schwung die Spielkarten ins Feuer warf: nichts. Ich fragte sie einmal, woran sie denke, wenn es über sie käme, und sie sagte: »Weißt du es wirklich nicht?« – »Nein«, sagte ich, und sie sagte leise: »An nichts, ich denke an nichts.« Ich sagte, man könne doch gar nicht an nichts denken, und sie sagte: »Doch, das kann man, ich bin dann plötzlich ganz leer und doch wie betrunken, und ich möchte am liebsten auch noch die Schuhe abwerfen und die Kleider – ohne Ballast sein.« Sie sagte auch, es sei so großartig, daß sie immer darauf warte, aber es käme nie, wenn sie drauf warte, immer ganz unerwartet, und es sei wie eine Ewigkeit. Sie hatte es auch ein paarmal in der Schule gehabt, ich erinnere mich der heftigen Telefongespräche meiner Mutter mit der Klassenlehrerin und des Ausdrucks: »Ja, ja, hysterisch, das ist das Wort – und bestrafen Sie sie hart.«

Ich habe ein ähnliches Gefühl der großartigen Leere manchmal beim Mensch-ärgere-Dich-nicht-Spielen, wenn es über drei, vier Stunden lang dauert; allein die Geräusche, das Klappern des Würfels, das Tappen der Puppen, das Klick, wenn man eine Puppe schlägt. Ich brachte sogar Marie, die mehr zum Schachspielen neigt, dazu, süchtig auf dieses Spiel zu werden. Es war wie ein Narkotikum für uns. Wir spielten es manchmal fünf, sechs Stunden lang hintereinander, und Kellner und Zimmermädchen, die uns Tee oder Kaffee brachten, hatten die gleiche Mischung aus Angst und Wut im Gesicht wie meine Mutter, wenn es über Henriette kam, und manchmal sagten sie, was die Leute im Bus gesagt hatten, als ich von Marie nach Hause fuhr: »Unglaublich.« Marie erfand ein sehr kompliziertes Anschreibesystem mit Punkten: je nachdem, wo einer rausgeschmissen wurde oder einen rausschmiß, bekam er Punkte, eine interessante Tabelle entwickelte sie, und ich kaufte ihr einen Vierfarbenstift, weil sie die passiven Werte und die aktiven Werte, wie sie sie nannte, dann besser markieren konnte. Manchmal spielten wir es auch während langer Eisenbahnfahrten zum Erstaunen seriöser Fahrgäste – bis ich ganz plötzlich merkte, daß Marie nur noch mit mir spielte, weil sie mir eine Freude machen, mich beruhigen, meiner »Künstlerseele« Entspannung verschaffen wollte. Sie war nicht mehr dabei, vor ein paar Monaten fing es an, als ich mich weigerte, nach Bonn zu fahren, obwohl ich fünf Tage lang hintereinander keine Vorstellung hatte. Ich wollte nicht nach Bonn. Ich hatte Angst vor dem Kreis, hatte Angst, Leo zu begegnen, aber Marie sagte dauernd, sie müsse noch einmal »katholische Luft« atmen. Ich erinnerte sie daran, wie wir nach dem ersten Abend im Kreis von Bonn nach Köln zurückgefahren waren, müde, elend und niedergeschlagen, und wie sie dauernd im Zug zu mir gesagt hatte: »Du bist so lieb, so lieb«, und an meiner Schulter geschlafen hatte, manchmal nur war sie aufgeschreckt, wenn draußen der Schaffner die Stationsnamen aufrief: Sechtem, Walberberg, Brühl, Kalscheuren – sie zuckte jedesmal zusammen, schrak hoch, und ich drückte ihren Kopf wieder an meine Schulter, und als wir in Köln-West ausstiegen, sagte sie: »Wir wären besser ins Kino gegangen.« Ich erinnerte sie daran, als sie von der katholischen Luft, die sie atmen müsse, anfing, und schlug ihr vor, ins Kino zu gehen, zu tanzen, Mensch-ärgere-Dich-nicht zu spielen, aber sie schüttelte den Kopf und fuhr dann allein nach Bonn. Ich kann mir unter katholischer Luft nichts vorstellen. Schließlich waren wir in Osnabrück, und so ganz unkatholisch konnte die Luft dort nicht sein.

11

Ich ging ins Badezimmer, kippte etwas von dem Badezeug, das Monika Silvs mir hingestellt hatte, in die Wanne
und drehte den Heißwasserhahn auf. Baden ist fast so gut
wie schlafen, wie schlafen fast so gut ist, wie »die Sache«
tun. Marie hat es so genannt, und ich denke immer in
ihren Worten daran. Ich konnte mir gar nicht vorstellen,
daß sie mit Züpfner »die Sache« tun würde, meine Phantasie hat einfach keine Kammern für solche Vorstellungen, so wie ich nie ernsthaft in Versuchung war, in Maries
Wäsche zu kramen. Ich konnte mir nur vorstellen, daß sie
mit Züpfner Mensch-ärgere-Dich-nicht spielen würde –
und das machte mich rasend. Nichts, was ich mit ihr
getan hatte, konnte sie doch mit ihm tun, ohne sich als
Verräterin oder Hure vorzukommen. Sie konnte ihm
noch nicht mal Butter aufs Brötchen streichen. Wenn ich
mir vorstellte, daß sie seine Zigarette aus dem Aschenbecher nehmen und weiterrauchen würde, wurde ich fast
wahnsinnig, und die Einsicht, daß er Nichtraucher war
und wahrscheinlich Schach mit ihr spielen würde, bot
keinen Trost. Irgend etwas mußte sie ja mit ihm tun,
tanzen oder Karten spielen, er ihr oder sie ihm vorlesen,
und sprechen mußte sie mit ihm, übers Wetter und über
Geld. Sie konnte eigentlich nur für ihn kochen, ohne
dauernd an mich denken zu müssen, denn das hat sie so
selten für mich getan, daß es nicht unbedingt Verrat oder
Hurerei sein würde. Am liebsten hätte ich gleich Sommerwild angerufen, aber es war noch zu früh, ich hatte
mir vorgenommen, ihn gegen halb drei Uhr früh aus
dem Schlaf zu wecken und mich mit ihm ausgiebig über
Kunst zu unterhalten. Acht Uhr am Abend, das war eine

zu anständige Zeit, ihn anzurufen und ihn zu fragen, wieviel Ordnungsprinzipien er Marie schon zu fressen gegeben hatte und welche Provision er von Züpfner bekommen würde: ein Abtkreuz aus dem dreizehnten Jahrhundert oder eine mittelrheinische Madonna aus dem vierzehnten. Ich dachte auch darüber nach, auf welche Weise ich ihn umbringen würde. Ästheten bringt man wohl am besten mit wertvollen Kunstgegenständen um, damit sie sich noch im Tode über einen Kunstfrevel ärgern. Eine Madonna wäre nicht wertvoll genug und zu stabil, dann könnte er noch mit dem Trost sterben, die Madonna wäre gerettet, und ein Gemälde ist nicht schwer genug, höchstens der Rahmen, und das gäbe ihm wieder den Trost, das Gemälde selbst könnte erhalten bleiben. Von einem wertvollen Gemälde könnte ich vielleicht die Farbe abkratzen und ihn mit der Leinwand ersticken oder strangulieren: kein perfekter Mord, aber ein perfekter Ästhetenmord. Es würde auch nicht leicht sein, einen so kerngesunden Burschen in sein Jenseits zu befördern, Sommerwild ist groß und schlank, eine »würdige Erscheinung«, weißhaarig und »gütig«, Alpinist und stolz darauf, daß er an zwei Weltkriegen teilgenommen und das silberne Sportabzeichen gemacht hat. Ein zäher, gut trainierter Gegner. Ich mußte unbedingt einen wertvollen Kunstgegenstand aus Metall auftreiben, aus Bronze oder Gold, vielleicht auch aus Marmor, aber ich konnte ja schlecht vorher nach Rom fahren und aus den vatikanischen Museen etwas klauen.

Während das Badewasser einlief, fiel mir Blothert ein, ein wichtiges Mitglied des Kreises, das ich nur zweimal gesehen hatte. Er war so etwas wie der »rechte Gegenspieler« von Kinkel, Politiker wie dieser, aber »mit anderem Hintergrund und aus anderem Raum kommend«; für ihn war Züpfner, was Fredebeul für Kinkel war: eine Art

Adlatus, auch »geistiger Erbe«, aber Blothert anzurufen wäre weniger sinnvoll gewesen, als wenn ich meine Wohnzimmerwände um Hilfe gebeten hätte. Das einzige, was in ihm halbwegs erkennbare Lebenszeichen hervorrief, waren Kinkels Barockmadonnen. Er verglich sie auf eine Weise mit seinen, die mir klar machte, wie abgründig die beiden einander hassen. Er war Präsident von irgend etwas, von dem Kinkel gern Präsident geworden wäre, sie duzten sich noch von einer gemeinsamen Schule her. Ich erschrak jedes der beiden Male, als ich Blothert sah. Er war mittelgroß, hellblond und sah wie fünfundzwanzig aus, wenn einer ihn ansah, grinste er, wenn er etwas sagte, knirschte er erst eine halbe Minute mit den Zähnen, und von vier Worten, die er sagte, waren zwei »der Kanzler« und »katholon« – und dann sah man plötzlich, daß er über fünfzig war, und er sah aus, wie ein durch geheimnisvolle Laster gealterter Abiturient. Unheimliche Erscheinung. Manchmal verkrampfte er sich, wenn er ein paar Worte sagte, fing an zu stottern und sagte: »der Ka ka ka ka«, oder »das ka ka ka«, und ich hatte Mitleid mit ihm, bis er endlich das restliche »nzler« oder »tholon« herausgespuckt hatte. Marie hatte mir von ihm erzählt, er sei auf eine geradezu »sensationelle Weise intelligent«. Ich habe nie Beweise für diese Behauptung bekommen, ihn nur bei einer Gelegenheit mehr als zwanzig Worte sprechen hören: als im Kreis über die Todesstrafe gesprochen wurde. Er war »ohne jede Einschränkung dafür« gewesen, und was mich an dieser Äußerung verwunderte, war nur die Tatsache, daß er nicht das Gegenteil heuchelte. Er sprach mit einer triumphierenden Wonne im Gesicht, verhaspelte sich wieder mit seinem Ka ka, und es klang, als schlage er bei jedem Ka jemand den Kopf ab. Er sah mich manchmal an, und jedesmal mit einem Staunen, als müßte er sich »unglaublich« verkneifen, das Kopfschütteln verkniff er sich nicht. Ich glaube, jemand, der nicht katholisch ist, existiert für ihn gar nicht. Ich dachte immer, wenn die Todesstrafe eingeführt würde, würde er dafür plädieren, alle Nichtkatholiken hinzurichten. Er hatte auch eine Frau, Kinder und ein Telefon. Dann wollte ich doch lieber noch einmal meine Mutter anrufen. Blothert fiel mir ein, als ich an Marie dachte. Er würde ja bei ihr aus- und eingehen, er hatte irgend etwas mit dem Dachverband zu tun, und die Vorstellung, daß er zu ihren Dauergästen gehören wird, machte mir angst. Ich habe sie sehr gern, und ihre Pfadfinderworte: »Ich muß den Weg gehen, den ich gehen muß«, waren vielleicht wie die Abschiedslosung einer Urchristin zu verstehen, die sich den Raubtieren vorwerfen läßt. Ich dachte auch an Monika Silvs und wußte, daß ich irgendwann ihre Barmherzigkeit annehmen würde. Sie war so hübsch und so lieb, und sie war mir im Kreis noch weniger passend vorgekommen als Marie. Ob sie in der Küche hantierte – ich hatte auch ihr einmal geholfen, Schnittchen zu machen –, ob sie lächelte, tanzte oder malte, es war so selbstverständlich, wenn auch die Bilder, die sie malte, mir nicht gefielen. Sie hatte sich von Sommerwild zu viel von Verkündigung und Aussage vorreden lassen und malte fast nur noch Madonnen. Ich würde versuchen, ihr das auszureden. Es kann ja gar nicht gelingen, selbst wenn man dran glaubt und gut malen kann. Sie sollten die ganze Madonnenmalerei den Kindern überlassen oder frommen Mönchen, die sich nicht für Künstler halten. Ich überlegte, ob es mir gelingen würde, Monika das Madonnenmalen auszureden. Sie ist keine Dilettantin, noch jung, zweiundzwanzig oder dreiundzwanzig, bestimmt unberührt – und diese Tatsache flößt mir Angst ein. Es kam mir der fürchterliche Gedanke, daß die Katholiken mir die Rolle zugedacht hatten, für sie den Siegfried zu spielen. Sie würde schließlich mit mir ein paar Jahre zusammenleben, nett sein, bis die Ordnungsprinzipien zu wirken anfingen, und dann würde sie nach Bonn zurückkehren und von Severn heiraten. Ich wurde rot bei diesem Gedanken und ließ ihn fallen. Monika war so lieb, und ich mochte sie nicht zum Gegenstand boshafter Überlegungen machen. Falls ich mich verabredete, mußte ich ihr zunächst Sommerwild ausreden, diesen Salonlöwen, der fast wie mein Vater aussieht. Nur stellt mein Vater keinen anderen Anspruch, als ein halbwegs humaner Ausbeuter zu sein, und diesem Anspruch genügt er. Bei Sommerwild habe ich immer den Eindruck, daß er genausogut Kur- oder Konzertdirektor, Public-Relations-Manager einer Schuhfabrik, ein gepflegter Schlagersänger, vielleicht auch Redakteur einer »gescheit« gemachten, modischen Zeitschrift sein könnte. Er hält jeden Sonntagabend eine Predigt in St. Korbinian. Marie hat mich zweimal dorthin geschleppt. Die Vorführung ist peinlicher, als Sommerwilds Behörden erlauben sollten. Da lese ich doch lieber Rilke, Hofmannsthal, Newman einzeln, als daß ich mir aus den dreien eine Art Honigwasser zurechtmischen lasse. Mir brach während der Predigt der Schweiß aus. Mein vegetatives Nervensystem verträgt bestimmte Erscheinungsformen von Unnatur nicht. Daß das Seiende sei und das Schwebende schwebe – mir wird angst, wenn ich solche Ausdrücke höre. Da ist es mir schon lieber, wenn ein hilfloser, dicklicher Pastor von der Kanzel die unfaßbaren Wahrheiten dieser Religion herunterstammelt und sich nicht einbildet, »druckreif« zu sprechen. Marie war traurig, weil mir gar nichts an Sommerwilds Predigten imponiert hatte. Besonders quälend war, daß wir nach der Predigt in einem Café in der Nähe der Korbiniankirche hockten, das ganze Café sich mit künstlerischen Menschen füllte, die aus Sommerwilds Predigt kamen. Dann kam er selbst, es bildete sich eine Art Kreis um ihn, und wir wurden in den Kreis einbezogen, und dieses halbseidene Zeug, das er von der Kanzel heruntergesagt hatte, wurde noch zwei-, drei-, bis zu viermal wiedergekäut. Eine bildhübsche junge Schauspielerin mit goldenem langem Haar und einem Engelsgesicht, von der Marie mir zuflüsterte, daß sie schon zu »drei Vierteln« konvertiert sei, war drauf und dran, Sommerwild die Füße zu küssen. Ich glaube, er hätte sie nicht daran gehindert.

Ich drehte das Badewasser ab, zog den Rock aus, Hemd und Unterhemd über den Kopf, und warf sie in die Ecke und wollte gerade ins Bad steigen, als das Telefon klingelte. Ich kenne nur einen Menschen, der das Telefon so vital und männlich ans Klingeln bringen kann: Zohnerer, mein Agent. Er spricht so nah und aufdringlich ins Telefon, daß ich jedesmal Angst habe, seine Spucke mitzubekommen. Wenn er mir Freundliches sagen will, fängt er das Gespräch mit: »Sie waren gestern großartig« an; das sagt er einfach, ohne zu wissen, ob ich wirklich großartig war oder nicht; wenn er mir Unfreundliches sagen will, fängt er an mit: »Hören Sie, Schnier, Sie sind kein Chaplin«; er meinte damit gar nicht, ich wäre kein so guter Clown wie Chaplin, sondern nur, ich wäre nicht berühmt genug, um mir irgend etwas zu erlauben, über das sich Zohnerer geärgert hat. Heute würde er nicht einmal Unfreundliches sagen, er würde auch nicht, wie er es immer tat, wenn ich eine Vorstellung abgesagt hatte, den bevorstehenden Weltuntergang verkünden. Er würde mich nicht einmal der »Absagehysterie« bezichtigen. Wahrscheinlich hatten auch Offenbach, Bamberg und Nürnberg abgesagt, und er würde mir am Telefon vorrechnen, wieviel Unkosten inzwischen auf meinem Konto stünden. Der Apparat klingelte weiter, kräftig, männlich, vital, ich war drauf und dran, ein Sofakissen drüberzuwerfen –, zog aber meinen Bademantel über, ging ins Wohnzimmer und blieb vor dem klingelnden Telefon stehen. Manager haben Nerven, Standvermögen, Worte wie »Sensibilität der Künstlerseele« sind für sie Worte wie »Dortmunder Aktienbier«, und jeder Versuch, mit ihnen ernsthaft über Kunst und Künstler zu reden, wäre reine Atemverschwendung. Sie wissen auch genau, daß selbst ein gewissenloser Künstler tausendmal mehr Gewissen hat als ein gewissenhafter Manager, und sie besitzen eine Waffe, gegen die keiner ankommt: die nackte Einsicht in die Tatsache, daß ein Künstler gar nicht anders kann als machen, was er macht: Bilder malen, als Clown durch die Lande ziehen, Lieder singen, aus Stein oder Granit »Bleibendes« herauszuhauen. Ein Künstler ist wie eine Frau, die gar nicht anders kann als lieben, und die auf jeden hergelaufenen männlichen Esel hereinfällt. Zur Ausbeutung eignen sich am besten Künstler und Frauen, und jeder Manager hat zwischen ein und neunundneunzig Prozent von einem Zuhälter. Das Klingeln war reines Zuhälterklingeln. Er hatte natürlich von Kostert erfahren, wann ich von Bochum abgefahren war, und wußte genau, daß ich zu Hause war. Ich band den Bademantel zu und nahm den Hörer auf. Sofort schlug mir sein Bieratem ins Gesicht. »Verflucht, Schnier«, sagte er, »was soll das, mich so lange warten zu lassen.«

»Ich unternahm gerade den bescheidenen Versuch, ein Bad zu nehmen«, sagte ich, »sollte das vertragswidrig sein?«

»Ihr Humor kann nur Galgenhumor sein«, sagte er.

»Wo ist der Strick«, sagte ich, »baumelt er schon?«

»Lassen wir die Symbolik«, sagte er, »reden wir über die Sache.«

»Ich habe nicht mit Symbolen angefangen«, sagte ich.

»Egal, wer von was angefangen hat«, sagte er, »Sie

scheinen also fest entschlossen, künstlerisch Selbstmord zu begehen.«

»Lieber Herr Zohnerer«, sagte ich leise, »würde es Ihnen etwas ausmachen, wenn Sie Ihr Gesicht etwas vom Hörer abwendeten – ich krieg Ihren Bieratem so unmittelbar ins Gesicht.«

Er fluchte in Rotwelsch vor sich hin: »Knordenpuppe, Faikenegon«, lachte dann: »Ihre Frechheit scheint ungebrochen. Wovon sprachen wir noch?«

»Von Kunst«, sagte ich, »aber wenn ich bitten dürfte: reden wir lieber übers Geschäft.«

»Dann hätten wir kaum noch miteinander zu reden«, sagte er, »hören Sie, ich gebe Sie nicht auf. Verstehen Sie mich?«

Ich konnte vor Erstaunen nicht antworten.

»Wir ziehen Sie für ein halbes Jahr aus dem Verkehr, und dann baue ich Sie wieder auf. Ich hoffe, dieser Schleimscheißer in Bochum hat Sie nicht ernsthaft getroffen?«

»Doch«, sagte ich, »er hat mich betrogen – um eine Flasche Schnaps und das, was eine Fahrt erster Klasse nach Bonn mehr kostet als zweiter.«

»Es war Schwachsinn von Ihnen, sich das Honorar herunterhandeln zu lassen. Vertrag ist Vertrag – und durch den Unfall ist Ihr Versagen erklärt.«

»Zohnerer«, sagte ich leise, »sind Sie wirklich so menschlich oder ...«

»Quatsch«, sagte er, »ich habe Sie gern. Falls Sie das noch nicht bemerkt haben, sind Sie blöder, als ich dachte, und außerdem, in Ihnen steckt geschäftlich noch was drin. Lassen Sie doch diese kindische Sauferei.«

Er hatte recht. Kindisch war der richtige Ausdruck dafür. Ich sagte: »Es hat mir aber geholfen.«

»Wobei?« fragte er.

»Seelisch«, sagte ich.

»Quatsch«, sagte er, »lassen Sie doch die Seele aus dem Spiel. Wir könnten natürlich Mainz wegen Vertragsbruchs verklagen und würden wahrscheinlich gewinnen – aber ich rate ab. Ein halbes Jahr Pause – und ich baue Sie wieder auf.«

»Und wovon soll ich leben?« fragte ich.

»Na«, sagte er, »ein bißchen wird Ihr Vater doch rausrücken.«

»Und wenn er's nicht tut?«

»Dann suchen Sie sich eine nette Freundin, die Sie so lange aushält.«

»Ich würde lieber tingeln gehen«, sagte ich, »über Dörfer und Städtchen, mit dem Fahrrad.«

»Sie täuschen sich«, sagte er, »auch in Dörfern und Städtchen werden Zeitungen gelesen, und im Augenblick werde ich Sie nicht für zwanzig Mark den Abend an Jünglingsvereine los.«

»Haben Sie's versucht?« fragte ich.

»Ja«, sagte er, »ich habe den ganzen Tag Ihretwegen telefoniert. Nichts zu machen. Es gibt nichts Deprimierenderes für die Leute als einen Clown, der Mitleid erregt. Das ist wie ein Kellner, der im Rollstuhl kommt und Ihnen Bier bringt. Sie machen sich Illusionen.«

»Sie nicht?« fragte ich. Er schwieg, und ich sagte: »Ich meine, wenn Sie annehmen, nach einem halben Jahr könnte ich's wieder probieren.«

»Vielleicht«, sagte er, »aber es ist die einzige Chance. Besser wäre, ein ganzes Jahr warten.«

»Ein Jahr«, sagte ich, »wissen Sie, wie lange ein Jahr dauert?«

»Dreihundertfünfundsechzig Tage«, sagte er, und er wendete mir wieder rücksichtslos sein Gesicht zu. Der Bieratem ekelte mich an.

»Wenn ich's unter einem anderen Namen versuchte«,

sagte ich, »mit einer neuen Nase und anderen Nummern. Lieder zur Guitarre und ein bißchen Jonglieren.«

»Quatsch«, sagte er, »Ihre Singerei ist zum Heulen und Ihr Jonglieren ist purer Dilettantismus. Alles Quatsch. Sie haben das Zeug zu einem ganz guten Clown, vielleicht sogar zu einem guten, und melden Sie sich nicht wieder bei mir, ehe Sie nicht mindestens ein Vierteljahr lang täglich acht Stunden trainiert haben. Ich komme dann und schau mir Ihre neuen Nummern an – oder alte, aber trainieren Sie, lassen Sie die blöde Sauferei.«

Ich schwieg. Ich hörte ihn keuchen, an seiner Zigarette ziehen.

»Suchen Sie sich wieder so eine treue Seele«, sagte er, »wie das Mädchen, das mit Ihnen gereist ist.«

»Treue Seele«, sagte ich.

»Ja«, sagte er, »alles andere ist Quatsch. Und bilden Sie sich nicht ein, Sie könnten ohne mich fertig werden und in miesen Vereinen herumtingeln. Das geht drei Wochen gut, Schnier, da können Sie bei Feuerwehrjubiläen ein bißchen Unsinn machen und mit dem Hut rumgehen. Sobald ich's erfahre, schnüre ich Ihnen das alles ab.«

»Sie Hund«, sagte ich.

»Ja«, sagte er, »ich bin der beste Hund, den Sie finden können, und wenn Sie anfangen, auf eigne Faust tingeln zu gehen, sind Sie in spätestens zwei Monaten vollkommen erledigt. Ich kenn das Geschäft. Hören Sie?«

Ich schwieg. »Ob Sie hören?« fragte er leise.

»Ja«, sagte ich.

»Ich habe Sie gern, Schnier«, sagte er, »ich habe gut mit Ihnen gearbeitet – sonst würde ich nicht ein so kostspieliges Telefongespräch mit Ihnen führen.«

»Es ist sieben vorbei«, sagte ich, »und der Spaß kostet Sie schätzungsweise zwei Mark fünfzig.«

»Ja«, sagte er, »vielleicht drei Mark, aber im Augenblick

würde kein Agent so viel an Sie legen. Also: in einem Vierteljahr und mit mindestens sechs tadellosen Nummern. Quetschen Sie aus Ihrem Alten so viel raus, wie Sie können. Tschüs.«

Er hing tatsächlich ein. Ich hielt den Hörer noch in der Hand, hörte das Tuten, wartete, legte nach langem Zögern erst auf. Er hatte mich schon ein paar Mal beschwindelt, aber nie belogen. Zu einer Zeit, wo ich wahrscheinlich zweihundertfünfzig Mark pro Abend wert gewesen wäre, hatte er mir Hundertachtzigmarksverträge besorgt – und wahrscheinlich ganz nett an mir verdient. Erst als ich aufgelegt hatte, wurde mir klar, daß er der erste war, mit dem ich gern noch länger telefoniert hätte. Er sollte mir irgendeine andere Chance geben – als ein halbes Jahr warten. Vielleicht gab es eine Artistengruppe, die jemand wie mich brauchte, ich war nicht schwer, schwindelfrei und konnte nach einigem Training ganz gut ein bißchen Akrobatik mitmachen oder mit einem anderen Clown zusammen Sketche einstudieren. Marie hatte immer gesagt, ich brauche ein »Gegenüber«, dann würden mir die Nummern nicht so langweilig. Zohnerer hatte bestimmt noch nicht alle Möglichkeiten bedacht. Ich beschloß, ihn später anzurufen, ging ins Badezimmer zurück, warf den Bademantel ab, die übrigen Kleider in die Ecke und stieg in die Wanne. Ein warmes Bad ist fast so schön wie Schlaf. Unterwegs hatte ich immer, auch als wir noch wenig Geld hatten, Zimmer mit Bad genommen. Marie hatte immer gesagt, für diese Verschwendung sei meine Herkunft verantwortlich, aber das stimmt nicht. Zu Hause waren sie mit warmem Badewasser so geizig gewesen wie mit allem anderen. Kalt duschen, das durften wir jederzeit, aber ein warmes Bad galt auch zu Hause als Verschwendung, und nicht einmal Anna, die sonst ein paar Augen zudrückte, war in diesem Punkt umzustimmen gewesen. In ihrem I. R. 9 hatte offenbar ein warmes Wannenbad als eine Art Todsünde gegolten.

Auch in der Badewanne fehlte mir Marie. Sie hatte mir manchmal vorgelesen, wenn ich in der Wanne lag, vom Bett aus, einmal aus dem Alten Testament die ganze Geschichte von Salomon und der Königin von Saba, ein anderes Mal den Kampf der Machabäer, und hin und wieder aus ›Schau heimwärts, Engel‹ von Thomas Wolfe. Jetzt lag ich vollkommen verlassen in dieser dummen, rostroten Badewanne, das Badezimmer war schwarz gekachelt, aber Wanne, Seifenschale, Duschengriff und Klobrille waren rostfarben. Mir fehlte Maries Stimme. Wenn ich es mir überlegte, konnte sie nicht einmal mit Züpfner in der Bibel lesen, ohne sich wie eine Verräterin oder Hure vorzukommen. Sie würde an das Hotel in Düsseldorf denken müssen, wo sie mir von Salomon und der Königin von Saba vorgelesen hatte, bis ich in der Wanne vor Erschöpfung einschlief. Die grünen Teppiche in dem Hotelzimmer, Maries dunkles Haar, ihre Stimme, dann brachte sie mir eine brennende Zigarette, und ich küßte sie.

Ich lag bis obenhin im Schaum und dachte an sie. Sie konnte gar nichts mit ihm oder bei ihm tun, ohne an mich zu denken. Sie konnte nicht einmal in seiner Gegenwart den Deckel auf die Zahnpastatube schrauben. Wie oft hatten wir miteinander gefrühstückt, elend und üppig, hastig und ausgiebig, sehr früh am Morgen, spät am Vormittag, mit sehr viel Marmelade und ohne. Die Vorstellung, daß sie mit Züpfner jeden Morgen um dieselbe Zeit frühstücken würde, bevor er in seinen Wagen stieg und in sein katholisches Büro fuhr, machte mich fast fromm. Ich betete darum, daß es nie sein würde: Frühstück mit Züpfner. Ich versuchte, mir Züpfner vorzustellen: braunhaarig, hellhäutig, gerade gewachsen, eine Art Alkibiades des deutschen Katholizismus, nur nicht so leichtfertig. Er stand nach Kinkels Aussage »zwar in der Mitte, aber doch mehr nach rechts als nach links«. Dieses Links-und-rechts-Stehen war eines ihrer Hauptgesprächsthemen. Wenn ich ehrlich war, mußte ich Züpfner zu den vier Katholiken, die mir als solche erschienen, hinzuzählen: Papst Johannes, Alec Guinness, Marie, Gregory – und Züpfner. Gewiß hatte auch bei ihm bei aller möglichen Verliebtheit die Tatsache eine Rolle gespielt, daß er Marie aus einer sündigen in eine sündenlose Situation rettete. Das Händchenhalten mit Marie war offenbar nichts Ernsthaftes gewesen. Ich hatte mit Marie später darüber geredet, sie war rot geworden, aber auf eine nette Art, und hatte mir gesagt, es »wäre viel zusammengekommen« bei dieser Freundschaft: daß ihre Väter beide von den Nazis verfolgt gewesen wären, auch der Katholizismus, und »seine Art, weißt du. Ich hab ihn immer noch gern«.

Ich ließ einen Teil des lau gewordenen Badewassers ablaufen, heißes zulaufen und schüttete noch etwas von dem Badezeug ins Wasser. Ich dachte an meinen Vater, der auch an dieser Badezeugfabrik beteiligt ist. Ob ich mir Zigaretten kaufe, Seife, Schreibpapier, Eis am Stiel oder Würstchen: mein Vater ist daran beteiligt. Ich vermute, daß er sogar an den zweieinhalb Zentimetern Zahnpasta, die ich gelegentlich verbrauche, beteiligt ist. Über Geld durfte aber bei uns zu Hause nicht gesprochen werden. Wenn Anna mit meiner Mutter abrechnen, ihr die Bücher zeigen wollte, sagte meine Mutter immer: »Über Geld sprechen – wie gräßlich.« Ein Ä fällt bei ihr hin und wieder, sie spricht es ganz nah an E aus. Wir bekamen nur sehr wenig Taschengeld. Zum Glück hatten wir eine große Verwandtschaft, wenn sie alle zusammengetrommelt wurden, kamen fünfzig bis sechzig Onkels und Tanten zusammen, und einige davon waren so nett, uns hin und wieder etwas Geld zuzustecken, weil die Sparsamkeit meiner Mutter sprichwörtlich war. Zu allem Überfluß ist die Mutter meiner Mutter adelig gewesen, eine von Hohenbrode, und mein Vater kommt sich heute noch wie ein gnädig aufgenommener Schwiegersohn vor, obwohl sein Schwiegervater Tuhler hieß, nur seine Schwiegermutter eine geborene von Hohenbrode war. Die Deutschen sind ja heute adelssüchtiger und adelsgläubiger als 1910. Sogar Menschen, die für intelligent gehalten werden, reißen sich um Adelsbekanntschaften. Ich müßte auch auf diese Tatsache einmal Mutters Zentralkomitee aufmerksam machen. Es ist eine Rassenfrage. Selbst ein so vernünftiger Mann wie mein Großvater kann es nicht verwinden, daß die Schniers im Sommer 1918 schon geadelt werden sollten, daß es »sozusagen« schon aktenkundig war, aber dann türmte im entscheidenden Augenblick der Kaiser, der das Dekret hätte unterschreiben müssen – er hatte wohl andere Sorgen – wenn er überhaupt je Sorgen gehabt hat. Diese Geschichte von dem »Fast-Adel« der Schniers wird noch heute nach fast einem halben Jahrhundert bei jeder Gelegenheit erzählt. »Man hat das Dekret in Seiner Majestät Schreibmappe gefunden«, sagt mein Vater immer. Ich wundere mich, daß keiner nach Doorn gefahren ist und das Ding noch hat unterschreiben lassen. Ich hätte einen reitenden Boten dorthin geschickt, dann wäre die Angelegenheit wenigstens in einem ihr angemessenen Stil erledigt worden.

Ich dachte, wie Marie, wenn ich schon in der Badewanne lag, die Koffer auspackte. Wie sie vor dem Spiegel stand, die Handschuhe auszog, die Haare glatt strich; wie sie die Bügel aus dem Schrank nahm, die Kleider darüber hängte, die Bügel wieder in den Schrank; sie knirschten auf der Messingstange. Dann die Schuhe, das leise Geräusch der Absätze, das Scharren der Sohlen, und wie sie ihre Tuben, Fläschchen und Tiegel auf die Glasplatte am

Toilettentisch stellte; den großen Cremetiegel oder die schmale Nagellackflasche, die Puderdose und den harten metallischen Laut des aufrecht hingestellten Lippenstifts.

Ich merkte plötzlich, daß ich angefangen hatte, in der Badewanne zu weinen, und ich machte eine überraschende physikalische Entdeckung: meine Tränen kamen mir kalt vor. Sonst waren sie mir immer heiß vorgekommen, und ich hatte in den vergangenen Monaten einige Male heiße Tränen geweint, wenn ich betrunken war. Ich dachte auch an Henriette, meinen Vater, an den konvertierten Leo und wunderte mich, daß er sich noch nicht gemeldet hatte.

12

In Osnabrück hatte sie mir zum erstenmal gesagt, sie habe Angst vor mir, als ich mich weigerte, nach Bonn zu fahren, und sie unbedingt dorthin wollte, um »katholische Luft« zu atmen. Der Ausdruck gefiel mir nicht, ich sagte, es gäbe auch in Osnabrück genug Katholiken, aber sie sagte, ich verstünde sie eben nicht und ich wollte sie nicht verstehen. Wir waren schon zwei Tage in Osnabrück, zwischen zwei Engagements, und hatten noch drei Tage vor uns. Es regnete seit dem frühen Morgen, in keinem Kino lief ein Film, der mich interessiert hätte, und ich hatte gar nicht erst den Vorschlag gemacht, Mensch-ärgere-Dich-nicht zu spielen. Schon am Vortag hatte Marie dabei ein Gesicht gemacht wie eine besonders beherrschte Kinderschwester.

Marie lag lesend auf dem Bett, ich stand rauchend am

Fenster und blickte auf die Hamburger Straße, manchmal auf den Bahnhofsplatz, wo die Leute aus der Halle rannten, im Regen auf die haltende Straßenbahn zu. Wir konnten auch »die Sache« nicht machen. Marie war krank. Sie hatte keine regelrechte Fehlgeburt gehabt, aber irgend etwas dieser Art. Ich war nicht genau dahintergekommen, und keiner hatte es mir erklärt. Sie hatte jedenfalls geglaubt, sie sei schwanger, war es jetzt nicht mehr, sie war nur ein paar Stunden am Morgen im Krankenhaus gewesen. Sie war blaß, müde und gereizt, und ich hatte gesagt, es wäre sicher nicht gut für sie, jetzt die lange Bahnfahrt zu machen. Ich hätte gern Näheres gewußt, ob sie Schmerzen gehabt hatte, aber sie sagte mir nichts, weinte nur manchmal, aber auf eine mir ganz fremde, gereizte Art.

Ich sah den kleinen Jungen von links die Straße heraufkommen, auf den Bahnhofsplatz zu, er war klatschnaß und hielt im strömenden Regen seine Schulmappe offen vor sich hin. Er hatte den Deckel der Tasche nach hinten geschlagen und trug die Tasche vor sich her mit einem Gesichtsausdruck, wie ich ihn auf Bildern von den Heiligen Drei Königen gesehen habe, die dem Jesuskind Weihrauch, Gold und Myrrhe hinhalten. Ich konnte die nassen, fast schon aufgelösten Buchumschläge erkennen. Der Gesichtsausdruck des Jungen erinnerte mich an Henriette. Hingegeben, verloren und weihevoll. Marie fragte mich vom Bett aus: »Woran denkst du?« Und ich sagte: »An nichts.« Ich sah den Jungen noch über den Bahnhofsvorplatz gehen, langsam, dann im Bahnhof verschwinden, und hatte Angst um ihn; er würde für diese weihevolle Viertelstunde fünf Minuten bitterlich büßen müssen: eine zeternde Mutter, ein bekümmerter Vater, kein Geld im Haus für neue Bücher und Hefte. »Woran denkst du«, fragte Marie noch einmal. Ich wollte schon wieder »an nichts« sagen, dann fiel mir der Junge ein, und ich erzählte ihr, woran ich dachte: wie der Junge nach Haus kam, in irgendein Dorf in der Nähe, und wie er wahrscheinlich lügen würde, weil niemand ihm glauben konnte, was er tatsächlich getan hatte. Er würde sagen, er wäre ausgerutscht, die Mappe wäre ihm in eine Pfütze gefallen, oder: er habe sie für ein paar Minuten aus der Hand gestellt, genau unter den Abfluß einer Dachrinne, und plötzlich wäre ein Wasserguß gekommen, mitten in die Mappe hinein. Ich erzählte das alles Marie mit leiser, monotoner Stimme, und sie sagte vom Bett her: »Was soll das? Warum erzählst du mir solchen Unsinn?« – »Weil es das war, woran ich dachte, als du mich gefragt hast.« Sie glaubte mir die ganze Geschichte von dem Jungen nicht, und ich wurde böse. Wir hatten einander noch nie belogen oder der Lüge bezichtigt. Ich wurde so wütend, daß ich sie zwang, aufzustehen, die Schuhe anzuziehen und mit mir in den Bahnhof hinüberzulaufen. Ich vergaß in der Eile den Regenschirm, wir wurden naß und fanden den Jungen im Bahnhof nicht. Wir gingen durch den Wartesaal, sogar zur Bahnhofsmission, und ich erkundigte mich schließlich beim Beamten an der Sperre, ob vor kurzem ein Zug abgefahren sei. Er sagte, ja, nach Bohmte, vor zwei Minuten. Ich fragte ihn, ob ein Junge durch die Sperre gekommen sei, klatschnaß, mit blondem Haar, so und so groß, er wurde mißtrauisch und fragte: »Was soll das? Hat er was ausgefressen?« – »Nein«, sagte ich, »ich will nur wissen, ob er mitgefahren ist.« Wir waren beide naß, Marie und ich, und er blickte uns mißtrauisch von oben bis unten an. »Sind Sie Rheinländer?« fragte er. Es klang, als fragte er mich, ob ich vorbestraft wäre. »Ja«, sagte ich. »Auskünfte dieser Art kann ich nur mit Genehmigung meiner vorgesetzten Behörde geben«, sagte er. Er hatte sicher mit einem Rheinländer schlechte Erfahrungen gemacht, wahrscheinlich beim Militär. Ich kannte einen Bühnenarbeiter, der einmal von einem Berliner beim Militär betrogen worden war und seitdem jeden Berliner und jede Berlinerin wie persönliche Feinde behandelte. Beim Auftritt einer Berliner Artistin schaltete er plötzlich das Licht aus, sie vertrat sich und brach ein Bein. Die Sache wurde nie nachgewiesen, sondern als »Kurzschluß« deklariert, aber ich bin sicher, daß dieser Bühnenarbeiter das Licht nur ausgeschaltet hat, weil das Mädchen aus Berlin war und er beim Militär von einem Berliner einmal betrogen worden war. Der Beamte an der Sperre in Osnabrück sah mich mit einem Gesicht an, daß mir ganz bange wurde. »Ich habe mit dieser Dame gewettet«, sagte ich, »es geht um eine Wette.« Das war falsch, weil es gelogen war und jeder mir sofort ansieht, wenn ich lüge. »So«, sagte er, »gewettet. Wenn Rheinländer schon anfangen zu wetten.« Es war nichts zu machen. Einen Augenblick lang dachte ich daran, ein Taxi zu nehmen, nach Bohmte zu fahren, dort am Bahnhof auf den Zug zu warten und zu sehen, wie der Junge ausstieg. Aber er konnte ja auch in irgendeinem Nest vor oder hinter Bohmte aussteigen. Wir waren klatschnaß und froren, als wir ins Hotel zurückkamen. Ich schob Marie in die Kneipe unten, stellte mich an die Theke, legte meinen Arm um sie und bestellte Kognak. Der Wirt, der gleichzeitig Hotelbesitzer war, sah uns an, als hätte er am liebsten die Polizei gerufen. Wir hatten am Tag davor stundenlang Mensch-ärgere-Dich-nicht gespielt, uns Schinkenbrote und Tee heraufbringen lassen, am Morgen war Marie ins Krankenhaus gefahren, blaß zurückgekommen. Er stellte uns den Kognak so hin, daß er halb überschwappte, und blickte ostentativ an uns vorbei. »Du glaubst mir nicht?« fragte ich Marie, »ich meine mit dem Jungen.« – »Doch«, sagte sie, »ich glaub's dir.« Sie sagte es nur aus Mitleid, nicht, weil sie mir wirklich glaubte, und ich war wütend, weil ich nicht den Mut hatte, den Wirt wegen des verschütteten Kognaks zur Rede zu stellen. Neben uns stand ein schwerer Kerl, der schmatzend sein Bier trank. Er leckte sich nach jedem Schluck den Bierschaum von den Lippen, sah mich an, als wollte er mich jeden Augenblick ansprechen. Ich fürchte mich davor, von halbbetrunkenen Deutschen einer bestimmten Altersklasse angesprochen zu werden, sie reden immer vom Krieg, finden, daß es herrlich war, und wenn sie ganz betrunken sind, stellt sich raus, daß sie Mörder sind und alles »halb so schlimm« finden. Marie zitterte vor Kälte, sah mich kopfschüttelnd an, als ich unsere Kognakgläser über die Nickeltheke dem Wirt zuschob. Ich war erleichtert, weil er sie diesmal vorsichtig zu uns rüberschob, ohne etwas zu verschütten. Es befreite mich von dem Druck, mich feige zu fühlen. Der Kerl neben uns schlürfte einen Klaren in sich hinein und fing an, mit sich selbst zu sprechen. »Vierundvierzig«, sagte er, »haben wir Klaren und Kognak eimerweise getrunken – vierundvierzig eimerweise –, den Rest kippten wir auf die Straße und steckten ihn an ... kein Tropfen für die Schlappohren.« Er lachte. »Nicht ein Tropfen.« Als ich unsere Gläser noch einmal über die Theke dem Wirt zuschob, füllte er nur ein Glas, sah mich fragend an, bevor er das zweite füllte, und ich merkte jetzt erst, daß Marie gegangen war. Ich nickte, und er füllte auch das zweite Glas. Ich trank beide leer, und bin heute noch erleichtert, daß es mir gelang, danach wegzugehen. Marie lag weinend oben auf dem Bett, als ich meine Hand auf ihre Stirn legte, schob sie sie weg, leise, sanft, aber sie schob sie weg. Ich setzte mich neben sie, nahm ihre Hand, und sie ließ sie mir. Ich war froh. Es wurde schon dunkel draußen, ich saß eine Stunde neben ihr auf dem Bett und hielt ihre Hand, bevor ich anfing zu sprechen. Ich sprach leise, erzählte noch einmal die Geschichte von dem Jungen, und sie drückte meine Hand, als wollte sie sagen: Ja, ich glaub's dir ja. Ich bat sie auch, mir doch genau zu erklären, was sie im Krankenhaus mit ihr gemacht hatten, sie sagte, es wäre eine »Frauensache« gewesen, »harmlos, aber scheußlich«. Das Wort Frauensache flößt mir Schrecken ein. Es klingt für mich auf eine böse Weise geheimnisvoll, weil ich in diesen Dingen vollkommen unwissend bin. Ich war schon drei Jahre mit Marie zusammen, als ich zum erstenmal etwas von dieser »Frauensache« erfuhr. Ich wußte natürlich, wie Frauen Kinder bekommen, aber von den Einzelheiten wußte ich nichts. Ich war vierundzwanzig Jahre alt und Marie schon drei Jahre meine Frau, als ich zum erstenmal davon erfuhr. Marie lachte damals, als sie merkte, wie ahnungslos ich war. Sie zog meinen Kopf an ihre Brust und sagte dauernd: »Du bist lieb, wirklich lieb.« Der zweite, der mir davon erzählte, war Karl Emonds, mein Schulkamerad, der dauernd mit seinen fürchterlichen Empfängnistabellen hantiert.

Später ging ich noch für Marie zur Apotheke, holte ihr ein Schlafmittel und saß an ihrem Bett, bis sie eingeschlafen war. Ich weiß bis heute nicht, was mit ihr los gewesen war und welche Komplikationen die Frauensache ihr gemacht hatte. Ich ging am anderen Morgen in die Stadtbibliothek, las im Lexikon alles, was ich darüber finden konnte, und war erleichtert. Gegen Mittag fuhr Marie dann allein nach Bonn, nur mit einer Tasche. Sie sprach gar nicht mehr davon, daß ich mitfahren könnte. Sie sagte: »Wir treffen uns dann übermorgen wieder in Frankfurt.«

Nachmittags, als die Sittenpolizei kam, war ich froh, daß Marie weg war, obwohl die Tatsache, daß sie weg war, für mich äußerst peinlich wurde. Ich nehme an, daß der Wirt uns angezeigt hatte. Ich gab Marie natürlich immer als meine Frau aus, und wir hatten nur zwei- oder dreimal Schwierigkeiten deswegen gehabt. In Osnabrück wurde es peinlich. Es kamen eine Beamtin und ein Beamter in Zivil, sehr höflich, auf eine Weise exakt, die ihnen wahrscheinlich als »angenehm wirkend« einexerziert worden war. Bestimmte Formen der Höflichkeit bei Polizisten sind mir besonders unangenehm. Die Beamtin war hübsch, nett geschminkt, setzte sich erst, als ich sie dazu aufgefordert hatte, nahm sogar eine Zigarette an, während ihr Kollege »unauffällig« das Zimmer musterte. »Fräulein Derkum ist nicht mehr bei Ihnen?« – »Nein«, sagte ich, »sie ist vorgefahren, ich treffe sie in Frankfurt, übermorgen.« – »Sie sind Artist?« Ich sagte ja, obwohl es nicht stimmt, aber ich dachte, es sei einfacher, ja zu sagen. »Sie müssen das verstehen«, sagte die Beamtin, »gewisse Stichproben müssen wir schon machen, wenn Durchreisende abortive – sie hüstelte – Erkrankungen haben.« – »Ich verstehe alles«, sagte ich – ich hatte im Lexikon nichts von abortiv gelesen. Der Beamte lehnte es ab, sich zu setzen, höflich, sah sich aber weiter unauffällig um. »Ihre Heimatadresse?« fragte die Beamtin. Ich gab ihr unsere Bonner Adresse. Sie stand auf. Ihr Kollege warf einen Blick auf den offenen Kleiderschrank. »Die Kleider von Fräulein Derkum?« fragte er. »Ja«, sagte ich. Er blickte seine Kollegin »vielsagend« an, sie zuckte mit den Schultern, er auch, sah noch einmal genau den Teppich an, bückte sich über einen Flecken, sah mich an, als erwarte er, daß ich den Mord jetzt gestehen würde. Dann gingen sie. Sie waren bis zum Schluß der Vorstellung äußerst höflich. Sobald sie weg waren, packte ich hastig alle Koffer, ließ mir die Rechnung heraufbringen, vom Bahnhof einen Gepäckträger schicken und fuhr mit dem nächsten Zug weg. Ich bezahlte dem Hotelier sogar den angebrochenen Tag.

Das Gepäck gab ich nach Frankfurt auf und stieg in den nächsten Zug, der südwärts fuhr. Ich hatte Angst und wollte weg. Beim Packen hatte ich an Maries Handtuch Blutflecken gesehen. Noch auf dem Bahnsteig, bevor ich endlich im Zug nach Frankfurt saß, hatte ich Angst, es würde mir plötzlich eine Hand auf die Schulter gelegt und jemand würde mich mit höflicher Stimme von hinten fragen: »Gestehen Sie?« Ich hätte alles gestanden. Es war schon Mitternacht vorüber, als ich durch Bonn fuhr. Ich dachte gar nicht daran, auszusteigen.

Ich fuhr bis Frankfurt durch, kam dort gegen vier Uhr früh an, ging in ein viel zu teures Hotel und rief Marie in Bonn an. Ich hatte Angst, sie könnte nicht zu Hause sein, aber sie kam sofort an den Apparat und sagte: »Hans, Gott sei Dank, daß du anrufst, ich hab mir solche Sorgen gemacht.« – »Sorgen«, sagte ich. »Ja«, sagte sie, »ich habe in Osnabrück angerufen und erfahren, daß du weg bist. Ich komme sofort nach Frankfurt, sofort.« Ich nahm ein Bad, ließ mir ein Frühstück aufs Zimmer bringen, schlief ein und wurde gegen elf von Marie geweckt. Sie war wie verändert, sehr lieb und fast fröhlich, und als ich fragte: »Hast du schon genug katholische Luft geatmet?« lachte sie und küßte mich. Ich erzählte ihr nichts von der Polizei.

13

Ich überlegte, ob ich das Badewasser noch ein zweites Mal aufbessern sollte. Aber es war verbraucht, ich spürte, daß ich raus mußte. Das Bad hatte meinem Knie nicht gutgetan, es war wieder geschwollen und fast steif. Als ich aus der Wanne stieg, rutschte ich aus und fiel beinahe auf die schönen Kacheln. Ich wollte Zohnerer sofort anrufen und ihm vorschlagen, mich in eine Artistengruppe zu vermitteln. Ich trocknete mich ab, steckte mir eine Zigarette an und betrachtete mich im Spiegel: ich war mager geworden. Beim Klingeln des Telefons hoffte ich einen Augenblick lang, es könnte Marie sein. Aber es war nicht ihr Klingeln. Es hätte Leo sein können. Ich humpelte ins Wohnzimmer, nahm den Hörer auf und sagte: »Hallo.«

»Oh«, sagte Sommerwilds Stimme, »ich habe Sie doch hoffentlich nicht bei einem doppelten Salto gestört.«

»Ich bin kein Artist«, sagte ich wütend, »sondern ein Clown – das ist ein Unterschied, mindestens so erheblich wie zwischen Jesuiten und Dominikanern – und wenn hier irgend etwas Doppeltes geschieht, dann höchstens ein Doppelmord.«

Er lachte. »Schnier, Schnier«, sagte er, »ich mache mir ernsthaft Sorgen um Sie. Sie sind wohl nach Bonn gekommen, um uns allen telefonisch Feindschaft anzusagen?«

»Habe ich Sie etwa angerufen«, sagte ich, »oder Sie mich?«

»Ach«, sagte er, »kommt es wirklich so sehr darauf an?«

Ich schwieg. »Ich weiß sehr wohl«, sagte er, »daß Sie mich nicht mögen, es wird Sie überraschen, ich mag Sie, und Sie werden mir das Recht zugestehen müssen, gewisse Ordnungen, an die ich glaube und die ich vertrete, durchzusetzen.«

»Notfalls mit Gewalt«, sagte ich.

»Nein«, sagte er, seine Stimme klang klar, »nein, nicht mit Gewalt, aber nachdrücklich, so wie es die Person, um die es geht, erwarten darf.«

»Warum sagen Sie Person und nicht Marie?«

»Weil mir daran liegt, die Sache so objektiv wie nur möglich zu halten.«

»Das ist Ihr großer Fehler, Prälat«, sagte ich, »die Sache ist so subjektiv, wie sie nur sein kann.«

Mir war kalt im Bademantel, meine Zigarette war feucht geworden und brannte nicht richtig. »Ich bringe nicht nur Sie, auch Züpfner um, wenn Marie nicht zurückkommt.«

»Ach Gott«, sagte er ärgerlich, »lassen Sie Heribert doch aus dem Spiel.«

»Sie sind witzig«, sagte ich, »irgendeiner nimmt mir meine Frau weg, und ausgerechnet den soll ich aus dem Spiel lassen.«

»Er ist nicht irgendeiner, Fräulein Derkum war nicht Ihre Frau – und er hat sie Ihnen nicht weggenommen, sondern sie ist gegangen.«

»Vollkommen freiwillig, was?«

»Ja«, sagte er, »vollkommen freiwillig, wenn auch möglicherweise im Widerstreit zwischen Natur und Übernatur.«

»Ach«, sagte ich, »wo ist denn da die Übernatur?«

»Schnier«, sagte er ärgerlich, »ich glaube trotz allem, daß Sie ein guter Clown sind – aber von Theologie verstehen Sie nichts.«

»Soviel verstehe ich aber davon«, sagte ich, »daß ihr Katholiken einem Ungläubigen wie mir gegenüber so hart seid wie die Juden gegenüber den Christen, die Christen gegenüber den Heiden. Ich höre immer nur: Gesetz, Theologie – und das alles im Grunde genommen nur wegen eines idiotischen Fetzens Papier, den der Staat – der Staat ausstellen muß.«

»Sie verwechseln Anlaß und Ursache«, sagte er, »ich verstehe Sie, Schnier«, sagte er, »ich verstehe Sie.«

»Sie verstehen gar nichts«, sagte ich, »und die Folge wird ein doppelter Ehebruch sein. Der, den Marie begeht, indem sie euren Heribert heiratet, dann den zweiten, den sie begeht, indem sie eines Tages mit mir wieder von dannen zieht. Ich bin wohl nicht feinsinnig und nicht Künstler, vor allem nicht christlich genug, als daß ein Prälat zu mir sagen würde: Schnier, hätten Sie's doch beim Konkubinat gelassen.«

»Sie verkennen den theologischen Kern des Unterschieds zwischen Ihrem Fall und dem, über den wir damals stritten.«

»Welchen Unterschied?« fragte ich, »wohl den, daß Besewitz sensibler ist – und für euren Verein eine wichtige Glaubenslokomotive?«

»Nein«, er lachte tatsächlich. »Nein. Der Unterschied ist ein kirchenrechtlicher. B. lebte mit einer geschiedenen Frau zusammen, die er gar nicht kirchlich hätte heiraten können, während Sie – nun, Fräulein Derkum war nicht geschieden, und einer Trauung stand nichts im Wege.«

»Ich war bereit zu unterschreiben«, sagte ich, »sogar zu konvertieren.«

»Auf eine verächtliche Weise bereit.«

»Soll ich Gefühle, einen Glauben heucheln, die ich nicht habe? Wenn Sie auf Recht und Gesetz bestehen – lauter formalen Dingen –, warum werfen Sie mir fehlende Gefühle vor?«

»Ich werfe Ihnen gar nichts vor.«

Ich schwieg. Er hatte recht, die Erkenntnis war schlimm. Marie war weggegangen, und sie hatten sie natürlich mit offenen Armen aufgenommen, aber wenn sie hätte bei mir bleiben wollen, hätte keiner sie zwingen können, zu gehen.

»Hallo, Schnier«, sagte Sommerwild. »Sind Sie noch da?«

»Ja«, sagte ich, »ich bin noch da.« Ich hatte mir das Telefongespräch mit ihm anders vorgestellt. Um halb drei Uhr morgens ihn aus dem Schlaf wecken, ihn beschimpfen und bedrohen.

»Was kann ich für Sie tun?« fragte er leise.

»Nichts«, sagte ich, »wenn Sie mir sagen, daß diese Geheimkonferenzen in dem Hotel in Hannover einzig und allein dem Zweck dienten, Marie in ihrer Treue zu mir zu bestärken – dann will ich es Ihnen glauben.«

»Zweifellos verkennen Sie, Schnier«, sagte er, »daß Fräulein Derkums Verhältnis zu Ihnen in einer Krise war.«

»Und da müßt ihr gleich einhaken«, sagte ich, »ihr eine gesetzliche und kirchenrechtliche Lücke zeigen, sich von mir zu trennen. Ich dachte immer, die katholische Kirche wäre gegen die Scheidung.«

»Herrgott noch mal, Schnier«, rief er, »Sie können doch von mir als katholischem Priester nicht verlangen, daß ich eine Frau darin bestärke, im Konkubinat zu verharren.«

»Warum nicht?« sagte ich. »Sie treiben sie in Unzucht und Ehebruch hinein – wenn Sie das als Priester verantworten können, bitte.«

»Ihr Antiklerikalismus überrascht mich. Ich kenne das nur bei Katholiken.«

»Ich bin gar nicht antiklerikal, bilden Sie sich nichts ein, ich bin nur Anti-Sommerwild, weil Sie unfair gewesen sind und doppelzüngig sind.«

»Mein Gott«, sagte er, »wieso?«

»Wenn man Ihre Predigten hört, denkt man, Ihr Herz wäre so groß wie ein Focksegel, aber dann tuscheln und mogeln Sie in Hotelhallen herum. Während ich im Schweiße meines Angesichts mein Brot verdiene, konferieren Sie mit meiner Frau, ohne mich anzuhören. Unfair und doppelzüngig, aber was soll man von einem Ästheten anders erwarten?«

»Schimpfen Sie nur«, sagte er, »tun Sie mir Unrecht, bitte. Ich kann Sie ja so gut verstehen.«

»Nichts verstehen Sie, Sie haben Marie ein verfluchtes, gepanschtes Zeug eingetrichtert. Ich trinke nun mal lieber reine Sachen: reiner Kartoffelschnaps ist mir lieber als ein gefälschter Kognak.«

»Reden Sie nur«, sagte er, »reden Sie – es klingt ganz, als wären Sie innerlich beteiligt.«

»Ich bin daran beteiligt, Prälat, innerlich und äußerlich, weil es um Marie geht.«

»Es wird der Tag kommen, an dem Sie einsehen, daß Sie mir Unrecht getan haben, Schnier. In dieser Sache und im allgemeinen –«, seine Stimme nahm eine fast weinerliche Färbung an, »und was mein Panschen betrifft, vielleicht vergessen Sie, daß manche Menschen Durst haben, einfach Durst, und daß ihnen Gepanschtes lieber sein könnte, als gar nichts zu trinken.«

»Aber in Ihrer Heiligen Schrift steht doch die Sache von dem reinen, klaren Wasser – warum schenken Sie das nicht aus?«

»Vielleicht«, sagte er zittrig, »weil ich – ich bleibe in Ihrem Vergleich – weil ich am Ende einer langen Kette stehe, die das Wasser aus dem Brunnen schöpft, ich bin vielleicht der Hundertste oder Tausendste in der Kette, und das Wasser ist nicht mehr ganz so frisch – und noch eins, Schnier, hören Sie?«

»Ich höre«, sagte ich.

»Sie können eine Frau auch lieben, ohne mit ihr zusammenzuleben.«

»So?« sagte ich, »jetzt fangen Sie wohl von der Jungfrau Maria an.«

»Spotten Sie nicht, Schnier«, sagte er, »das paßt nicht zu Ihnen.«

»Ich spotte gar nicht«, sagte ich, »ich bin durchaus fähig, etwas zu respektieren, was ich nicht verstehe. Ich halte es nur für einen verhängnisvollen Irrtum, einem jungen Mädchen, das nicht ins Kloster gehen will, die Jungfrau Maria als Vorbild anzubieten. Ich habe sogar einmal einen Vortrag darüber gehalten.«

»So?« sagte er, »wo denn?«

»Hier in Bonn«, sagte ich, »vor jungen Mädchen. Vor Maries Gruppe. Ich bin von Köln rübergekommen an einem Heimabend, habe den Mädchen ein paar Faxen vorgemacht und mich mit ihnen über die Jungfrau Maria unterhalten. Fragen Sie Monika Silvs, Prälat. Ich konnte mit den Mädchen natürlich nicht über das reden, was Sie das fleischliche Verlangen nennen! Hören Sie noch?«

»Ich höre«, sagte er, »und staune. Sie werden recht drastisch, Schnier.«

»Verflucht noch mal, Prälat«, sagte ich, »der Vorgang, der zur Zeugung eines Kindes führt, ist eine ziemlich drastische Sache – wir können uns auch, wenn es Ihnen lieber ist, über den Klapperstorch unterhalten. Alles, was über diese drastische Sache gesagt, gepredigt und gelehrt wird, ist Heuchelei. Ihr haltet im Grunde eures Herzens diese Sache für eine aus Notwehr gegen die Natur in der Ehe legitimierte Schweinerei – oder macht euch Illusionen und trennt das Körperliche von dem, was außerdem noch zu der Sache gehört – aber gerade das, was außerdem dazugehört, ist das Komplizierte. Nicht einmal die Ehefrau, die ihren Eheherrn nur noch erduldet, ist nur

Körper – und nicht der dreckigste Trunkenbold, der zu einer Dirne geht, ist nur Körper, sowenig wie die Dirne. Ihr behandelt diese Sache wie eine Silvesterrakete – und sie ist Dynamit.«

»Schnier«, sagte er matt, »ich bin erstaunt, wieviel Sie über die Sache nachgedacht haben.«

»Erstaunt«, schrie ich, »Sie sollten erstaunt sein über die gedankenlosen Hunde, die ihre Frauen einfach als rechtmäßigen Besitz betrachten. Fragen Sie Monika Silvs, was ich den Mädchen damals darüber gesagt habe. Seitdem ich weiß, daß ich männlichen Geschlechts bin, habe ich fast über nichts so sehr nachgedacht – und das erstaunt Sie?«

»Ihnen fehlt jede, aber auch die geringste Vorstellung von *Recht* und *Gesetz*. Diese Dinge – wie kompliziert sie auch sein mögen – müssen doch geregelt werden.«

»Ja«, sagte ich, »von euren Regeln habe ich ein bißchen mitbekommen. Ihr schiebt die Natur auf ein Gleis, das ihr Ehebruch nennt – wenn die Natur in die Ehe einbricht, bekommt ihr es mit der Angst zu tun. Gebeichtet, verziehen, gesündigt – und so weiter. Alles gesetzlich geregelt.«

Er lachte. Sein Lachen klang gemein. »Schnier«, sagte er, »ich merke schon, was mit Ihnen los ist. Offenbar sind Sie so monogam wie ein Esel.«

»Sie verstehen nicht einmal etwas von Zoologie«, sagte ich, »geschweige denn vom *Homo sapiens*. Esel sind gar nicht monogam, obwohl sie fromm aussehen. Bei Eseln herrscht vollkommene Promiskuität. Raben sind monogam, Stichlinge, Dohlen und manchmal Nashörner.«

»Marie offenbar nicht«, sagte er. Er mußte wohl gemerkt haben, wie mich dieser kleine Satz traf, denn er fuhr leise fort: »Tut mir leid, Schnier, ich hätte es Ihnen gern erspart, glauben Sie mir das?«

Ich schwieg. Ich spuckte den brennenden Zigarettenstummel auf den Teppich, sah, wie die Glut sich verteilte, kleine, schwarze Löcher brannte. »Schnier«, rief er flehend, »glauben Sie mir wenigstens, daß ich's Ihnen nicht gern sage.«

»Ist es nicht gleichgültig«, sagte ich, »was ich Ihnen glaube? Aber bitte: ich glaub's Ihnen.«

»Sie sprachen eben soviel von Natur«, sagte er, »Sie hätten Ihrer Natur folgen, hinter Marie herreisen und um sie kämpfen sollen.«

»Kämpfen«, sagte ich, »wo steht das Wort in euren verdammten Ehegesetzen.«

»Es war keine Ehe, was Sie mit Fräulein Derkum führten.«

»Gut«, sagte ich, »meinetwegen. Keine Ehe. Ich habe fast jeden Tag mit ihr zu telefonieren versucht und ihr jeden Tag geschrieben.«

»Ich weiß«, sagte er, »ich weiß. Jetzt ist es zu spät.«

»Jetzt bleibt wohl nur der offene Ehebruch«, sagte ich.

»Sie sind dessen unfähig«, sagte er, »ich kenne Sie besser, als Sie glauben, und Sie mögen schimpfen und mir drohen, soviel Sie wollen, ich sag's Ihnen, das Schreckliche an Ihnen ist, daß Sie ein unschuldiger, fast möchte ich sagen, reiner Mensch sind. Kann ich Ihnen helfen ... ich meine ...«

Er schwieg. »Sie meinen mit Geld«, fragte ich.

»Auch das«, sagte er, »aber ich meinte beruflich.«

»Ich komme vielleicht drauf zurück«, sagte ich, »auf beides, das Geld und das Berufliche. Wo ist sie denn?«

Ich hörte ihn atmen, und in der Stille roch ich zum erstenmal etwas: ein mildes Rasierwasser, ein bißchen Rotwein, auch Zigarre, aber schwach. »Sie sind nach Rom gefahren«, sagte er.

»Flitterwochen, wie?« fragte ich heiser.

»So nennt man's«, sagte er.

»Damit die Hurerei komplett wird«, sagte ich. Ich legte auf, ohne ihm danke oder auf Wiedersehen zu sagen. Ich blickte auf die schwarzen Pünktchen, die die Zigarettenglut im Teppich gebrannt hatte, aber ich war zu müde, draufzutreten und sie ganz zum Verlöschen zu bringen. Mir war kalt, und das Knie schmerzte. Ich war zu lange in der Badewanne gewesen.

Mit mir hatte Marie nicht nach Rom fahren wollen. Sie war rot geworden, als ich ihr das vorschlug, sie sagte: Italien ja, aber Rom nicht, und als ich sie fragte, warum nicht, fragte sie: Weißt du's wirklich nicht? Nein, sagte ich, und sie hatte es mir nicht gesagt. Ich wäre gern mit ihr nach Rom gefahren, um den Papst zu sehen. Ich glaube, ich hätte sogar auf dem Petersplatz stundenlang gewartet, in die Hände geklatscht und *evviva* gerufen, wenn er ans Fenster gekommen wäre. Als ich das Marie erklärte, wurde sie fast wütend. Sie sagte, sie fände es »irgendwie pervers«, daß ein Agnostiker wie ich dem Heiligen Vater zujubeln möchte. Sie war richtig eifersüchtig. Ich habe das oft bei Katholiken bemerkt: sie hüten ihre Schätze – die Sakramente, den Papst – wie Geizhälse. Außerdem sind sie die eingebildetste Menschengruppe, die ich kenne. Sie bilden sich auf alles was ein: auf das, was stark an ihrer Kirche, auf das, was schwach an ihr ist, und sie erwarten von jedem, den sie für halbwegs intelligent halten, daß er bald konvertiert. Vielleicht war Marie deshalb nicht mit mir nach Rom gefahren, weil sie sich dort ihres sündigen Zusammenlebens mit mir besonders hätte schämen müssen. In manchen Dingen war sie naiv, und sehr intelligent war sie nicht. Es war gemein von ihr, jetzt mit Züpfner dorthin zu fahren. Sicher würden sie eine Audienz bekommen, und der arme Papst, der sie mit Meine Tochter und Züpfner mit Mein guter Sohn anreden würde, würde nicht ahnen, daß ein unzüchtiges und ehebrecherisches Paar vor ihm kniete. Vielleicht war sie auch mit Züpfner nach Rom gefahren, weil sie dort nichts an mich erinnerte. Wir waren in Neapel, Venedig und Florenz gewesen, in Paris und in London, und in vielen deutschen Städten. In Rom konnte sie vor Erinnerungen sicher sein, und sicher hatte sie dort ausreichend »katholische Luft«. Ich nahm mir vor, Sommerwild doch noch anzurufen und ihm zu sagen, daß ich es besonders schäbig von ihm fände, mich wegen meiner monogamen Veranlagung zu verspotten. Aber fast alle gebildeten Katholiken haben diesen gemeinen Zug, entweder hocken sie sich hinter ihren Schutzwall aus Dogmen, werfen mit aus Dogmen zurechtgehauenen Prinzipien um sich, aber wenn man sie ernsthaft konfrontiert mit ihren »unerschütterlichen Wahrheiten«, lächeln sie und beziehen sich auf »die menschliche Natur«. Notfalls setzen sie ein mokantes Lächeln auf, als wenn sie gerade beim Papst gewesen wären und der ihnen ein Stückchen Unfehlbarkeit mitgegeben hätte. Jedenfalls, wenn man anfängt, ihre kaltblütig verkündeten ungeheuerlichen Wahrheiten ganz ernst zu nehmen, ist man entweder ein »Protestant« oder humorlos. Redet man ernsthaft mit ihnen über die Ehe, fahren sie ihren Heinrich den Achten auf, mit dieser Kanone schießen sie schon seit dreihundert Jahren, damit wollen sie kundtun, wie hart ihre Kirche ist, aber wenn sie kundtun wollen, wie weich sie ist, welch ein großes Herz sie hat, kommen sie mit Besewitz-Anekdoten, erzählen Bischofswitze, aber nur unter »Eingeweihten«, worunter sie – ob sie sich links oder rechts fühlen, spielt dann keine Rolle mehr – »gebildet und intelligent« verstehen. Als ich Sommerwild damals aufforderte, doch die Prälatenstory mit Besewitz einmal von der Kanzel herunter zu erzählen, wurde er wütend. Von der Kanzel herunter schießen sie, wenn es um Mann und Frau geht, immer nur mit ihrer Hauptkanone: Heinrich dem Achten. Ein Königreich für eine Ehe! Das Recht! Das Gesetz! Das Dogma!

Mir wurde übel, aus verschiedenen Gründen, körperlich, weil ich seit dem elenden Frühstück in Bochum außer Kognak und Zigaretten nichts zu mir genommen hatte – seelisch, weil ich mir vorstellte, wie Züpfner in einem römischen Hotel Marie beim Ankleiden zusah. Wahrscheinlich würde er auch in ihrer Wäsche kramen. Diese korrekt gescheitelten, intelligenten, gerechten und gebildeten Katholiken brauchen barmherzige Frauen. Marie war für Züpfner nicht die richtige. Einer wie er, der immer tadellos angezogen ist, modisch genug, um nicht altmodisch, und doch nicht so modisch, um dandyhaft zu wirken; und einer, der sich morgens ausgiebig mit kaltem Wasser wäscht und sich mit einem Eifer die Zähne putzt, als gelte es einen Rekord zu gewinnen – für ihn ist Marie nicht intelligent genug und auch eine viel zu eifrige Morgentoilettemacherin. Er ist der Typ, der sich, bevor er zum Papst ins Audienzzimmer geführt wird, noch rasch mit dem Taschentuch über die Schuhe fahren würde. Mir tat auch der Papst leid, vor dem die beiden knien würden. Er würde gütig lächeln und sich herzlich freuen über dieses hübsche, sympathische, katholische deutsche Paar – und wieder einmal betrogen sein. Er konnte ja nicht ahnen, daß er zwei Ehebrechern seinen Segen erteilte.

Ich ging ins Badezimmer, frottierte mich, zog mich wieder an, ging in die Küche und setzte Wasser auf. Monika hatte an alles gedacht. Streichhölzer lagen auf dem Gasherd, gemahlener Kaffee stand da in einer luftdichten Dose, Filterpapier daneben, Schinken, Eier, Büchsengemüse im Eisschrank. Ich mache Küchenarbeit nur dann gern, wenn sie die einzige Chance ist, bestimmten Formen der Erwachsenengesprächigkeit zu entfliehen. Wenn

Sommerwild von »Eros« anfängt, Blothert sein Ka... Ka...
Kanzler ausspuckt oder Fredebeul einen geschickt kom-
pilierten Vortrag über Cocteau hält – dann allerdings gehe
ich lieber in die Küche, drücke Mayonnaise aus Tuben,
halbiere Oliven und streiche Leberwurst auf Brötchen.
Wenn ich allein in der Küche für mich etwas anrichten
will, fühle ich mich verloren. Meine Hände werden ungeschickt vor Einsamkeit, und die Notwendigkeit, eine
Büchse zu öffnen, Eier in die Pfanne zu schlagen, versetzt
mich in tiefe Melancholie. Ich bin kein Junggeselle. Wenn
Marie krank war oder arbeiten ging – sie hatte eine Zeitlang in Köln in einem Papierwarenladen gearbeitet –,
machte es mir nicht soviel aus, in der Küche zu arbeiten,
und als sie die erste Fehlgeburt hatte, hatte ich sogar die
Bettwäsche gewaschen, bevor unsere Wirtin aus dem
Kino nach Hause kam.

Es gelang mir, eine Büchse Bohnen zu öffnen, ohne mir
die Hand zu ratschen, ich goß kochendes Wasser in den
Filter, während ich an das Haus dachte, das Züpfner sich
hatte bauen lassen. Vor zwei Jahren war ich einmal dort
gewesen.

14

Ich sah sie im Dunkel nach Haus kommen. Der scharf
gebürstete Rasen sah im Mondlicht fast blau aus. Neben
der Garage abgeschnittene Zweige, vom Gärtner dort
aufgehäuft. Zwischen Ginster und Rotdornbusch der Ab-

falleimer, zum Abholen bereit. Freitagabend. Schon würde sie wissen, wonach es in der Küche roch, nach Fisch, sie würde auch wissen, welche Zettel sie finden würde, den einen von Züpfner auf dem Fernsehapparat: »Mußte noch dringend zu F. Kuß. Heribert«, den anderen vom Mädchen auf dem Eisschrank: »Bin ins Kino, um zehn zurück. Grete (Luise, Birgit).«

Garagentor öffnen, Licht anknipsen: an der weißgetünchten Wand der Schatten eines Rollers und einer ausrangierten Nähmaschine. In Züpfners Box der Mercedes bewies, daß Züpfner zu Fuß gegangen war. »Luft schnappen, ein bißchen Luft schnappen, Luft.« Dreck an Reifen und Kotflügeln kündete von Eifelfahrten, nachmittäglichen Reden vor der Jungen Union (»zusammenhalten, zusammenstehen, zusammen leiden«).

Ein Blick nach oben: auch im Kinderzimmer alles dunkel. Die Nachbarhäuser durch zweispurige Einfahrten und breite Rabatten getrennt. Kränklich der Widerschein der Fernsehapparate. Da wird der heimkehrende Gatte und Vater als störend empfunden, wäre die Heimkehr des verlorenen Sohnes als Störung empfunden worden; kein Kalb wäre geschlachtet, nicht einmal Hähnchen gegrillt worden – man hätte schnell auf einen Leberwurstrest im Eisschrank verwiesen.

An Samstagnachmittagen gab es Verbrüderungen, wenn Federbälle über Hecken flogen, junge Katzen oder Welpen wegliefen, Federbälle zurückgeworfen, junge Katzen – »oh, wie süß« – oder junge Welpen – »oh, wie süß« – an Gartentoren oder durch Heckenlücken zurückgereicht wurden. Gedämpft die Gereiztheit in den Stimmen, nie persönlich; sie riß nur manchmal aus der gleichmäßigen Kurve aus und kratzte Zacken in den Nachbarschaftshimmel, immer aus nichtigen, nie aus den wahren Anlässen: wenn eine Untertasse klirrend zerbrach, ein rollender Ball

Blumen knickte, Kinderhand Kieselsteine auf Autolack schleuderte, Frischgewaschenes, Frischgebügeltes von Gartenschläuchen genetzt wird – werden die Stimmen schrill, die wegen Betrug, Ehebruch, Abtreibung nicht schrill werden dürfen.

»Ach, du hast einfach überempfindliche Ohren, nimm was dagegen.«

Nimm nichts, Marie.

Die Haustür geöffnet: still und angenehm warm. Das kleine Mariechen oben schläft. So rasch geht das: Hochzeit in Bonn, Flitterwochen in Rom, Schwangerschaft, Entbindung – braune Locken auf schneeweißem Kinderkopfkissen. Erinnerst du dich, wie er uns das Haus zeigte und vital verkündete: Hier ist für zwölf Kinder Platz – und wie er dich jetzt morgens beim Frühstück musterte, das unausgesprochene Na auf den Lippen, und wie unkomplizierte Konfessions- und Parteifreunde nach dem dritten Glas Kognak ausrufen: »Von eins bis zwölf, da fehlen nach Adam Riese noch elf!«

Es wird geflüstert in der Stadt. Du bist schon wieder im Kino gewesen, an diesem strahlenden, sonnigen Nachmittag im Kino. Und schon wieder im Kino – und wieder.

Den ganzen Abend allein im Kreis, bei Blothert zu Hause, und nichts als Ka Ka Ka im Ohr, und diesmal war nicht das -nzler die Ergänzung, sondern das -tholon. Wie ein Fremdkörper rollt dir das Wort im Ohr herum. Es klingt so nach Klicker, klingt auch ein bißchen nach Geschwür. Blothert hat den Geigerzähler, der das katholon aufzuspüren vermag. »Der hat's – der hat's nicht – die hat's – die hat's nicht.« Das ist wie beim Blätterrupfen: sie liebt mich, sie liebt mich nicht. Sie liebt mich. Da werden Fußballklubs und Parteifreunde, Regierung und Opposition aufs katholon geprüft. Wie ein Rassenmerkmal wird es gesucht und nicht gefunden; nordische Nase, westischer

Mund. Einer hat's sicher, der hat's gefressen, das Vielbegehrte, so heftig Gesuchte. Blothert selbst, hüte dich vor seinen Augen, Marie. Verspätete Begehrlichkeit, Seminaristenvorstellung vom sechsten Gebot, und wenn er von gewissen Sünden spricht, dann nur lateinisch. *In sexto, de sexto.* Natürlich, das klingt nach Sex. Und die lieben Kinder. Die ältesten, Hubert, achtzehn, Margret, siebzehn, dürfen noch ein wenig aufbleiben, auf daß ihnen das Erwachsenengespräch zum Vorteil gereiche. Über katholon, Ständestaat, Todesstrafe, die in Frau Blotherts Augen ein so merkwürdiges Flackern hervorruft, ihre Stimme auf gereizte Höhen treibt, wo Lachen und Weinen sich auf eine lustvolle Weise vereinen. Du hast versucht, dich mit Fredebeuls abgestandenem Links-Zynismus zu trösten: vergebens. Vergebens wirst du versucht haben, dich an Blotherts abgestandenem Rechts-Zynismus zu ärgern. Es gibt ein schönes Wort: nichts. Denk an nichts. Nicht an Kanzler und katholon, denk an den Clown, der in der Badewanne weint, dem der Kaffee auf die Pantoffeln tropft.

15

Ich konnte das Geräusch einordnen, aber mich nicht zu ihm verhalten, ich hatte es öfter gehört, aber noch nie darauf reagieren müssen. Bei uns zu Hause reagierten die Mädchen auf das Geräusch der Haustürklingel, die Ladenklingel bei Derkums hatte ich oft gehört, war aber nie aufgestanden. In Köln hatten wir in einer Pension gewohnt, in Hotels gibt es nur Telefonklingeln. Ich hörte das Klingeln, nahm es aber nicht an. Es war fremd, nur zweimal hatte ich es in dieser Wohnung gehört, als ein Junge Milch brachte und Züpfner Marie die Teerosen schickte. Als die Rosen kamen, lag ich im Bett, Marie kam zu mir rein, zeigte sie mir, hielt entzückt die Nase in den Strauß, und es kam zu einer peinlichen Szene, weil ich dachte, die Blumen wären für mich. Manchmal hatten mir Verehrerinnen Blumen ins Hotel geschickt. Ich sagte zu Marie: »Hübsch, die Rosen, behalt sie«, und sie sah mich an und sagte: »Aber sie sind ja für mich.« Ich wurde rot. Es war mir peinlich, und mir fiel ein, daß ich Marie noch nie Blumen hatte schicken lassen. Natürlich brachte ich ihr alle Blumen mit, die ich auf die Bühne gereicht bekam, aber gekauft hatte ich ihr nie welche, meistens mußte ich den Blumenstrauß, den ich auf die Bühne gereicht bekam, selbst bezahlen. »Von wem sind denn die Blumen?« sagte ich. »Von Züpfner«, sagte sie. »Verdammt«, sagte ich, »was soll das?« Ich dachte an das Händchenhalten. Marie wurde rot und sagte: »Warum sollte er mir keine Blumen schicken?« – »Die Frage muß anders lauten«, sagte ich: »Warum sollte er dir Blumen schicken?« – »Wir kennen uns schon lange«, sagte sie, »und vielleicht verehrt er mich.« – »Gut«, sagte ich, »soll er dich verehren, aber so viel kostbare Blumen, das ist aufdringlich. Ich finde es geschmacklos.« Sie war beleidigt und ging hinaus.

Als der Milchjunge klingelte, saßen wir im Wohnzimmer, und Marie ging raus, öffnete ihm und gab ihm Geld. Besuch hatten wir in unserer Wohnung nur einmal gehabt: Leo, bevor er konvertierte, aber der hatte nicht geklingelt, er war mit Marie heraufgekommen.

Das Klingeln klang auf eine merkwürdige Weise zugleich schüchtern und doch hartnäckig. Ich hatte eine fürchterliche Angst, es könnte Monika sein, vielleicht gar von Sommerwild unter irgendeinem Vorwand geschickt. Ich bekam sofort wieder den Nibelungenkomplex. Ich rannte mit meinen klatschnassen Pantoffeln in die Diele, fand den Knopf nicht, auf den ich drücken mußte. Während ich ihn suchte, fiel mir ein, daß Monika ja den Hausschlüssel hatte. Ich fand endlich den Knopf, drückte und hörte unten ein Geräusch, als ob eine Biene gegen eine Fensterscheibe brummte. Ich ging in den Flur raus, stellte mich neben den Aufzug. Das Besetztzeichen wurde rot, die Eins leuchtete auf, die Zwei, ich starrte nervös auf die Ziffern, bis ich plötzlich bemerkte, daß jemand neben mir stand. Ich erschrak, drehte mich um: eine hübsche Frau, hellblond, nicht übertrieben schlank, mit sehr lieben, hellgrauen Augen. Ihr Hut war für meinen Geschmack etwas zu rot. Ich lächelte, sie lächelte auch und sagte: »Sie sind sicher Herr Schnier – mein Name ist Grebsel, ich bin Ihre Nachbarin. Ich freue mich, Sie einmal leibhaftig zu sehen.« – »Ich freue mich auch«, sagte ich – ich freute mich wirklich. Frau Grebsel war trotz des zu roten Hutes eine Augenweide. Ich sah unter ihrem Arm eine Zeitung ›Die Stimme Bonns‹, sie sah meinen Blick, wurde rot und sagte: »Machen Sie sich nichts draus.« – »Ich werde den Hund ohrfeigen«, sagte ich, »wenn Sie wüßten, was das für ein mieser, heuchlerischer Vogel ist – und betrogen hat er mich auch, um eine ganze Flasche Schnaps.« Sie lachte. »Mein Mann und ich, wir würden uns freuen«, sagte sie, »wenn wir unsere Nachbarschaft einmal realisieren könnten. Bleiben Sie länger?« – »Ja«, sagte ich, »ich werde einmal klingeln, wenn Sie gestatten – ist bei Ihnen auch alles rostfarben?« – »Natürlich«, sagte sie, »rostfarben ist doch das Kennzeichen des fünften Stocks.«

Der Aufzug hatte auf der dritten Etage länger gehalten, jetzt wurde die Vier rot, die Fünf, ich riß die Tür auf und trat vor Erstaunen einen Schritt zurück. Mein Vater kam aus dem Aufzug, hielt die Tür der einsteigenden Frau Grebsel auf und wandte sich mir zu. »Mein Gott«, sagte ich, »Vater.« Ich hatte noch nie Vater zu ihm gesagt, immer nur Papa. Er sagte »Hans«, machte einen ungeschickten Versuch, mich zu umarmen. Ich ging vor ihm her in die Wohnung, nahm ihm Hut und Mantel ab, öffnete die Wohnzimmertür und zeigte auf die Couch. Er setzte sich umständlich.

Wir waren beide sehr verlegen. Verlegenheit scheint zwischen Eltern und Kindern die einzige Möglichkeit der Verständigung zu sein. Wahrscheinlich hatte meine Begrüßung »Vater« sehr pathetisch geklungen, und das steigerte die Verlegenheit, die ohnehin unvermeidlich war. Mein Vater setzte sich in einen der rostfarbenen Sessel und sah mich kopfschüttelnd an: mit meinen klatschnassen Pantoffeln, nassen Socken, in dem viel zu langen Bademantel, der überflüssigerweise auch noch feuerrot war. Mein Vater ist nicht groß, zart und auf eine so gekonnt nachlässige Weise gepflegt, daß sich die Fernsehleute um ihn reißen, wenn irgendwelche Wirtschaftsfragen diskutiert werden. Er strahlt auch Güte aus, Vernunft, und ist inzwischen als Fernsehstar berühmter, als er als Braunkohlenschnier je hätte werden können. Er haßt jede Nuance der Brutalität. Man würde, wenn man ihn so sieht, erwarten, daß er Zigarren raucht, keine dicken, sondern leichte, schlanke Zigarren, aber daß er Zigaretten raucht, wirkt bei einem fast siebzigjährigen Kapitalisten überraschend flott und fortschrittlich. Ich verstehe schon, daß sie ihn in alle Diskussionen schicken, bei denen es um Geld geht. Man sieht ihm an, daß er nicht nur Güte ausstrahlt, sondern auch gütig ist. Ich hielt ihm die Zigaretten hin, gab ihm Feuer, und als ich mich dabei zu ihm hinbeugte, sagte er: »Ich weiß ja nicht viel über Clowns, aber doch einiges. Daß sie in Kaffee baden, ist mir neu.«

Er kann sehr witzig sein. »Ich bade nicht in Kaffee, Vater«, sagte ich, »ich wollte nur Kaffee aufgießen, das ist mir mißglückt.« Spätestens bei diesem Satz hätte ich wieder Papa sagen sollen, aber es war zu spät. »Möchtest du was trinken?« Er lächelte, sah mich mißtrauisch an und fragte: »Was hast du denn im Haus?« Ich ging in die Küche: im Eisschrank war der Kognak, es standen auch ein paar Flaschen Mineralwasser da, Zitronenlimonade und eine Flasche Rotwein. Ich nahm von jeder Sorte eine Flasche, trug sie ins Wohnzimmer und reihte sie vor meinem Vater auf dem Tisch auf. Er nahm die Brille aus der Tasche und studierte die Etiketts. Kopfschüttelnd schob er als erstes den Kognak beiseite. Ich wußte, daß er gern Kognak trank, und sagte gekränkt: »Aber es scheint eine gute Marke zu sein.« – »Die Marke ist vorzüglich«, sagte er, »aber der beste Kognak ist keiner mehr, wenn er eisgekühlt ist.«

»Mein Gott«, sagte ich, »gehört Kognak denn nicht in den Eisschrank?« Er blickte mich über seine Brille hinweg an, als wäre ich soeben der Sodomie überführt worden. Er ist auf seine Weise auch ein Ästhet, er bringt es fertig, den Toast morgens dreimal, viermal in die Küche zurückzuschicken, bis Anna genau die richtige Bräunungsstufe herausbringt, ein stiller Kampf, der jeden Morgen neu beginnt, denn Anna hält Toast sowieso für »angelsächsischen Blödsinn«. – »Kognak im Eisschrank«, sagte mein Vater verächtlich, »wußtest du wirklich nicht – oder tust du nur so? Man weiß ja nie, wo man mit dir dran ist!«

»Ich wußte es nicht«, sagte ich. Er sah mich prüfend an, lächelte und schien überzeugt.

»Dabei habe ich so viel Geld für deine Erziehung ausgegeben«, sagte er. Das sollte ironisch klingen, so wie eben ein fast siebzigjähriger Vater mit seinem voll erwachsenen

Sohn spricht, aber die Ironie gelang ihm nicht, sie fror an dem Wort Geld fest. Er verwarf kopfschüttelnd auch die Zitronenlimonade und den Rotwein und sagte: »Unter diesen Umständen erscheint mir Mineralwasser als das sicherste Getränk.« Ich holte zwei Gläser aus der Anrichte, öffnete eine Mineralwasserflasche. Wenigstens das schien ich richtig zu machen. Er nickte wohlwollend, während er mir dabei zusah.

»Stört es dich«, sagte ich, »wenn ich im Bademantel bleibe?«

»Ja«, sagte er, »es stört mich. Zieh dich bitte ordentlich an. Dein Aufzug und dein – dein Kaffeegeruch verleihen der Situation eine Komik, die ihr nicht entspricht. Ich habe ernsthaft mir dir zu reden. Und außerdem – entschuldige, daß ich so offen spreche – hasse ich, wie du wohl noch weißt, jede Erscheinungsform der Schlamperei.«

»Es ist keine Schlamperei«, sagte ich, »nur eine Erscheinungsform der Entspannung.«

»Ich weiß nicht«, sagte er, »wie oft du in deinem Leben mir wirklich gehorsam gewesen bist, jetzt bist du mir nicht mehr zum Gehorsam verpflichtet. Ich bitte dich nur um einen Gefallen.«

Ich war erstaunt. Mein Vater war früher eher schüchtern gewesen, fast schweigsam. Er hat beim Fernsehen zu diskutieren und argumentieren gelernt, mit einem »zwingenden Charme«. Ich war zu müde, mich diesem Charme zu entziehen.

Ich ging ins Badezimmer, zog mir die kaffeenassen Sokken aus, trocknete die Füße ab, zog Hemd, Hose, Rock an, lief barfuß in die Küche, häufte mir die gewärmten weißen Bohnen auf einen Teller und schlug die weichgekochten Eier einfach über den Bohnen aus, kratzte die Eireste mit dem Löffel aus den Schalen, nahm eine Schnitte Brot, einen Löffel und ging ins Wohnzimmer. Mein Vater blickte auf meinen Teller mit einer Miene, die eine sehr gut gekonnte Mischung aus Erstaunen und Ekel darstellte.

»Entschuldige«, sagte ich, »ich habe seit heute morgen neun Uhr nichts mehr gegessen, und ich denke, es liegt dir nichts daran, wenn ich ohnmächtig zu deinen Füßen niederfalle.« Er brachte ein gequältes Lachen zustande, schüttelte den Kopf, seufzte und sagte: »Na gut – aber weißt du, *nur* Eiweiß ist einfach nicht gesund.«

»Ich werde anschließend einen Apfel essen«, sagte ich. Ich rührte die Bohnen und die Eier zusammen, biß in das Brot und nahm einen Löffel von meinem Brei, der mir sehr gut schmeckte.

»Du solltest wenigstens etwas von diesem Tomatenzeug drauftun«, sagte er.

»Ich hab keins im Hause«, sagte ich.

Ich aß viel zu hastig, und die notwendigen Geräusche, die ich beim Essen machte, schienen meinem Vater zu mißfallen. Er unterdrückte seinen Ekel, aber nicht überzeugend, und ich stand schließlich auf, ging in die Küche, aß stehend am Eisschrank meinen Teller leer und sah mir selbst während des Essens in dem Spiegel zu, der über dem Eisschrank hängt. Ich hatte nicht einmal das wichtigste Training in den letzten Wochen absolviert: das Gesichtstraining. Ein Clown, dessen Haupteffekt sein unbewegliches Gesicht ist, muß sein Gesicht sehr beweglich halten. Früher streckte ich mir immer, bevor ich mit dem Training begann, die Zunge heraus, um mir mich erst einmal ganz nahe zu bringen, bevor ich mich mir wieder entfremden konnte. Später ließ ich das und blickte mir, ohne irgendwelche Tricks anzuwenden, selbst ins Gesicht, täglich eine halbe Stunde lang, bis ich zuletzt gar nicht mehr da war: da ich zum Narzißmus nicht neige, war ich oft nahe daran, verrückt zu werden. Ich vergaß einfach, daß ich es war, dessen Gesicht ich da im Spiegel sah, drehte den Spiegel um, wenn ich mit dem Training fertig war, und wenn ich später im Laufe des Tages zufällig im Vorübergehen in einen Spiegel blickte, erschrak ich: das war ein fremder Kerl in meinem Badezimmer, auf der Toilette, ein Kerl, von dem ich nicht wußte, ob er ernst oder komisch war, ein langnasiges, blasses Gespenst – und rannte, so schnell ich konnte, zu Marie, um mich in ihrem Gesicht zu sehen. Seitdem sie weg ist, kann ich mein Gesichtstraining nicht mehr absolvieren: ich habe Angst, verrückt zu werden. Ich ging immer, wenn ich vom Training kam, ganz nah an Marie heran, bis ich mich in ihren Augen sah: winzig, ein bißchen verzerrt, doch erkennbar: das war ich und war doch derselbe, vor dem ich im Spiegel Angst hatte. Wie sollte ich Zohnerer erklären, daß ich ohne Marie gar nicht mehr vor dem Spiegel trainieren konnte? Mich selbst beim Essen zu beobachten war nur traurig, nicht erschreckend. Ich konnte mich an dem Löffel festhalten, konnte die Bohnen erkennen, Spuren von Eiweiß und Eidotter darin, die Scheibe Brot, die immer kleiner wurde. Der Spiegel bestätigte mir so etwas rührend Reales wie einen leer gegessenen Teller, eine Scheibe Brot, die kleiner wurde, einen leicht beschmierten Mund, den ich mit dem Rockärmel abwischte. Ich trainierte nicht. Es war niemand da, der mich aus dem Spiegel zurückgeholt hätte. Ich ging langsam ins Wohnzimmer zurück.

»Viel zu rasch«, sagte mein Vater, »du ißt zu hastig. Setz dich jetzt endlich. Trinkst du nichts?«

»Nein«, sagte ich, »ich wollte mir Kaffee machen, aber der ist ja mißlungen.«

»Soll ich dir welchen machen?« fragte er.

»Kannst du das denn?« fragte ich.

»Man rühmt mir nach, daß ich einen sehr guten Kaffee mache«, sagte er.

»Ach, laß nur«, sagte ich, »ich trinke etwas Sprudel, so wichtig ist das nicht.«

»Aber ich mach's gern«, sagte er.

»Nein«, sagte ich, »danke. Es sieht in der Küche abscheulich aus. Eine riesige Kaffeepfütze, offene Konservenbüchsen, Eierschalen auf dem Boden.«

»Na gut«, sagte er, »wie du willst.« Er wirkte auf eine unangemessene Weise gekränkt. Er goß mir Sprudel ein, hielt mir sein Zigarettenetui hin, ich nahm eine, er gab mir Feuer, wir rauchten. Er tat mir leid. Ich hatte ihn mit meinem Teller voll Bohnen wahrscheinlich ganz aus dem Konzept gebracht. Er hatte sicher damit gerechnet, bei mir das vorzufinden, was er sich unter Bohème vorstellt: ein gekonntes Durcheinander und allerlei Modernes an Decke und Wänden, aber die Wohnung ist auf eine zufällige Art stillos eingerichtet, fast spießig, und ich merkte, daß ihn das bedrückte. Die Anrichte hatten wir nach einem Katalog gekauft, die Bilder an den Wänden waren lauter Drucke, nur zwei gegenstandlose darunter, einzig hübsch zwei Aquarelle von Monika Silvs, die über der Kommode hängen: Rheinlandschaft III und Rheinlandschaft IV, dunkelgraue Töne mit kaum sichtbaren weißen Spuren. Die paar hübschen Sachen, die wir haben, Stühle, ein paar Vasen und der Teewagen in der Ecke, hat Marie gekauft. Mein Vater ist ein Mensch, der Atmosphäre braucht, und die Atmosphäre in unserer Wohnung machte ihn nervös und stumm. »Hat Mutter dir erzählt, daß ich hier bin?« fragte ich schließlich, als wir die zweite Zigarette ansteckten, ohne ein Wort gesprochen zu haben.

»Ja«, sagte er, »warum kannst du ihr solche Sachen nicht ersparen.«

»Wenn sie sich nicht mit ihrer Komiteestimme gemeldet hätte, wäre alles anders gekommen«, sagte ich.

»Hast du was gegen dieses Komitee?« fragte er ruhig.

»Nein«, sagte ich, »es ist sehr gut, daß die rassischen Gegensätze versöhnt werden, aber ich habe eine andere Auffassung von Rasse als das Komitee. Neger zum Beispiel sind ja geradezu der letzte Schrei – ich wollte Mutter schon einen Neger, den ich gut kenne, als Krippenfigur anbieten, und wenn man bedenkt, daß es einige hundert Negerrassen gibt. Das Komitee wird nie arbeitslos. Oder Zigeuner«, sagte ich, »Mutter sollte einmal welche zum Tee einladen. Direkt von der Straße. Es gibt noch Aufgaben genug.«

»Darüber wollte ich nicht mit dir reden«, sagte er.

Ich schwieg. Er sah mich an und sagte leise: »Ich wollte mit dir über Geld reden.« Ich schwieg weiter. »Ich nehme an, daß du in ziemlicher Verlegenheit bist. Sag doch was.«

»Verlegenheit ist hübsch gesagt. Ich werde wahrscheinlich ein Jahr lang nicht auftreten können. Sieh hier.« Ich zog das Hosenbein hoch und zeigte ihm mein geschwollenes Knie, ich ließ die Hose wieder runter und zeigte mit dem Zeigefinger der rechten Hand auf meine linke Brust. »Und hier«, sagte ich.

»Mein Gott«, sagte er, »Herz?«

»Ja«, sagte ich, »Herz.«

»Ich werde Drohmert anrufen und ihn bitten, dich zu empfangen. Er ist der beste Herzspezialist, den wir haben.«

»Mißverständnis«, sagte ich, »ich brauche Drohmert nicht zu konsultieren.«

»Du sagtest doch: Herz.«

»Vielleicht hätte ich Seele, Gemüt, Inneres sagen sollen – mir schien Herz angebracht.«

»Ach so«, sagte er trocken, »diese Geschichte.« Sicher

hatte Sommerwild ihm beim Skat in der Herren-Union, zwischen Hasenpfeffer, Bier und einem Herz-Solo ohne drei, die »Geschichte« erzählt.

Er stand auf, fing an, auf und ab zu gehen, blieb dann hinter dem Sessel stehen, stützte sich auf die Sessellehne und blickte auf mich herunter.

»Es klingt sicher dumm«, sagte er, »wenn ich dir ein großes Wort sage, aber weißt du, was dir fehlt? Dir fehlt das, was den Mann zum Manne macht: sich abfinden können.«

»Das habe ich heute schon einmal gehört«, sagte ich.

»Dann hör's zum dritten Mal: finde dich ab.«

»Laß«, sagte ich müde.

»Was glaubst du wohl, wie mir zumute war, als Leo zu mir kam und sagte, er würde katholisch. Es war so schmerzlich für mich wie Henriettes Tod – es hätte mich nicht so geschmerzt, wenn er gesagt hätte, er würde Kommunist. Darunter kann ich mir was vorstellen, wenn ein junger Mensch einen falschen Traum träumt, von sozialer Gerechtigkeit und so weiter. Aber das.« Er klammerte sich an die Sessellehne und schüttelte heftig den Kopf. »Das. Nein. Nein.« Es schien ihm ernst zu sein. Er war ganz blaß geworden und sah viel älter aus, als er ist.

»Setz dich, Vater«, sagte ich, »trink jetzt einen Kognak.«

Er setzte sich, nickte zu der Kognakflasche hin, ich holte ein Glas aus der Anrichte, goß ihm ein, und er nahm den Kognak und trank ihn, ohne mir zu danken oder zuzuprosten.

»Du verstehst das sicher nicht«, sagte er. »Nein«, sagte ich.

»Mir ist bange um jeden jungen Menschen, der an diese Sache glaubt«, sagte er, »deshalb hat es mich so schrecklich getroffen, aber auch damit habe ich mich abgefunden – abgefunden. Was siehst du mich so an?«

»Ich muß dir etwas abbitten«, sagte ich, »wenn ich dich

im Fernsehen sah, habe ich gedacht, du wärst ein groß-artiger Schauspieler. Sogar ein bißchen Clown.«

Er sah mich mißtrauisch an, fast gekränkt, und ich sagte rasch: »Nein wirklich, Papa, großartig.« Ich war froh, daß ich das Papa wiedergefunden hatte.

»Sie haben mich einfach in diese Rolle gedrängt«, sagte er.

»Sie steht dir gut«, sagte ich, »und was du daran spielst, ist gut gespielt.«

»Ich spiele nichts daran«, sagt er ernst, »gar nichts, ich brauche nichts zu spielen.«

»Schlimm«, sagte ich, »für deine Gegner.«

»Ich habe keine Gegner«, sagte er empört.

»Noch schlimmer für deine Gegner«, sagte ich.

Er sah mich wieder mißtrauisch an, lachte dann und sagte: »Aber ich empfinde sie wirklich nicht als Gegner.«

»Noch viel schlimmer, als ich dachte«, sagte ich, »wissen die, mit denen du da dauernd über Geld redest, gar nicht, daß ihr das Wichtigste immer verschweigt – oder habt ihr's abgesprochen, bevor ihr auf den Schirm gezaubert werdet?«

Er goß sich Kognak ein, sah mich fragend an: »Ich habe mit dir über deine Zukunft sprechen wollen.«

»Augenblick«, sagte ich, »mich interessiert einfach, wie das gemacht wird. Ihr redet immer von Prozenten, zehn, zwanzig, fünf, fünfzig Prozent – aber ihr sagt nie, wieviel Prozent von was?« Er sah fast dumm aus, als er das Kognakglas hob, trank und mich ansah. »Ich meine«, sagte ich, »ich habe nicht viel Rechnen gelernt, aber ich weiß, daß hundert Prozent von einem halben Pfennig ein halber Pfennig sind, während fünf Prozent von einer Milliarde fünfzig Millionen sind ... verstehst du?«

»Mein Gott«, sagte er, »hast du so viel Zeit, fernzuse-hen?«

»Ja«, sagte ich, »seit dieser Geschichte, wie du sie nennst, seh ich viel fern – es macht mich so schön leer. Ganz leer, und wenn man seinen Vater alle drei Jahre einmal sieht, freut man sich doch, wenn man ihn mal auf dem Fernsehschirm sieht. Irgendwo in einer Kneipe, bei Bier, im Halbdunkel. Manchmal bin ich richtig stolz auf dich, wie geschickt du es verhinderst, daß irgendeiner nach der Prozentzahl fragt.«

»Du irrst«, sagte er kühl, »ich verhindere gar nichts.«

»Ist es denn nicht langweilig, gar keine Gegner zu haben?«

Er stand auf und sah mich böse an. Ich stand auch auf. Wir stellten uns beide hinter unsere Sessel, legten die Arme auf die Lehne. Ich lachte und sagte: »Als Clown interessiere ich mich natürlich für die modernen Formen der Pantomime. Einmal, als ich allein im Hinterzimmer einer Kneipe saß, hab ich den Ton ausgeschaltet. Großartig. Das Eindringen des L'art pour l'art in die Lohnpolitik, in die Wirtschaft. Schade, daß du meine Nummer ›Aufsichtsratssitzung‹ nie gesehen hast.«

»Ich will dir was sagen«, sagte er, »ich habe mit Genneholm über dich gesprochen. Ich habe ihn gebeten, sich einige deiner Auftritte einmal anzusehen und mir eine – eine Art Gutachten zu machen.«

Ich mußte plötzlich gähnen. Es war unhöflich, aber unvermeidlich, und ich war mir der Peinlichkeit durchaus bewußt. Ich hatte in der Nacht schlecht geschlafen und einen schlimmen Tag hinter mir. Wenn einer seinen Vater nach drei Jahren zum erstenmal wiedersieht, eigentlich zum erstenmal in seinem Leben ernsthaft mit ihm redet – ist Gähnen sicherlich das am wenigsten Angebrachte. Ich war sehr erregt, aber todmüde, und es tat mir leid, daß ich ausgerechnet jetzt gähnen mußte. Der Name Genneholm wirkte wie ein Schlafmittel auf mich. Menschen wie mein

Vater müssen immer *das Beste* haben: den besten Herz-spezialisten der Welt, Drohmert, den besten Theater-kritiker der Bundesrepublik, Genneholm, den besten Schneider, den besten Sekt, das beste Hotel, den besten Schriftsteller. Es ist langweilig. Mein Gähnen wurde fast zu einem Gähnkrampf, meine Mundmuskulatur knackte. Die Tatsache, daß Genneholm schwul ist, ändert nichts an der Tatsache, daß sein Name Langeweile in mir aus-löst. Schwule können sehr amüsant sein, aber gerade amüsante Leute finde ich langweilig, besonders Exzen-triker, und Genneholm war nicht nur schwul, auch ex-zentrisch. Er kam meistens zu den Parties, die Mutter gab, und rückte einem immer ziemlich nah auf den Leib, so daß man jedesmal vollkommen überflüssigerweise seinen Atem roch und an seiner letzten Mahlzeit teil-nahm. Als ich ihn zum letzten Mal traf, vor vier Jahren, hatte er nach Kartoffelsalat gerochen, und angesichts dieses Geruchs kamen mir seine kardinalsrote Weste und sein honigfarbener Mephistoschnurrbart gar nicht mehr extravagant vor. Er war sehr witzig, jedermann wußte, daß er witzig war, und so mußte er dauernd witzig sein. Eine ermüdende Existenz.

»Entschuldige«, sagte ich, als ich sicher sein konnte, den Gähnkrampf vorläufig hinter mir zu haben. »Was sagt denn Genneholm?«

Mein Vater war gekränkt. Das ist er immer, wenn man sich gehen läßt, und mein Gähnen schmerzte ihn nicht subjektiv, sondern objektiv. Er schüttelte den Kopf wie über meine Bohnensuppe. »Genneholm beobachtet dei-ne Entwicklung mit großem Interesse, er ist dir sehr wohlgesinnt.«

»Ein Schwuler gibt die Hoffnung nie auf«, sagte ich, »das ist ein zähes Volk.«

»Laß das«, sagte mein Vater scharf, »sei froh, daß du

einen so einflußreichen und fachmännischen Gönner im Hintergrund hast.«

»Ich bin ja ganz glücklich«, sagte ich.

»Aber er hat enorm viele Einwände gegen das, was du bisher geleistet hast. Er meint, du solltest alles Pierrotische meiden, hättest zum Harlekin zwar Begabung, wärest aber zu schade – und als Clown wärst du unmöglich. Er sieht deine Chance in einer konsequenten Hinwendung zur Pantomime ... hörst du mir überhaupt zu?« Seine Stimme wurde immer schärfer.

»Bitte«, sagte ich, »ich höre jedes Wort, jedes einzelne dieser klugen, zutreffenden Wörter, laß dich nicht dadurch stören, daß ich die Augen geschlossen habe.« Während er Genneholm zitierte, hatte ich die Augen geschlossen. Es war so wohltuend und befreite mich vom Anblick der dunkelbraunen Kommode, die hinter Vater an der Wand stand. Ein scheußliches Möbelstück, das irgendwie nach Schule aussah: die dunkelbraune Farbe, die schwarzen Knöpfe, die hellgelbe Zierleiste an der oberen Kante. Die Kommode stammte aus Maries Elternhaus.

»Bitte«, sagte ich leise, »sprich doch weiter.« Ich war todmüde, hatte Magenschmerzen, Kopfschmerzen, und ich stand so verkrampft da hinter dem Sessel, daß mein Knie anfing, noch mehr anzuschwellen. Hinter meinen geschlossenen Lidern sah ich mein Gesicht, wie ich es von tausend Trainingsstunden aus dem Spiegel kannte, vollkommen unbewegt, schneeweiß geschminkt, nicht einmal die Wimpern bewegten sich, auch nicht die Brauen, nur die Augen, langsam bewegte ich sie hin und her wie ein banges Kaninchen, um jene Wirkung zu erzielen, die Kritiker wie Genneholm »diese erstaunliche Fähigkeit, animalische Melancholie darzustellen«, genannt hatten. Ich war tot und auf tausend Stunden mit meinem Gesicht eingesperrt – keine Möglichkeit, mich in Maries Augen zu retten.

»Sprich doch«, sagte ich.

»Er riet mir, dich zu einem der besten Lehrer zu schikken. Für ein Jahr, für zwei, für ein halbes. Genneholm meint, du müßtest dich konzentrieren, studieren, soviel Bewußtheit erreichen, daß du wieder naiv werden kannst. Und Training, Training, Training – und, hörst du noch?« Seine Stimme klang Gottseidank milder.

»Ja«, sagte ich.

»Und ich bin bereit, dir das zu finanzieren.«

Ich hatte das Gefühl, als wäre mein Knie so dick und rund wie ein Gasometer. Ohne die Augen zu öffnen, tastete ich mich um den Sessel herum, setzte mich, tastete nach den Zigaretten auf dem Tisch wie ein Blinder. Mein Vater stieß einen Schreckensruf aus. Ich kann einen Blinden so gut spielen, daß man glaubt, ich wäre blind. Ich kam mir auch blind vor, vielleicht würde ich blind bleiben. Ich spielte nicht den Blinden, sondern den soeben Erblindeten, und als ich die Zigarette endlich im Mund hatte, spürte ich die Flamme von Vaters Feuerzeug, spürte auch, wie heftig sie zitterte.

»Junge«, sagte er ängstlich, »bist du krank?«

»Ja«, sagte ich leise, zog an der Zigarette, inhalierte tief, »ich bin todkrank, aber nicht blind. Magenschmerzen, Kopfschmerzen, Knieschmerzen, eine üppig wuchernde Melancholie – aber das schlimmste ist, ich weiß genau, daß Genneholm recht hat, zu ungefähr fünfundneunzig Prozent, und ich weiß sogar, was er weiter gesagt hat. Hat er von Kleist gesprochen?«

»Ja«, sagte mein Vater.

»Hat er gesagt, ich müßte meine Seele erst verlieren – ganz leer sein, dann könnte ich mir wieder eine leisten. Hat er das gesagt?«

»Ja«, sagte mein Vater, »woher weißt du das?«

»Mein Gott«, sagte ich, »ich kenne doch seine Theorien und weiß, woher er sie hat. Aber ich will meine Seele nicht verlieren, ich will sie wiederhaben.«

»Du hast sie verloren?«

»Ja.«

»Wo ist sie?«

»In Rom«, sagte ich, schlug die Augen auf und lachte. Mein Vater war wirklich vor Angst ganz blaß und alt geworden. Sein Lachen klang erleichtert und doch ärgerlich.

»Du Bengel«, sagte er, »war das Ganze gespielt?«

»Leider«, sagte ich, »nicht ganz und nicht gut. Genneholm würde sagen: noch viel zu naturalistisch – und er hat recht. Schwule haben meistens recht, sie haben ein enormes Einfühlungsvermögen – aber auch nicht mehr. Immerhin.«

»Du Bengel«, sagte mein Vater, »du hast mich drangekriegt.«

»Nein«, sagte ich, »nein, ich habe dich nicht mehr drangekriegt, als ein wirklich Blinder dich drankriegt. Glaub mir, nicht jedes Tappen und Nach-Halt-Suchen ist unbedingt notwendig. Mancher Blinde spielt, obwohl er wirklich blind ist, den Blinden. Ich könnte jetzt vor deinen Augen von hier bis zur Tür humpeln, daß du vor Schmerz und Mitleid aufschreien und sofort einen Arzt anrufen würdest, den besten Chirurgen der Welt, Fretzer. Soll ich?« Ich war schon aufgestanden.

»Bitte, laß«, sagte er gequält, und ich setzte mich wieder.

»Bitte, setz du dich auch«, sagte ich, »bitte, es macht mich nervös, wenn du so herumstehst.«

Er setzte sich, goß sich Sprudel ein und sah mich verwirrt an. »Man wird aus dir nicht klug«, sagte er, »gib mir doch eine klare Antwort. Ich zahl dir das Studium, egal, wo du hingehen willst. London, Paris, Brüssel. Das Beste ist gerade gut genug.«

»Nein«, sagte ich müde, »es wäre genau das Falsche. Mir nützt kein Studium mehr, nur noch Arbeit. Studiert habe ich, als ich dreizehn, vierzehn war, bis einundzwanzig. Ihr habt's nur nicht gemerkt. Und wenn Genneholm meint, ich könnte jetzt noch studieren, ist er dümmer, als ich dachte.«

»Er ist ein Fachmann«, sagte mein Vater, »der beste, den ich kenne.« – »Sogar der beste, den es hier gibt«, sagte ich, »aber nur ein Fachmann, er versteht was von Theater, Tragödie, Commedia dell'arte, Komödie, Pantomime. Aber schau dir einmal an, wie seine eigenen komödiantischen Versuche ausfallen, wenn er plötzlich mit violetten Hemden und schwarzen Seidenschleifen auftaucht. Da würde jeder Dilettant sich schämen. Daß Kritiker kritisch sind, ist nicht das Schlimme an ihnen, sondern daß sie sich selbst gegenüber so unkritisch und humorlos sind. Peinlich. Natürlich, er ist wirklich vom Fach – aber wenn er meint, ich sollte nach sechs Bühnenjahren noch ein Studium anfangen – Unsinn!«

»Du brauchst also das Geld nicht?« fragte mein Vater. Eine kleine Spur von Erleichterung in seiner Stimme machte mich mißtrauisch. »Doch«, sagte ich, »ich brauche das Geld.«

»Was willst du denn tun? Weiter auftreten, in diesem Stadium?«

»Welches Stadium?« fragte ich.

»Na«, sagte er verlegen, »du kennst doch deine Presse.«

»Meine Presse?« sagte ich, »ich bin seit drei Monaten nur noch in der Provinz aufgetreten.«

»Ich habe mir das besorgen lassen«, sagte er, »ich habe es mit Genneholm durchgearbeitet.«

»Verdammt«, sagte ich, »was hast du ihm dafür bezahlt?«

Er wurde rot. »Laß das doch«, sagte er, »also, was hast du vor?«

»Trainieren«, sagte ich, »arbeiten, ein halbes Jahr, ein ganzes, ich weiß noch nicht.«

»Wo?«

»Hier«, sagte ich, »wo sonst?« Es gelang ihm nur schlecht, seinen Schrecken zu verbergen.

»Ich werde euch nicht belästigen und nicht kompromittieren, ich werde nicht einmal zum *Jour fixe* kommen«, sagte ich. Er wurde rot. Ich war ein paarmal zu ihrem *Jour fixe* gegangen, wie irgendeiner, ohne sozusagen privat zu ihnen zu gehen. Ich hatte Cocktails getrunken und Oliven gegessen, Tee getrunken und mir beim Weggehen Zigaretten eingesteckt, so offen, daß die Diener es sahen und sich errötend abwendeten.

»Ach«, sagte mein Vater nur. Er wand sich in seinem Sessel. Am liebsten wäre er aufgestanden und hätte sich ans Fenster gestellt. Jetzt senkte er nur den Blick und sagte: »Es wäre mir lieber, du würdest den soliden Weg wählen, den Genneholm vorschlägt. Eine unsichere Sache zu finanzieren fällt mir schwer. Hast du denn nichts erspart? Du mußt doch ganz hübsch verdient haben in diesen Jahren.«

»Keinen Pfennig hab ich erspart«, sagte ich, »ich besitze eine, eine einzige Mark.« Ich zog die Mark aus der Tasche und zeigte sie ihm. Er beugte sich tatsächlich darüber und sah sie sich an wie ein merkwürdiges Insekt.

»Es fällt mir schwer, dir zu glauben«, sagte er, »ich habe dich jedenfalls nicht zum Verschwender erzogen. Was müßtest du denn so monatlich haben, wie hast du dir die Sache gedacht?«

Mein Herz schlug heftig. Ich hatte nicht geglaubt, daß er mir so direkt würde helfen wollen. Ich überlegte. Nicht zu wenig und nicht zuviel und doch genug mußte ich haben, aber ich hatte keine, nicht die geringste Ahnung, was ich brauchen würde. Strom, Telefon, und irgendwie mußte ich ja leben. Ich schwitzte vor Aufregung. »Zunächst«, sagte ich, »brauche ich eine dicke Gummimatte, so groß wie dieses Zimmer, sieben mal fünf, die könntest du mir aus euren Rheinischen Gummibearbeitungsfabriken billiger besorgen.«

»Schön«, sagte er lächelnd, »ich stifte sie dir sogar. Sieben mal fünf – aber Genneholm meint, du solltest dich nicht mit Akrobatik verzetteln.«

»Werde ich nicht, Papa«, sagte ich, »außer der Matte würde ich wohl noch tausend Mark im Monat brauchen.«

»Tausend Mark«, sagte er. Er stand auf, sein Schrecken war aufrichtig, seine Lippen bebten.

»Na gut«, sagte ich, »was dachtest du denn?« Ich hatte keine Ahnung, wieviel Geld er wirklich hatte. Ein Jahr lang tausend Mark – soviel konnte ich rechnen – waren zwölftausend Mark, und eine solche Summe konnte ihn nicht umbringen. Er war wirklich Millionär, das hatte Maries Vater mir genau erklärt und mir einmal vorgerechnet. Ich erinnerte mich nicht mehr genau. Er hatte überall Aktien und die »Hände drin«. Sogar in dieser Badezeugfabrik.

Er ging hinter seinem Sessel hin und her, ganz ruhig, die Lippen bewegend, als ob er rechnete. Vielleicht tat er's wirklich, aber es dauerte sehr lange.

Mir fiel wieder ein, wie schäbig sie gewesen waren, als ich mit Marie von Bonn wegging. Vater hatte mir geschrieben, daß er mir aus moralischen Gründen jede Unterstützung verweigere und von mir erwarte, daß ich mit »meiner Hände Arbeit« mich »und das unglückliche, anständige Mädchen, das du verführt hast«, ernährte. Er habe den alten Derkum, wie ich wisse, immer geschätzt, als Gegner und als Mensch, und es sei ein Skandal.

Wir wohnten in einer Pension in Köln-Ehrenfeld. Die siebenhundert Mark, die Maries Mutter ihr hinterlassen hatte, waren nach einem Monat weg, und ich hatte das Gefühl, sehr sparsam und vernünftig damit umgegangen zu sein.

Wir wohnten in der Nähe des Ehrenfelder Bahnhofs, blickten vom Fenster unseres Zimmers aus auf die rote Backsteinmauer des Bahndamms, Braunkohlenzüge fuhren voll in die Stadt herein, leer aus ihr hinaus, ein trostreicher Anblick, ein herzbewegendes Geräusch, ich mußte immer an die ausgeglichene Vermögenslage zu Hause denken. Vom Badezimmer aus der Blick auf Zinkwannen und Wäscheleinen, im Dunkeln manchmal das Geräusch einer fallenden Büchse oder einer Tüte voll Abfall, die einer heimlich aus dem Fenster in den Hof warf. Ich lag oft in der Wanne und sang Liturgisches, bis die Wirtin mir erst das Singen – »Die Leute denken ja, ich beherberge einen abgesprungenen Pastor« – verbot, dann den Badekredit sperrte. Ich badete ihr zu oft, sie fand das überflüssig. Sie stocherte manchmal mit dem Schüreisen in den heruntergeworfenen Abfallpaketen auf dem Hof, um aus dem Inhalt den Absender zu ermitteln: Zwiebelschalen, Kaffeesatz, Kotelettknochen gaben ihr Stoff für umständliche Kombinationen, die sie durch beiläufig vorgenommene Erkundigungen in Metzgerläden und Gemüsegeschäften ergänzte, nie mit Erfolg. Der Abfall ließ nie bindende Schlüsse auf die Individualität zu. Drohungen, die sie in den wäscheverhangenen Himmel hinaufschickte, waren so formuliert, daß jeder sich gemeint vorkam: »Mir macht keiner was vor, ich weiß, wo ich dran bin.« Wir lagen morgens immer im Fenster und lauerten auf den Briefträger, der uns manchmal Päckchen brachte, von Maries Freundinnen, Leo, Anna, in sehr unregelmäßigen Abständen Großvaters Schecks, aber von meinen Eltern nur Aufforderungen, »mein Schicksal in die Hand zu nehmen, aus eigner Kraft das Mißgeschick zu meistern«.

Später schrieb meine Mutter sogar, sie habe mich »verstoßen«. Sie kann bis zur Idiotie geschmacklos sein, denn sie zitierte den Ausdruck aus einem Roman von Schnitzler, der ›Herz im Zwiespalt‹ heißt. In diesem Roman wird ein Mädchen von seinen Eltern »verstoßen«, weil es sich weigert, ein Kind zur Welt zu bringen, das ein »edler, aber schwacher Künstler«, ich glaube, ein Schauspieler, ihr gezeugt hat. Mutter zitierte wörtlich einen Satz aus dem achten Kapitel des Romans: »Mein Gewissen zwingt mich, dich zu verstoßen.« Sie fand, daß dies ein passendes Zitat war. Jedenfalls »verstieß« sie mich. Ich bin sicher, sie tat es nur, weil es ein Weg war, der sowohl ihrem Gewissen wie ihrem Konto Konflikte ersparte. Zu Hause erwarteten sie, daß ich einen heroischen Lebenslauf beginnen würde: in eine Fabrik gehen oder auf den Bau, um meine Geliebte zu ernähren, und sie waren alle enttäuscht, als ich das nicht tat. Sogar Leo und Anna drückten ihre Enttäuschung deutlich aus. Sie sahen mich schon mit Stullen und Henkelmann im Morgengrauen losziehen, eine Kußhand zu Maries Zimmer hinaufwerfen, sahen mich abends »müde, aber befriedigt« heimkehren, Zeitung lesen und Marie beim Stricken zuschauen. Aber ich machte nicht die geringste Anstrengung, aus dieser Vorstellung ein lebendes Bild zu machen. Ich blieb bei Marie, und Marie war es viel lieber, wenn ich bei ihr blieb. Ich fühlte mich als »Künstler« (viel mehr als jemals später), und wir verwirklichten unsere kindlichen Vorstellungen von Bohème: mit Chiantiflaschen und Sackleinen an den Wänden und buntem Bast. Ich werde heute noch rot vor Rührung, wenn ich an dieses Jahr denke. Wenn Marie am Wochenende zu unserer Wirtin ging, um Aufschub für die Mietzahlung zu erlangen, fing die Wirtin jedesmal Streit an und fragte, warum ich denn nicht arbeiten ginge. Und Marie sagte mit ihrem wunderbaren Pathos: »Mein Mann ist ein Künstler, ja, ein Künstler.« Ich hörte sie einmal von der dreckigen Treppe aus ins offene Zimmer der Wirtin hinunterrufen: »Ja, ein Künstler«, und die Wirtin rief mit ihrer heiseren Stimme zurück: »Was, ein Künstler? Und Ihr Mann ist er auch? Da wird sich das Standesamt aber gefreut haben.« Am meisten ärgerte sie sich darüber, daß wir fast immer bis zehn oder elf im Bett blieben. Sie hatte nicht Phantasie genug, sich auszurechnen, daß wir auf diese Weise am leichtesten eine Mahlzeit und Strom fürs Heizöfchen sparten, und wußte nicht, daß ich meistens erst gegen zwölf in das Pfarrsälchen zum Training gehen konnte, weil vormittags dort immer etwas los war: Mütterberatung, Kommunionunterricht, Kochkurse oder Beratungsstunde einer katholischen Siedlungsgenossenschaft. Wir wohnten nahe an der Kirche, an der Heinrich Behlen Kaplan war, und er hatte mir dieses Sälchen mit Bühne als Trainingsmöglichkeit besorgt, auch das Zimmer in der Pension. Damals waren viele Katholiken sehr nett zu uns. Die Frau, die im Pfarrheim den Kochlehrgang abhielt, gab uns immer zu essen, was übrig geblieben war, meistens nur Suppe und Pudding, manchmal auch Fleisch, und wenn Marie ihr beim Aufräumen half, steckte sie ihr gelegentlich ein Paket Butter zu oder eine Tüte Zucker. Sie blieb manchmal dort, wenn ich mit dem Training anfing, hielt sich den Bauch vor Lachen und kochte am Nachmittag Kaffee. Auch als sie erfuhr, daß wir nicht verheiratet waren, blieb sie nett. Ich hatte den Eindruck, sie rechnete gar nicht damit, daß Künstler »richtig heiraten«. An manchen Ta-

gen, wenn es kalt war, gingen wir schon früher hin. Marie
nahm an dem Kochkurs teil, und ich saß in der Garderobe
neben einem elektrischen Heizöfchen und las. Ich hörte
durch die dünne Wand das Gekicher im Saal, dann ernste
Vorträge über Kalorien, Vitamine, Kalkulation, doch im
ganzen schien mir das Unternehmen sehr munter zu sein.
Wenn Mütterberatung war, durften wir nicht erscheinen,
bis alles vorbei war. Die junge Ärztin, die die Beratung
abhielt, war sehr korrekt, auf eine freundliche, aber bestimmte Art, und hatte eine fürchterliche Angst vor dem
Staub, den ich aufwirbelte, wenn ich auf der Bühne her-
umhopste. Sie behauptete später, der Staub hinge noch
am Tage darauf in der Luft und gefährde die Säuglinge,
und sie setzte es durch, daß ich vierundzwanzig Stunden,
bevor sie ihre Beratung abhielt, nicht die Bühne benutzen
durfte. Heinrich Behlen bekam sogar Krach mit seinem
Pfarrer deswegen, der gar nicht gewußt hatte, daß ich
dort jeden Tag trainierte, und der Heinrich aufforderte,
»die Nächstenliebe nicht zu weit zu treiben«. Manchmal
ging ich auch mit Marie in die Kirche. Es war so schön
warm dort, ich setzte mich immer über den Heizungska-
nal; es war auch vollkommen still, der Straßenlärm draußen schien unendlich weit weg zu sein, und die Kirche
war auf eine wohltuende Weise leer: nur sieben oder acht
Menschen, und ich hatte einige Male das Gefühl, dazu-
zugehören zu dieser stillen traurigen Versammlung von
Hinterbliebenen einer Sache, die in ihrer Ohnmacht
großartig wirkte. Außer Marie und mir lauter alte Frauen.
Und die unpathetische Art, mit der Heinrich Behlen zele-
brierte, paßte so gut zu der dunklen, häßlichen Kirche.
Einmal sprang ich sogar ein, als sein Meßdiener ausgefal-
len war, am Ende der Messe, wenn das Buch von rechts
nach links getragen wird. Ich merkte einfach, daß Heinrich plötzlich unsicher wurde, den Rhythmus verlor, und

ich lief rasch hin, holte das Buch von der rechten Seite, kniete mich hin, als ich vor der Mitte des Altars war, und trug es nach links. Ich wäre mir unhöflich vorgekommen, hätte ich Heinrich nicht aus der Verlegenheit geholfen. Marie wurde knallrot, Heinrich lächelte. Wir kannten uns schon lange, er war im Internat Kapitän der Fußballmannschaft gewesen, älter als ich. Meistens warteten wir nach der Messe draußen vor der Sakristei auf Heinrich, er lud uns zum Frühstück ein, kaufte auf Kredit in einem Kramladen Eier, Schinken, Kaffee und Zigaretten, und er war immer glücklich wie ein Kind, wenn seine Haushälterin krank war.

Ich dachte an all die Menschen, die uns geholfen hatten, während sie zu Hause auf ihren Scheißmillionen herumhockten, mich verstoßen hatten und ihre moralischen Gründe genossen.

Mein Vater ging immer noch hinter seinem Sessel hin und her und bewegte rechnend seine Lippen. Ich war drauf und dran, ihm zu sagen, ich verzichte auf sein Geld, aber irgendwie, so schien mir, hatte ich ein Recht darauf, von ihm etwas zu bekommen, und ich wollte mir mit einer einzigen Mark in der Tasche keinen Heroismus erlauben, den ich später bereuen würde. Ich brauchte wirklich Geld, dringend, und er hatte mir keinen Pfennig gegeben, seitdem ich von zu Hause weg war. Leo hatte uns sein ganzes Taschengeld gegeben, Anna uns manchmal ein selbstgebackenes Weißbrot geschickt, und später hatte uns sogar Großvater hin und wieder Geld geschickt, Verrechnungsschecks über fünfzehn, zwanzig Mark, und einmal aus einem Grund, den ich nie herausbekam, einen Scheck über zweiundzwanzig Mark. Wir hatten jedesmal ein fürchterliches Theater mit diesen Schecks: unsere Wirtin hatte kein Bankkonto, Heinrich auch nicht, er hatte so wenig Ahnung von Verrechnungsschecks wie wir.

Er zahlte den ersten Scheck einfach auf das Caritaskonto seiner Pfarre ein, ließ sich an der Sparkasse Zweck und Art des Verrechnungsschecks erklären, ging dann zu seinem Pfarrer und bat um einen Barscheck über fünfzehn Mark – aber der Pfarrer platzte fast vor Wut. Er erklärte Heinrich, er könne ihm keinen Barscheck geben, weil er die Zweckbestimmung erklären müsse, und so ein Caritaskonto sei eine heikle Sache, es würde kontrolliert, und wenn er schriebe: »Gefälligkeitsscheck für Kaplan Behlen, Gegenwert für privaten Verrechnungsscheck«, bekäme er Krach, denn eine Pfarrcaritas sei schließlich kein Umschlagplatz für Verrechnungsschecks »dunkler Herkunft«. Er könne den Verrechnungsscheck nur als Spende für einen bestimmten Zweck deklarieren, als unmittelbare Unterstützung von Schnier für Schnier, und mir den Gegenwert bar als Spende der Caritas auszahlen. Das ginge, sei aber nicht ganz korrekt. Es dauerte im ganzen zehn Tage, bis wir die fünfzehn Mark wirklich hatten, denn Heinrich hatte natürlich noch tausend andere Dinge zu tun, er konnte sich nicht ausschließlich der Einlösung meiner Verrechnungsschecks widmen. Ich bekam jedesmal einen Schrecken, wenn ich danach von Großvater einen Verrechnungsscheck bekam. Es war teuflisch, es war Geld und doch kein Geld, und es war nie das, was wir wirklich brauchten: unmittelbar Geld. Schließlich richtete sich Heinrich selbst ein Bankkonto ein, um uns Barschecks für die Verrechnungsschecks geben zu können, aber er war oft für drei, vier Tage weg, einmal war er für drei Wochen in Urlaub, als der Scheck über zweiundzwanzig Mark kam, und ich trieb schließlich in Köln meinen einzigen Jugendfreund auf, Edgar Wieneken, der irgendein Amt – ich glaube, Kulturreferent bei der SPD – bekleidete. Ich fand seine Adresse im Telefonbuch, hatte aber keine zwei Groschen, um ihn anzurufen, und ging zu Fuß von Köln-Ehrenfeld nach Köln-Kalk, traf ihn nicht an, wartete bis acht Uhr abends vor der Haustür, weil seine Wirtin sich weigerte, mich in sein Zimmer zu lassen. Er wohnte in der Nähe einer sehr großen und sehr dunklen Kirche, in der Engelsstraße (ich weiß bis heute nicht, ob er sich verpflichtet fühlte, in der Engelsstraße zu wohnen, weil er in der SPD war). Ich war vollkommen erledigt, todmüde, hungrig, hatte nicht einmal Zigaretten und wußte, daß Marie zu Hause saß und sich ängstigte. Und Köln-Kalk, die Engelsstraße, die chemische Fabrik in der Nähe – das ist kein heilsamer Anblick für Melancholiker. Ich ging schließlich in eine Bäckerei und bat die Frau hinter der Theke, mir ein Brötchen zu schenken. Sie war jung, sah aber mies aus. Ich wartete, bis der Laden einen Augenblick leer war, ging rasch hinein und sagte, ohne guten Abend zu wünschen: »Schenken Sie mir ein Brötchen.« Ich hatte Angst, es würde jemand reinkommen – sie sah mich an, ihr dünner grämlicher Mund wurde erst noch dünner, rundete sich dann, füllte sich, dann steckte sie ohne ein Wort drei Brötchen und ein Stück Hefekuchen in eine Tüte und gab es mir. Ich glaube, ich sagte nicht einmal danke, als ich die Tüte nahm und rasch wegging. Ich setzte mich auf die Türschwelle des Hauses, in dem Edgar wohnte, aß die Brötchen und den Kuchen und fühlte ab und zu nach dem Verrechnungsscheck über zweiundzwanzig Mark in meiner Tasche. Zweiundzwanzig war eine merkwürdige Zahl, ich grübelte darüber nach, wie sie zustande gekommen sein konnte, vielleicht war es irgendein Rest auf einem Konto gewesen, vielleicht sollte es auch ein Witz sein, wahrscheinlich war es einfach Zufall, aber das Merkwürdige war, daß sowohl die Ziffer 22 wie in Worten zweiundzwanzig drauf stand, und Großvater mußte sich doch irgend etwas dabei gedacht haben. Ich bekam es nie heraus. Später entdeckte ich, daß ich nur eineinhalb Stunden in Kalk in der Engelsstraße auf Edgar gewartet hatte: es kam mir vor wie eine Ewigkeit voller Trübsal: die dunklen Häuserfronten, die Dämpfe von der chemischen Fabrik. Edgar freute sich, mich wiederzusehen. Er strahlte, klopfte mir auf die Schulter, nahm mich mit auf sein Zimmer, wo er ein großes Foto von Brecht an der Wand hatte, darunter eine Klampfe und viele Taschenbücher auf einem selbst zusammengehauenen Regal. Ich hörte ihn draußen mit seiner Wirtin schimpfen, weil sie mich nicht reingelassen hatte, dann kam er mit Schnaps zurück, erzählte mir strahlend, er habe soeben im Theaterausschuß eine Schlacht gegen die »miefigen Hunde von der CDU« gewonnen, und forderte mich auf, ihm alles zu erzählen, was ich, seitdem wir uns zuletzt gesehen hatten, erlebt hatte. Wir hatten als Jungen jahrelang miteinander gespielt. Sein Vater war Bademeister, später Platzwart auf dem Sportgelände in der Nähe unseres Hauses. Ich bat ihn, mir die Erzählung zu ersparen, klärte ihn in Stichworten über meine Situation auf und bat ihn, mir den Scheck doch zu versilbern. Er war furchtbar nett, er verstand alles, gab mir sofort dreißig Mark bar, wollte den Scheck gar nicht haben, aber ich flehte ihn an, den Scheck zu nehmen. Ich glaube, ich weinte fast, als ich ihn bat, den Scheck doch zu nehmen. Er nahm ihn, ein bißchen gekränkt, und ich lud ihn ein, uns doch einmal zu besuchen und mir beim Training zuzusehen. Er brachte mich noch bis zur Straßenbahnhaltestelle an der Kalker Post, aber als ich drüben auf dem Platz ein freies Taxi stehen sah, rannte ich hinüber, setzte mich rein und sah nur noch Edgars verdutztes, gekränktes, bleiches, großes Gesicht. Es war das erste Mal, daß ich mir ein Taxi leistete, und wenn je ein Mensch ein Taxi verdient hat, dann war ich es an diesem Abend. Ich hätte es nicht ertragen, mit der Straßenbahn quer durch Köln zu bummeln und noch eine Stunde auf das Wiedersehen mit Marie zu warten. Das Taxi kostete fast acht Mark. Ich gab dem Fahrer noch fünfzig Pfennig Trinkgeld und rannte in unserer Pension die Treppe hinauf. Marie fiel mir weinend um den Hals, und ich weinte auch. Wir hatten beide so viel Angst ausgestanden, waren eine Ewigkeit lang voneinander getrennt gewesen, wir waren zu verzweifelt, uns zu küssen, flüsterten nur immer wieder, daß wir uns nie, nie, nie mehr trennen würden, »bis daß der Tod uns scheidet«, flüsterte Marie. Dann machte Marie »sich fertig«, wie sie es nannte, schminkte sich, malte sich die Lippen, und wir gingen zu einer der Buden auf der Venloer Straße, aßen jeder zwei Portionen Gulasch, kauften uns eine Flasche Rotwein und gingen nach Hause.

Edgar hat mir diese Taxifahrt nie ganz verziehen. Wir sahen ihn danach öfter, und er half uns sogar noch einmal mit Geld, als Marie die Fehlgeburt hatte. Er sprach auch nie über die Taxifahrt, aber es blieb bei ihm ein Mißtrauen zurück, das bis heute nicht getilgt ist.

»Mein Gott«, sagte mein Vater laut und in einer neuen Tonlage, die mir ganz fremd an ihm war, »sprich doch laut und deutlich und mach die Augen auf. Auf den Trick fall ich nicht mehr rein.«

Ich machte die Augen auf und sah ihn an. Er war böse.

»Rede ich etwa?« fragte ich.

»Ja«, sagte er, »du murmelst vor dich hin, aber das einzige Wort, das ich verstehe, ist hin und wieder: Scheißmillionen.«

»Das ist auch das einzige, das du verstehen kannst und verstehen sollst.«

»Und Verrechnungsscheck habe ich verstanden«, sagte er.

»Ja, ja«, sagte ich, »komm, setz dich wieder hin und sag mir, was du dir gedacht hast – als monatliche Unterstützung für ein Jahr.«

Ich ging zu ihm rüber, packte ihn sanft an den Schultern und drückte ihn in seinen Sessel. Er stand sofort wieder auf, und wir standen uns ganz nah gegenüber.

»Ich habe mir die Sache hin und her überlegt«, sagte er leise, »wenn du meine Bedingung der soliden, kontrollierten Ausbildung nicht wahrnehmen, sondern hier arbeiten willst ... müßten eigentlich – na, ich dachte, zweihundert Mark im Monat reichen.« Ich war sicher, daß er zweihundertfünfzig oder dreihundert hatte sagen wollen, im letzten Augenblick aber zweihundert gesagt hatte. Er schien doch über meinen Gesichtsausdruck erschrocken zu sein, er sagte rascher, als zu seiner gepflegten Erscheinung paßte: »Genneholm sprach davon, daß Askese die Grundlage der Pantomime sei.« Ich sagte immer noch nichts. Ich sah ihn nur an, mit »leeren Augen«, wie eine Kleistsche Marionette. Ich war nicht einmal wütend, nur auf eine Weise erstaunt, die das, was ich mühsam gelernt hatte: leere Augen zu haben, zu meinem natürlichen Ausdruck machte. Er wurde nervös, hatte leichte Schweißspuren auf der Oberlippe. Meine erste Regung war immer noch nicht Wut oder Verbitterung oder gar Haß; meine leeren Augen füllten sich langsam mit Mitleid.

»Lieber Papa«, sagte ich leise, »zweihundert Mark sind gar nicht so wenig, wie du zu glauben scheinst. Das ist eine ganz hübsche Summe, ich will nicht mit dir darüber streiten, aber weißt du wenigstens, daß Askese ein teures Vergnügen ist, jedenfalls die Askese, an die Genneholm denkt; er meint nämlich Diät und nicht Askese, viel mageres Fleisch und Salate – die billigste Form der Askese ist der Hunger, aber ein hungriger Clown – nun, ist immer noch besser als ein betrunkener.« Ich trat zurück, es war mir peinlich, so nahe bei ihm zu stehen, daß ich beobachten konnte, wie die Schweißperlen auf seinen Lippen dikker wurden.

»Hör mal«, sagte ich, »reden wir, wie es sich für Gentlemen ziemt, nicht mehr über Geld, sondern über etwas anderes.«

»Aber ich will dir wirklich helfen«, sagte er verzweifelt, »ich will dir gern dreihundert geben.«

»Ich will jetzt von Geld nichts hören«, sagte ich, »ich wollte dir nur erklären, was die erstaunlichste Erfahrung unserer Kindheit für mich war.«

»Was denn?« fragte er und sah mich an, als erwarte er ein Todesurteil. Er dachte wohl, ich würde von seiner Geliebten anfangen, der er in Godesberg eine Villa gebaut hat.

»Ruhig, ruhig«, sagte ich, »du wirst dich wundern; die erstaunlichste Erfahrung unserer Kindheit war die Erkenntnis, daß wir zu Hause nie richtig zu fressen bekamen.«

Er zuckte zusammen, als ich fressen sagte, schluckte, lachte dann knurrend und fragte: »Du meinst, ihr wärt nie richtig satt geworden?« – »Genau das«, sagte ich ruhig, »wir sind nie richtig satt geworden, wenigstens zu Hause nicht. Ich weiß bis heute nicht, ob es aus Geiz oder aus Prinzip geschah, mir wäre lieber, ich wüßte, daß es aus Geiz geschah – aber weißt du eigentlich, was ein Kind spürt, wenn es den ganzen Nachmittag radgefahren, Fußball gespielt, im Rhein geschwommen hat?«

»Ich nehme an, Appetit«, sagte er kühl.

»Nein«, sagte ich, »Hunger. Verdammt, wir wußten als Kinder immer nur, daß wir reich waren, sehr reich – aber von diesem Geld haben wir nichts gehabt – nicht einmal richtig zu essen.«

»Hat es euch je an etwas gefehlt?«

»Ja, sagte ich, »ich sag's ja: an Essen – und außerdem am Taschengeld. Weißt du, worauf ich als Kind immer Hunger hatte?«

»Mein Gott«, sagte er ängstlich, »auf was?«

»Auf Kartoffeln«, sagte ich. »Aber Mutter hatte damals schon den Schlankheitsfimmel – du weißt ja, sie war immer ihrer Zeit voraus –, und es wimmelte bei uns ständig von irgendwelchen dummen Schwätzern, von denen jeder eine andere Ernährungstheorie hatte, leider spielte in keiner einzigen dieser Ernährungstheorien die Kartoffel eine positive Rolle. Die Mädchen in der Küche kochten sich manchmal welche, wenn ihr aus wart: Pellkartoffeln mit Butter, Salz und Zwiebeln, und manchmal weckten sie uns, und wir durften im Schlafanzug runter kommen und uns unter der Bedingung absoluter Verschwiegenheit mit Kartoffeln vollschlagen. Meistens gingen wir freitags zu Wienekens, da gab es immer Kartoffelsalat, und Frau Wieneken häufte uns den Teller besonders hoch voll. Und dann gab es bei uns immer zu wenig Brot im Brotkorb, eine knappe, beschissene Angelegenheit war das, unser Brotkorb, dieses verdammte Knäckebrot oder ein paar Scheiben, die »aus gesundheitlichen Gründen« halb trocken waren – wenn ich zu Wienekens kam und Edgar hatte gerade Brot geholt, dann hielt seine Mutter mit der linken Hand den Laib vor der Brust fest und schnitt mit der rechten frische Scheiben ab, die wir auffingen und mit Apfelkraut beschmierten.«

Mein Vater nickte matt, ich hielt ihm die Zigaretten hin, er nahm eine, ich gab ihm Feuer. Ich hatte Mitleid mit ihm. Es muß schlimm für einen Vater sein, sich mit seinem Sohn, wenn er schon fast achtundzwanzig ist, zum erstenmal richtig zu unterhalten. »Noch tausend andere Dinge«, sagte ich, »zum Beispiel Lakritzen, Luftballons.

Mutter hielt Luftballons für reine Verschwendung. Stimmt. Sie sind reine Verschwendung – aber um eure ganzen Scheißmillionen als Luftballons in den Himmel zu schicken, hätte unsere Verschwendungssucht gar nicht ausgereicht. Und diese billigen Bonbons, über die Mutter ganz besonders gescheite Abschreckungstheorien hatte, die bewiesen, daß sie reines, reines Gift seien. Aber dann gab sie uns nicht etwa bessere Bonbons, die nicht giftig waren, sondern gar keine. Im Internat wunderten sich alle«, sagte ich leise, »daß ich als einziger nie übers Essen murrte, alles aufaß und das Essen herrlich fand.«

»Na, siehst du«, sagte er matt, »es hat wenigstens sein Gutes gehabt.« Es klang nicht sehr überzeugt und gar nicht glücklich, was er da sagte.

»Oh«, sagte ich, »über den theoretischen pädagogischen Wert einer solchen Erziehung bin ich mir vollkommen klar – aber es war eben alles Theorie, Pädagogik, Psychologie, Chemie – und eine tödliche Verdrossenheit. Bei Wienekens wußte ich, wann es Geld gab, freitags, auch bei Schniewinds und Holleraths merkte man, wenn es am Monatsersten oder am Fünfzehnten Geld gab – es gab was extra, für jeden eine besonders dicke Scheibe Wurst oder Kuchen, und Frau Wieneken ging freitags morgens immer zum Friseur, weil am frühen Abend – nun, du würdest sagen, der Venus geopfert wurde.«

»Was«, rief mein Vater, »du meinst doch nicht ...« Er wurde rot und sah mich kopfschüttelnd an.

»Doch«, sagte ich, »das meine ich. Freitags nachmittags wurden die Kinder ins Kino geschickt. Vorher durften sie noch Eis essen gehen, so daß sie für mindestens dreieinhalb Stunden aus dem Haus waren, wenn die Mutter vom Friseur kam und der Vater mit der Lohntüte nach Haus. Du weißt, so groß sind Arbeiterwohnungen nicht.« – »Du meinst«, sagte mein Vater, »du meinst, ihr hättet gewußt, warum die Kinder ins Kino geschickt wurden?«

»Natürlich nicht genau«, sagte ich, »und das meiste fiel mir erst später ein, wenn ich daran dachte – und erst viel später fiel mir ein, warum Frau Wieneken immer auf eine so rührende Art rot wurde, wenn wir dann aus dem Kino kamen und Kartoffelsalat aßen. Später, als er Platzwart wurde, war das anders – da war er wohl mehr zu Hause. Ich merkte als Junge nur immer, daß ihr irgendwie peinlich zumute war – und später erst fiel mir ein, warum. Aber in einer Wohnung, die aus einem großen Zimmer und einer Küche bestand, und mit drei Kindern – hatten sie wohl gar keine andere Wahl.«

Mein Vater war so erschüttert, daß ich Angst hatte, er würde es für geschmacklos halten, jetzt wieder von Geld anzufangen. Er empfand unsere Begegnung als tragisch, fing aber schon an, diese Tragik auf einer Ebene edlen Leidens auch ein bißchen zu genießen, Geschmack daran zu finden, und dann würde es schwer sein, ihn wieder auf die monatlichen dreihundert Mark zu bringen, die er mir angeboten hatte. Mit Geld war es ähnlich wie mit dem »fleischlichen Verlangen«. Keiner sprach richtig darüber, dachte richtig daran, es wurde entweder – wie Marie vom fleischlichen Verlangen der Priester gesagt hatte – »sublimiert« oder als ordinär empfunden, nie als das, was es im Augenblick war: Essen oder ein Taxi, eine Schachtel Zigaretten oder ein Zimmer mit Bad.

Mein Vater litt, es war offensichtlich und erschütternd. Er wandte sich zum Fenster hin, zog sein Taschentuch und trocknete sich ein paar Tränen. Ich hatte das noch nie gesehen: daß er weinte und sein Taschentuch richtig benutzte. Er bekam jeden Morgen zwei frische Taschen-

tücher herausgelegt und warf sie abends ein bißchen ver-
knautscht, aber nicht merklich angeschmutzt in den Wä-
schepuff in seinem Badezimmer. Es hatte Zeiten gegeben,
in denen meine Mutter aus Sparsamkeit, weil Waschmittel
knapp waren, lange Diskussionen mit ihm darüber führte,
ob er nicht die Taschentücher wenigstens zwei oder drei
Tage mit sich herumtragen könne. »Du trägst sie ja doch
nur mit dir herum, und richtig schmutzig sind sie nie –
und es gibt doch Verpflichtungen der Volksgemeinschaft
gegenüber.« Sie spielte damit auf »Kampf dem Verderb«
und »Groschengrab« an. Aber Vater war – das einzige
Mal, soweit ich mich erinnern konnte – energisch geworden und hatte darauf bestanden, morgens seine beiden
frischen Taschentücher zu bekommen. Ich hatte noch nie
ein Tröpfchen oder Stäubchen, irgend etwas, was Nase-
putzen notwendig gemacht hätte, an ihm gesehen. Jetzt
stand er am Fenster und trocknete nicht nur Tränen,
wischte sogar so etwas Ordinäres wie Schweiß von der
Oberlippe. Ich ging raus in die Küche, weil er immer
noch weinte, ich hörte ihn sogar ein bißchen schluchzen.
Es gibt nur wenige Menschen, die man gern dabei hat,
wenn man weint, und ich dachte mir, der eigene Sohn,
den man kaum kennt, wäre die am wenigsten angemessene Gesellschaft. Ich selbst kannte nur einen Menschen, in
dessen Gegenwart ich weinen konnte, Marie, und ich
wußte nicht, ob Vaters Geliebte von der Art war, daß er
in ihrer Gegenwart weinen konnte. Ich hatte sie nur einmal gesehen, sie lieb und hübsch und auf eine angenehme
Weise dumm gefunden, hatte aber viel von ihr gehört.
Von Verwandten war sie uns als geldgierige Person ge-
schildert worden, aber in unserer Verwandtschaft galt jedermann als geldgierig, der so unverschämt war, daran zu
erinnern, daß ein Mensch hin und wieder essen, trinken
und Schuhe kaufen muß. Einer, der Zigaretten, warme

Bäder, Blumen, Schnaps für lebensnotwendig erklärt, hat jede Chance, als »irrsinniger Verschwender« in die Chronik einzugehen. Ich stelle mir vor, daß eine Geliebte eine kostspielige Person ist: sie muß ja wohl Strümpfe kaufen, Kleider, muß Miete zahlen und immer gut gelaunt sein, was nur möglich ist bei »vollkommen ausgeglichener Finanzlage«, wie Vater es ausgedrückt hätte. Wenn er nach den sterbenslangweiligen Aufsichtsratssitzungen zu ihr ging, mußte sie doch gut gelaunt sein, gut riechen, beim Friseur gewesen sein. Ich konnte mir nicht vorstellen, daß sie geldgierig war. Wahrscheinlich war sie nur kostspielig, und das war in unserer Verwandtschaft gleichbedeutend mit geldgierig. Wenn der Gärtner Henkels, der dem alten Fuhrmann manchmal half, plötzlich mit erstaunlicher Bescheidenheit darauf aufmerksam machte, daß die Tarife für Hilfsarbeiter »eigentlich schon seit drei Jahren« höher seien als der Lohn, den er von uns bekam, hielt meine Mutter mit schriller Stimme einen zweistündigen Vortrag über die »Geldgier gewisser Leute«. Sie hatte einmal unserem Briefträger fünfundzwanzig Pfennige als Neujahrstrinkgeld gegeben und war empört gewesen, als sie am nächsten Morgen die fünfundzwanzig Pfennig in einem Briefumschlag im Postkasten fand mit einem Zettel, auf dem der Briefträger schrieb: »Ich bringe es nicht über mich, Sie zu berauben, gnädige Frau.« Natürlich kannte sie einen Staatssekretär im Postministerium, bei dem sie sich sofort über den »geldgierigen, impertinenten Menschen« beschwerte.

Ich ging in der Küche rasch um die Kaffeepfütze herum, durch die Diele ins Badezimmer, zog den Stöpsel aus der Wanne, und es fiel mir ein, daß ich das erste Bad seit Jahren genommen hatte, ohne wenigstens die Lauretanische Litanei zu singen. Ich stimmte leise summend das

Tantum ergo an, während ich mit der Brause die Schaum-
reste von den Wänden der sich leerenden Wanne spritzte.
Ich versuchte es auch mit der Lauretanischen Litanei, ich
habe dieses Judenmädchen Miriam immer gern gehabt,
und manchmal fast an es geglaubt. Aber auch die Lauretanische Litanei half nichts, sie war wohl doch zu katholisch, und ich war wütend auf den Katholizismus und die
Katholiken. Ich nahm mir vor, Heinrich Behlen anzurufen und Karl Emonds. Mit Karl Emonds hatte ich seit
dem fürchterlichen Krach, den wir vor zwei Jahren hatten, nicht mehr gesprochen – und geschrieben hatten wir
uns nie. Er war gemein zu mir gewesen, aus einem ganz
dummen Grund: Ich hatte seinem jüngsten Sohn, dem
einjährigen Gregor, ein rohes Ei in die Milch geschlagen,
als ich auf ihn aufpassen mußte, während Karl mit Sabine
im Kino und Marie beim »Kreis« war. Sabine hatte mir
gesagt, ich solle um zehn die Milch aufwärmen, in die
Flasche tun und Gregor geben, und weil der Junge mir so
blaß und mickrig vorkam (er weinte nicht einmal, sondern quengelte auf eine mitleiderregende Weise vor sich
hin), dachte ich, ein rohes Ei in die Milch geschlagen
könnte ihm gut tun. Ich trug ihn, während die Milch
warm wurde, auf den Armen in der Küche hin und her
und sprach mit ihm: »Ei, was kriegt denn unser Jüngel-
chen, was geben wir ihm denn – ein Eichen«, und so
weiter, schlug dann das Ei auf, schlug es im Mixer und tat
es Gregor in die Milch. Karls andere Kinder schliefen fest,
ich war ungestört mit Gregor in der Küche, und als ich
ihm die Flasche gab, hatte ich den Eindruck, daß das Ei in
der Milch ihm sehr wohltat. Er lächelte und schlief nachher sofort ein, ohne noch lange zu quengeln. Als Karl
dann aus dem Kino kam, sah er die Eierschalen in der
Küche, kam ins Wohnzimmer, wo ich mit Sabine saß,
und sagte: »Das war vernünftig von dir, dir ein Ei zu

machen.« Ich sagte, ich hätte das Ei nicht selber gegessen, sondern Gregor gegeben – und sofort brach ein wilder Sturm, ein Geschimpfe los. Sabine wurde regelrecht hysterisch und nannte mich »Mörder«, Karl schrie mich an: »Du Vagabund – du Hurenbock«, und das machte mich so wild, daß ich ihn »verkrampfter Pauker« nannte, meinen Mantel nahm und in Zorn davonlief. Er rief mir noch in den Flur hinunter nach: »Du verantwortungsloser Lump«, und ich schrie in den Flur hinauf: »Du hysterischer Spießer, du elender Steißtrommler.« Ich habe Kinder wirklich gern, kann auch ganz gut mit ihnen umgehen, besonders mit Säuglingen, ich kann mir nicht denken, daß ein Ei einem einjährigen Kind schadet, aber daß Karl mich »Hurenbock« genannt hatte, kränkte mich mehr als Sabines »Mörder«. Schließlich kann man einer erregten Mutter einiges zubilligen und verzeihen, aber Karl wußte genau, daß ich kein Hurenbock war. Unser Verhältnis war auf eine idiotische Weise gespannt, weil er meine »freie Lebensweise« im Grunde seines Herzens »großartig« fand und mich seine spießige im Grunde meines Herzens anzog. Ich konnte ihm nie klarmachen, auf welche fast tödliche Weise regelmäßig mein Leben war, wie pedantisch es ablief mit Bahnfahrt, Hotel, Training, Auftritt, Mensch-ärgere-Dich-nicht-Spielen und Biertrinken – und wie mich das Leben, das er führte, gerade wegen seiner Spießigkeit anzog. Und er dachte natürlich, wie alle, daß wir absichtlich keine Kinder bekämen, Maries Fehlgeburten waren ihm »verdächtig«; er wußte nicht, wie gern wir Kinder gehabt hätten. Ich hatte trotz allem telegrafisch um einen Anruf gebeten, würde ihn aber nicht anpumpen. Er hatte inzwischen vier Kinder und kam nur sehr schlecht mit dem Geld hin.

Ich spritzte die Wanne noch einmal ab, ging leise in die Diele und blickte in die offene Wohnzimmertür. Mein

Vater stand wieder mit dem Gesicht zum Tisch und weinte nicht mehr. Mit seiner roten Nase, den feuchten, faltigen Wangen sah er wie irgendein alter Mann aus, fröstelnd, auf eine überraschende Weise leer und fast dumm. Ich goß ihm ein bißchen Kognak ein, brachte ihm das Glas. Er nahm es und trank. Der überraschend dumme Ausdruck auf seinem Gesicht blieb, die Art, wie er sein Glas leerte, es mir stumm, mit einem hilflosen Flehen in den Augen hinhielt, hatte fast etwas Trotteliges, das ich noch nie an ihm gesehen hatte. Er sah aus wie jemand, der sich für nichts, nichts mehr wirklich interessiert, nur noch für Kriminalromane, eine bestimmte Weinmarke und dumme Witze. Das zerknautschte und feuchte Taschentuch hatte er einfach auf den Tisch gelegt, und ich empfand diesen für ihn enormen Stilfehler als einen Ausdruck von Bockigkeit – wie bei einem unartigen Kind, dem schon tausendmal gesagt worden ist, daß man Taschentücher nicht auf den Tisch legt. Ich goß ihm noch etwas ein, er trank und machte eine Bewegung, die ich nur deuten konnte als: »Bitte, hol mir meinen Mantel.« Ich reagierte nicht darauf. Ich mußte ihn irgendwie wieder auf Geld bringen. Es fiel mir nichts Besseres ein, als meine Mark aus der Tasche zu nehmen und mit der Münze ein bißchen zu jonglieren: ich ließ sie an meinem nach oben ausgestreckten rechten Arm herunterrollen – dann denselben Weg zurück. Seine Amüsiertheit über diesen Trick wirkte ziemlich gequält. Ich warf die Mark hoch, fast bis an die Decke, fing sie wieder auf – aber er wiederholte nur seine Geste: »Bitte, meinen Mantel.« Ich warf die Mark noch einmal hoch, fing sie auf dem dicken Zeh meines rechten Fußes auf und hielt sie hoch, ihm fast unter die Nase, aber er machte nur eine ärgerliche Bewegung und brachte ein knurriges »Laß das« zustande. Ich ging achselzuckend in die Diele, nahm seinen Mantel, seinen Hut von der Garderobe. Er stand schon neben mir, ich half ihm, hob die Handschuhe auf, die aus seinem Hut gefallen waren, und gab sie ihm. Er war wieder nahe am Weinen, machte irgendwelche komischen Bewegungen mit Nase und Lippen und flüsterte mir zu: »Kannst du mir nicht auch was Nettes sagen?«

»Doch«, sagte ich leise, »es war nett von dir, daß du mir die Hand auf die Schulter gelegt hast, als diese Idioten mich verurteilten – und es war besonders nett, daß du Frau Wieneken das Leben gerettet hast, als der schwachsinnige Major sie erschießen lassen wollte.«

»Ach«, sagte er, »das hatte ich alles schon fast vergessen.«

»Das ist besonders nett«, sagte ich, »daß du's vergessen hast – ich hab's nicht vergessen.«

Er sah mich an und flehte stumm, nicht Henriettes Namen zu nennen, und ich nannte Henriettes Namen nicht, obwohl ich vorgehabt hatte, ihn zu fragen, warum er nicht so nett gewesen war, ihr den Schulausflug zur Flak zu verbieten. Ich nickte, und er verstand: Ich würde nicht von Henriette sprechen. Sicher saß er während der Aufsichtsratssitzungen da, kritzelte Männchen aufs Papier und manchmal ein H, noch eins, manchmal vielleicht sogar ihren vollen Namen: Henriette. Er war nicht schuldig, nur auf eine Weise dumm, die Tragik ausschloß oder vielleicht die Voraussetzung dafür war. Ich wußte es nicht. Er war so fein und zart und silberhaarig, sah so gütig aus und hatte mir nicht einmal ein Almosen geschickt, als ich mit Marie in Köln war. Was machte diesen liebenswürdigen Mann, meinen Vater, so hart und so stark, warum redete er da am Fernsehschirm von gesellschaftlichen Verpflichtungen, von Staatsbewußtsein, von Deutschland, sogar von Christentum, an das er doch nach eignem Geständnis gar nicht glaubte, und zwar so, daß man gezwungen war, ihm zu glauben? Es konnte doch nur das Geld sein, nicht das konkrete, mit dem man Milch kauft und Taxi fährt, sich eine Geliebte hält und ins Kino geht – nur das abstrakte. Ich hatte Angst vor ihm, und er hatte Angst vor mir: wir wußten beide, daß wir keine Realisten waren, und wir verachteten beide die, die von »Realpolitik« sprachen. Es ging um mehr, als diese Dummköpfe je verstehen würden. In seinen Augen las ich es: er konnte sein Geld nicht einem Clown geben, der mit Geld nur eins tun würde: es ausgeben, genau das Gegenteil von dem, was man mit Geld tun mußte. Und ich wußte, selbst wenn er mir eine Million gegeben hätte, ich hätte sie ausgegeben, und Geldausgeben war für ihn gleichbedeutend mit Verschwenden.

Während ich in der Küche und im Badezimmer wartete, um ihn allein weinen zu lassen, hatte ich gehofft, er würde so erschüttert sein, daß er mir eine große Summe schenkte, ohne die blöden Bedingungen, aber ich las jetzt in seinen Augen, er konnte es nicht. Er war kein Realist, und ich war keiner, und wir beide wußten, daß die anderen in all ihrer Plattheit nur Realisten waren, dumm wie alle Puppen, die sich tausendmal an den Kragen fassen und doch den Faden nicht entdecken, an dem sie zappeln.

Ich nickte noch einmal, um ihn ganz zu beruhigen: ich würde weder von Geld noch von Henriette anfangen, aber ich dachte an sie auf eine Weise, die mir ungehörig vorkam, ich stellte sie mir vor, wie sie jetzt wäre: dreiunddreißig, wahrscheinlich von einem Industriellen geschieden. Ich konnte mir nicht vorstellen, daß sie diesen Kitsch mitgemacht hätte, mit Flirts und Parties und »am Christentum festhalten«, in Komitees herumhocken und »zu denen von der SPD besonders nett sein, sonst bekommen sie noch mehr Komplexe«. Ich konnte sie mir nur desperat vorstellen, etwas tun, das die Realisten für snobistisch halten würden, weil es ihnen an Phantasie fehlte. Irgendeinem der unzähligen Träger des Präsidententitels einen Cocktail in den Kragen schütten oder einem zähnefletschenden Oberheuchler mit ihrem Auto in seinen Mercedes hineinfahren. Was hätte sie schon tun können, wenn sie nicht malen oder auf der Töpferscheibe Butterfäßchen hätte drehen können. Sie würde es doch spüren, wie ich es spürte, überall, wo sich Leben zeigte, diese unsichtbare Wand, wo das Geld aufhörte, zum Ausgeben da zu sein, wo es unantastbar wurde und in Tabernakeln als Ziffer existierte.

Ich gab meinem Vater den Weg frei. Er fing wieder an zu schwitzen und tat mir leid. Ich lief schnell ins Wohnzimmer zurück und holte das schmutzige Taschentuch vom Tisch und steckte es ihm in die Manteltasche. Meine Mutter konnte sehr unangenehm werden, wenn sie bei der monatlichen Wäschekontrolle ein Stück vermißte, sie würde die Mädchen des Diebstahls oder der Schlamperei bezichtigen.

»Soll ich dir ein Taxi bestellen?« fragte ich.

»Nein«, sagte er, »ich geh noch ein bißchen zu Fuß. Fuhrmann wartet in der Nähe des Bahnhofs.« Er ging an mir vorbei, ich öffnete die Tür, begleitete ihn bis zum Aufzug und drückte auf den Knopf. Ich nahm noch einmal meine Mark aus der Tasche, legte sie auf die ausgestreckte linke Hand und blickte sie an. Mein Vater blickte angeekelt weg und schüttelte den Kopf. Ich dachte, er könnte wenigstens seine Brieftasche herausnehmen und mir fünfzig, hundert Mark geben, aber Schmerz, Edelmut und die Erkenntnis seiner tragischen Situation hatten ihn auf eine solche Ebene der Sublimierung geschoben, daß jeder Gedanke an Geld ihm widerwärtig, meine Versuche, ihn daran zu erinnern, ihm wie ein Sakrileg erschienen. Ich hielt ihm die Aufzugstür auf, er umarmte mich, fing plötzlich an zu schnüffeln, kicherte und sagte: »Du riechst wirklich nach Kaffee – schade, ich hätte dir so gern einen guten Kaffee gemacht – das kann ich nämlich.« Er löste sich von mir, stieg in den Aufzug, und ich sah ihn drinnen auf den Knopf drücken und listig lächeln, bevor der Aufzug sich in Bewegung setzte. Ich blieb noch stehen und beobachtete, wie die Ziffern aufleuchten: vier, drei, zwei, eins – dann ging das rote Licht aus.

16

Ich kam mir dumm vor, als ich in die Wohnung zurückging, die Tür schloß. Ich hätte sein Angebot, mir Kaffee zu kochen, annehmen und ihn noch etwas festhalten sollen. Im entscheidenden Augenblick, wenn er den Kaffee servierte, glücklich über seine Leistung diesen eingoß, dann hätte ich sagen müssen: »Raus mit dem Geld«, oder: »Her mit dem Geld.« Im entscheidenden Augenblick geht es immer primitiv zu, barbarisch. Dann sagt man: »Ihr kriegt halb Polen, wir halb Rumänien – und bitte, möchten Sie von Schlesien zwei Drittel oder nur die Hälfte? Ihr kriegt vier Ministersessel, wir kriegen den Huckepackkonzern.« Ich war ein Dummkopf gewesen, auf meine und seine Stimmung hereinzufallen und nicht einfach nach seiner Brieftasche zu greifen. Ich hätte einfach von Geld anfangen, mit ihm darüber sprechen sollen, über das tote, abstrakte, an die Kette gelegte Geld, das für viele Menschen Leben oder Tod bedeutete. »Das ewige Geld« –

diesen Schreckensausruf tat meine Mutter bei jeder Gelegenheit, schon, wenn wir sie um dreißig Pfennig für ein Schulheft baten. Das ewige Geld. Die ewige Liebe.

Ich ging in die Küche, schnitt mir Brot ab, strich Butter drauf, ging ins Wohnzimmer und wählte Bela Brosens Nummer. Ich hoffte nur, mein Vater würde in diesem Zustand – fröstelnd vor Erschütterung – nicht nach Hause gehen, sondern zu seiner Geliebten. Sie sah so aus, als ob sie ihn ins Bett stecken, ihm einen Wärmbeutel machen, heiße Milch mit Honig geben würde. Mutter hat eine verfluchte Art, wenn man sich elend fühlt, von Zusammenreißen und Willen zu sprechen, und seit einiger Zeit hält sie kaltes Wasser für das »einzige Heilmittel«.

»Hier Brosen«, sagte sie, und es war mir angenehm, daß sie keinen Geruch ausströmte. Sie hat eine wunderbare Stimme, Alt, warm und lieb.

Ich sagte: »Schnier – Hans – Sie erinnern sich?«

»Mich erinnern«, sagte sie herzlich, »und wie – und wie ich mit Ihnen fühle.« Ich wußte nicht, wovon sie sprach, es fiel mir erst ein, als sie weitersprach. »Bedenken Sie doch«, sagte sie, »alle Kritiker sind dumm, eitel, egoistisch.«

Ich seufzte. »Wenn ich das glauben könnte«, sagte ich, »wäre mir besser.«

»Glauben Sie's doch einfach«, sagte sie, »einfach glauben. Sie können sich nicht vorstellen, wie der eiserne Wille, einfach etwas zu glauben, hilft.«

»Und wenn mich dann einer lobt, was mache ich dann?«

»Oh«, sie lachte und drehte aus dem Oh eine hübsche Koloratur, »dann glauben Sie einfach, daß er zufällig einmal einen Anfall von Ehrlichkeit gehabt hat und seinen Egoismus vergessen hat.«

Ich lachte. Ich wußte nicht, ob ich sie Bela oder Frau

Brosen anreden sollte. Wir kannten uns ja gar nicht, und es gibt noch kein Buch, in dem man nachschlagen kann, wie man die Geliebte seines Vaters anredet. Ich sagte schließlich »Frau Bela«, obwohl mir dieser Künstlername auf eine besonders intensive Weise schwachsinnig vorkam. »Frau Bela«, sagte ich, »ich bin in einer bösen Klemme. Vater war bei mir, wir sprachen über alles mögliche, und ich kam nicht mehr dazu, mit ihm über Geld zu sprechen – dabei«, ich spürte, daß sie rot wurde, ich hielt sie für sehr gewissenhaft, glaubte, ihr Verhältnis zu Vater habe bestimmt mit »wahrer Liebe« zu tun, und »Geldsachen« seien ihr peinlich. »Hören Sie bitte«, sagte ich, »vergessen Sie alles, was Ihnen jetzt durch den Kopf geht, schämen Sie sich nicht, ich bitte Sie nur, wenn Vater mit Ihnen über mich spricht, – ich meine, vielleicht könnten Sie ihn auf den Gedanken bringen, daß ich dringend Geld brauche. Bares Geld. Sofort, ich bin vollkommen pleite. Hören Sie?«

»Ja«, sagte sie, so leise, daß ich Angst bekam. Dann hörte ich, daß sie vor sich hinschnuffelte.

»Sie halten mich sicher für eine schlechte Frau, Hans«, sagte sie, sie weinte jetzt offen, »für ein käufliches Wesen, wie es so viele gibt. Sie *müssen* mich ja dafür halten. Oh.«

»Keine Spur«, sagte ich laut, »ich habe Sie noch nie dafür gehalten – wirklich nicht.« Ich hatte Angst, sie könne von ihrer Seele und der Seele meines Vaters anfangen, ihrem heftigen Schluchzen nach zu urteilen, war sie ziemlich sentimental, und es war nicht ausgeschlossen, daß sie sogar von Marie anfangen würde. »Tatsächlich«, sagte ich, nicht ganz überzeugt, denn daß sie die käuflichen Wesen so verächtlich zu machen versuchte, kam mir verdächtig vor, »tatsächlich«, sagte ich, »bin ich immer von Ihrem Edelmut überzeugt gewesen und habe nie schlecht von Ihnen gedacht.« Das stimmte. »Und außerdem«, ich hätte sie gern noch einmal angeredet, brachte aber das scheußliche Bela nicht über die Lippen, »außerdem bin ich fast dreißig. Hören Sie noch?«

»Ja«, seufzte sie und schluchzte da hinten in Godesberg herum, als ob sie im Beichtstuhl hockte.

»Versuchen Sie nur, ihm beizubringen, daß ich Geld brauche.«

»Ich glaube«, sagte sie matt, »es wäre falsch, mit ihm direkt darüber zu sprechen. Alles, was seine Familie betrifft – Sie verstehen, ist für uns tabu – aber es gibt einen anderen Weg.« Ich schwieg. Ihr Schluchzen hatte sich wieder zu schlichtem Schnuffeln gemildert. »Er gibt mir hin und wieder Geld für notleidende Kollegen«, sagte sie, »er läßt mir da völlig freie Hand, und – und glauben Sie nicht, es wäre angebracht, wenn ich Sie als im Augenblick notleidenden Kollegen in den Nutzen dieser kleinen Summen bringe?«

»Ich bin tatsächlich ein notleidender Kollege, nicht nur für den Augenblick, sondern für mindestens ein halbes Jahr. Aber bitte, sagen Sie mir, was Sie unter kleine Summe verstehen?«

Sie hüstelte, gab noch ein Oh von sich, das aber unkoloriert blieb, und sagte: »Es sind meistens Zuschüsse in ganz konkreten Notsituationen, wenn jemand stirbt, krank wird, eine Frau ein Kind kriegt – ich meine, es handelt sich nicht um Dauerunterstützungen, sondern um sogenannte Beihilfen.«

»Wie hoch?« fragte ich. Sie antwortete nicht sofort, und ich versuchte, sie mir vorzustellen. Ich hatte sie vor fünf Jahren einmal gesehen, als es Marie gelang, mich in eine Oper zu schleppen. Frau Brosen hatte die Partie eines von einem Grafen verführten Bauernmädchens gesungen, und ich hatte mich über Vaters Geschmack gewundert. Sie war eine mittelgroße, recht kräftige Person, offenbar blond und mit dem obligatorisch wogenden Busen, die an einer Kate, an einem Bauernwagen angelehnt, zuletzt auf eine Heugabel gestützt, mit einer schönen kräftigen Stimme einfache Gemütsbewegungen zum besten gab.

»Hallo?« rief ich, »hallo?«

»Oh«, sagte sie, und es gelang ihr wieder eine, wenn auch schwache Koloratur. »Ihre Frage ist so direkt.«

»Es entspricht meiner Situation«, sagte ich. Mir wurde bange. Je länger sie schwieg, desto kleiner würde die Summe werden, die sie nannte.

»Na«, sagte sie schließlich, »die Summen schwanken zwischen zehn und etwa dreißig Mark.«

»Und wenn Sie einen Kollegen erfinden würden, der in eine ganz außergewöhnlich schwierige Situation geraten ist: sagen wir, einen schweren Unfall erlitten hat und für einige Monate etwa einhundert Mark Zuschuß vertragen kann?«

»Mein Lieber«, sagte sie leise, »Sie erwarten doch von mir nicht, daß ich schwindele?«

»Nein«, sagte ich, »ich habe wirklich einen Unfall erlitten – und sind wir nicht letztlich Kollegen? Künstler?«

»Ich will's versuchen«, sagte sie, »aber ich weiß nicht, ob er anbeißt.«

»Was?« rief ich.

»Ich weiß nicht, ob es gelingen wird, die Sache so auszumalen, daß es ihn überzeugt. Ich habe nicht viel Phantasie.«

Das hätte sie gar nicht zu sagen brauchen, ich fing schon an, sie für das dümmste Weibsstück zu halten, mit dem ich je zu tun gehabt hatte.

»Wie wär's denn«, sagte ich, »wenn Sie versuchen würden, mir ein Engagement zu besorgen, am Theater hier – Nebenrollen natürlich, Chargen kann ich gut spielen.«

»Nein, nein, mein lieber Hans«, sagte sie, »ich finde mich ohnehin in diesem Intrigenspiel nicht zurecht.«

»Na gut«, sagte ich, »ich will Ihnen nur noch sagen, daß auch kleine Summen willkommen sind. Auf Wiedersehen und vielen Dank.« Ich legte auf, bevor sie noch etwas hätte sagen können. Ich hatte das dunkle Gefühl, daß aus dieser Quelle nie etwas fließen würde. Sie war zu dumm. Der Tonfall, in dem sie anbeißen sagte, hatte mich mißtrauisch gemacht. Es war nicht unmöglich, daß sie diese »Unterstützungen für hilfsbedürftige Kollegen« einfach in ihre Tasche steckte. Mein Vater tat mir leid, ich hätte ihm eine hübsche und intelligente Geliebte gewünscht. Es tat mir noch immer leid, daß ich ihm nicht die Chance gegeben hatte, mir einen Kaffee zu kochen. Dieses dumme Luder würde wahrscheinlich lächeln, heimlich den Kopf schütteln wie eine verhinderte Lehrerin, wenn er in ihrer Wohnung in die Küche ging, um Kaffee zu kochen, und dann heuchlerisch strahlen, den Kaffee loben, wie bei einem Hund, der einen Stein apportiert. Ich war wütend, als ich vom Telefon weg ans Fenster ging, es öffnete und auf die Straße blickte. Ich hatte Angst, eines Tages müßte ich auf Sommerwilds Angebot zurückgreifen. Ich nahm plötzlich meine Mark aus der Tasche, warf sie auf die Straße und bereute es im gleichen Augenblick, ich blickte ihr nach, sah sie nicht, glaubte aber zu hören, wie sie auf das Dach der vorüberfahrenden Straßenbahn fiel. Ich nahm das Butterbrot vom Tisch, aß es, während ich auf die Straße blickte. Es war fast acht, ich war schon fast zwei Stunden in Bonn, hatte schon mit sechs sogenannten Freunden telefoniert, mit meiner Mutter und meinem Vater gesprochen und besaß nicht eine Mark mehr, sondern eine weniger, als ich bei der Ankunft gehabt hatte. Ich wäre gern runtergegangen, um die Mark wieder von der Straße aufzulesen, aber es ging schon auf halb neun, Leo konnte jeden Augenblick anrufen oder kommen.

Marie ging es gut, sie war jetzt in Rom, am Busen ihrer Kirche, und überlegte, was sie zur Audienz beim Papst würde anziehen müssen. Züpfner würde ihr ein Bild von Jaqueline Kennedy besorgen, ihr eine spanische Mantilla und einen Schleier kaufen müssen, denn, genau besehen, war Marie jetzt fast so etwas wie eine »First Lady« des deutschen Katholizismus. Ich nahm mir vor, nach Rom zu fahren und auch den Papst um eine Audienz zu bitten. Ein wenig von einem weisen, alten Clown hatte auch er, und schließlich war die Figur des Harlekin in Bergamo entstanden; ich würde mir das von Genneholm, der alles wußte, bestätigen lassen. Ich würde dem Papst erklären, daß meine Ehe mit Marie eigentlich an der standesamtlichen Trauung gescheitert war, und ihn bitten, in mir eine Art Gegentyp zu Heinrich dem Achten zu sehen: der war polygam und gläubig gewesen, ich war monogam und ungläubig. Ich würde ihm erzählen, wie eingebildet und gemein »führende« deutsche Katholiken seien, und er solle sich nicht täuschen lassen. Ein paar Nummern würde ich vorführen, hübsche leichte Sachen wie ›Schulgang und Heimkehr von der Schule‹, nicht aber meine Nummer ›Kardinal‹; das würde ihn kränken, weil er ja selbst einmal Kardinal gewesen war – und er war der letzte, dem ich weh tun wollte.

Immer wieder erliege ich meiner Phantasie: ich stellte mir meine Audienz beim Papst so genau vor, sah mich da knien und als Ungläubiger um seinen Segen bitten, die Schweizer Gardisten an der Tür und irgendeinen wohlwollend, nur leicht angeekelt lächelnden Monsignore dabei – daß ich fast glaubte, ich wäre schon beim Papst gewesen. Ich würde versucht sein, Leo zu erzählen, ich wäre beim Papst gewesen und hätte eine Audienz gehabt. Ich *war* in diesen Minuten beim Papst, sah sein Lächeln und hörte seine schöne Bauernstimme, erzählte ihm, wie der Lokalnarr von Bergamo zum Harlekin geworden war. Leo ist in diesem Punkt sehr streng, er nennt mich immer Lügner. Leo wurde immer wütend, wenn ich ihn traf und ihn fragte: »Weißt du noch, wie wir das Holz miteinander durchgesägt haben?« Er schreit dann: »Aber wir *haben* das Holz nicht miteinander durchgesägt.« Er hat auf eine sehr unwichtige, dumme Weise recht. Leo war sechs oder sieben, ich acht oder neun, als er im Pferdeschuppen ein Stück Holz fand, den Rest eines Zaunpfahles, er hatte auch eine verrostete Säge im Schuppen gefunden und bat mich, mit ihm gemeinsam den Pfahlrest durchzusägen. Ich fragte ihn, warum wir denn ein so dummes Stück Holz durchsägen sollten; er konnte keine Gründe angeben, er wollte einfach nur sägen; ich fand es vollkommen sinnlos, und Leo weinte eine halbe Stunde lang – und viel später, zehn Jahre später erst, als wir im Deutschunterricht bei Pater Wunibald über Lessing sprachen, plötzlich mitten im Unterricht und ohne jeden Zusammenhang fiel mir ein, was Leo gewollt hatte: er wollte eben nur sägen, in diesem Augenblick, wo er Lust darauf hatte, mit mir sägen. Ich verstand ihn plötzlich, nach zehn Jahren, und erlebte seine Freude, seine Spannung, seine Erregung, alles, was ihn bewegt hatte, so intensiv, daß ich mitten im Unterricht anfing, Sägebewegungen zu machen. Ich sah Leos freudig erhitztes Jungengesicht mir gegenüber, schob die verrostete Säge hin, er schob sie her – bis Pater Wunibald mich plötzlich an den Haaren zupfte und »zur Besinnung brachte«. Seitdem habe ich wirklich mit Leo das Holz durchgesägt – er kann das nicht begreifen. Er ist ein Realist. Er versteht heute nicht mehr, daß man etwas scheinbar Dummes sofort tun muß.

Sogar Mutter hat manchmal Augenblickssehnsüchte: am Kaminfeuer Karten zu spielen, in der Küche eigenhändig Apfelblütentee aufzugießen. Sicher hat sie plötzlich Sehnsucht, an dem schönen blankpolierten Mahagonitisch zu sitzen, Karten zu spielen, glückliche Familie zu sein. Aber immer, wenn sie Lust dazu hatte, hatte von uns keiner Lust dazu; es gab Szenen, Unverstandene-Mutter-Getue, dann bestand sie auf unserer Gehorsamspflicht, viertes Gebot, merkte dann aber, daß es ein merkwürdiges Vergnügen sein würde, mit Kindern, die *nur* aus Gehorsamspflicht mitmachen, Karten zu spielen – und ging weinend auf ihr Zimmer. Manchmal versuchte sie es auch mit Bestechung, erbot sich, etwas »besonders Gutes« zu trinken oder zu essen herauszurücken – und es wurde wieder einer von den tränenreichen Abenden, von denen Mutter uns so viele beschert hat. Sie wußte nicht, daß wir uns alle deshalb so strikte weigerten, weil immer noch die Herzsieben im Spiel war und uns jedes Kartenspiel an Henriette erinnerte, aber keiner sagte es ihr, und später, wenn ich an ihre vergeblichen Versuche dachte, am Kaminfeuer glückliche Familie zu spielen, spielte ich in Gedanken allein mit ihr Karten, obwohl Kartenspiele, die man zu zweien spielen kann, langweilig sind. Ich spielte *tatsächlich* mit ihr, ›Sechsundsechzig‹ und ›Krieg‹, ich trank Apfelblütentee, sogar mit Honig drin, Mutter – mit neckisch erhobenem Zeigefinger drohend – gab mir sogar eine Zigarette, und irgendwo im Hintergrund spielte Leo seine Etüden, während wir alle, auch die Mädchen, wußten, daß Vater bei »diesem Weib« war. Irgendwie muß Marie von diesen »Lügen« erfahren haben, denn sie sah mich immer zweifelnd an, wenn ich ihr etwas erzählte, und diesen Jungen in Osnabrück habe ich sogar *wirklich* gesehen. Manchmal ergeht es mir auch umgekehrt: daß mir das, was ich *wirklich* erlebt habe, als unwahr und nicht real erscheint. Wie die Tatsache, daß ich damals von Köln aus nach Bonn zu Maries Jugendgruppe fuhr, um mit den Mädchen über die Jungfrau Maria zu sprechen. Das, was andere Non-Fiction nennen, kommt mir sehr fiktiv vor.

17

Ich trat vom Fenster zurück, gab die Hoffnung auf meine Mark da unten im Dreck auf, ging in die Küche, mir noch ein Butterbrot zu machen. Sehr viel Eßbares war nicht mehr da: noch eine Büchse Bohnen, eine Büchse Pflaumen (ich mag Pflaumen nicht, aber das konnte Monika nicht wissen), ein halbes Brot, eine halbe Flasche Milch, etwa ein Viertel Kaffee, fünf Eier, drei Scheiben Speck und eine Tube Senf. In der Dose auf dem Tisch im Wohnzimmer waren noch vier Zigaretten. Ich fühlte mich so elend, daß ich die Hoffnung aufgab, je wieder trainieren zu können. Mein Knie war so dick geschwollen, daß die Hose schon knapp zu werden begann, die Kopfschmerzen so heftig, daß sie fast schon überirdisch wurden: ein dauernder bohrender Schmerz, in meiner Seele war's schwärzer denn je, dann das »fleischliche Verlangen« – und Marie in Rom. Ich brauchte sie, ihre Haut, ihre Hände auf meiner Brust. Ich habe, wie Sommerwild es einmal ausdrückte, »ein waches und wahres Verhältnis zur körperlichen Schönheit«, und habe gern hübsche Frauen um mich, wie meine Nachbarin, Frau Grebsel, aber ich spüre kein »fleischliches Verlangen« nach diesen Frauen, und die meisten Frauen sind darüber gekränkt, obwohl sie, wenn ich es spürte und zu stillen verlangte, sicher nach der Polizei rufen würden. Es ist eine komplizierte und grausame Geschichte, dieses fleischliche Verlangen, für nicht monogame Männer wahrscheinlich eine ständige Tortur, für monogame wie mich ein ständiger Zwang zur latenten Unhöflichkeit, die meisten Frauen sind irgendwie gekränkt, wenn sie das, was ihnen als Eros bekannt ist, nicht spüren. Auch Frau Blothert, bieder, fromm, war immer ein bißchen beleidigt. Manchmal verstehe ich sogar die Unholde, über die so viel in den Zeitungen steht, und wenn ich mir vorstelle, daß es so etwas wie »eheliche Pflicht« gibt, wird mir bange. Es muß ja in diesen Ehen unhold zugehen, wenn eine Frau von Staat und Kirche zu dieser Sache vertraglich verpflichtet ist. Man kann ja Barmherzigkeit nicht vorschreiben. Ich wollte versuchen, mit dem Papst auch darüber zu sprechen. Er wird bestimmt falsch informiert. Ich machte mir noch ein Butterbrot, ging in die Diele und nahm aus meiner Manteltasche die Abendzeitung heraus, die ich in Köln vom Zug aus gekauft hatte. Manchmal hilft die Abendzeitung: sie macht mich so leer wie das Fernsehen. Ich blätterte sie durch, überflog die Schlagzeilen, bis ich eine Notiz entdeckte, über die ich lachen mußte. Bundesverdienstkreuz für Dr. Herbert Kalick. Kalick war der Junge gewesen, der mich angezeigt hatte wegen Defätismus und während der Gerichtsverhandlung auf Härte, unerbittlicher Härte bestanden hatte. Er hatte damals den genialen Einfall gehabt, das Waisenhaus für den Endkampf zu mobilisieren. Ich wußte, daß er ein hohes Tier geworden war. In der Abendzeitung stand, er habe das Bundesverdienstkreuz bekommen wegen »seiner Verdienste um die Verbreitung des demokratischen Gedankens in der Jugend«.

Er hatte mich vor zwei Jahren einmal eingeladen, um sich mit mir zu versöhnen. Sollte ich ihm etwa verzeihen, daß Georg, der Waisenjunge, beim Üben mit einer Panzerfaust tödlich verunglückt war – oder daß er mich, einen Zehnjährigen, wegen Defätismus angezeigt und auf Härte, unnachgiebiger Härte bestanden hatte? Marie meinte, eine Einladung zur Versöhnung könne man nicht ablehnen, und wir hatten Blumen gekauft und waren hingefahren. Er hatte eine hübsche Villa, fast schon in der Eifel, eine hübsche Frau und das, was die beiden stolz »ein Kinder« nennen. Seine Frau ist auf jene Art hübsch, daß man nicht weiß, ob sie lebendig ist oder nur aufgezogen. Ich war die ganze Zeit über, während ich neben ihr saß, versucht, sie bei den Armen oder bei den Schultern zu packen, oder an den Beinen, um festzustellen, ob sie nicht doch eine Puppe war. Alles, was sie zur Konversation beitrug, bestand aus zwei Ausdrücken: »Ach, wie hübsch« und »ach, wie scheußlich«. Ich fand sie erst langweilig, war aber dann fasziniert und erzählte ihr allerlei, so wie man Groschen in einen Automaten wirft – nur um herauszubekommen, wie sie reagieren würde. Als ich ihr erzählte, meine Großmutter sei gestorben – was gar nicht stimmte, denn meine Großmutter war schon vor zwölf Jahren gestorben –, sagte sie: »Oh, wie scheußlich«, und ich finde, man kann, wenn jemand stirbt, viel Dummes sagen, aber »oh, wie scheußlich« nicht. Dann erzählte ich ihr, daß ein gewisser Humeloh (den es gar nicht gab, den ich rasch erfand, um etwas Positives in den Automaten zu schmeißen) den Ehrendoktor bekommen habe, sie sagte: »Oh, wie hübsch.« Als ich ihr dann erzählte, daß mein Bruder Leo konvertiert sei, zögerte sie einen Augenblick – und dieses Zögern erschien mir fast wie ein Lebenszeichen; sie sah mich mit ihren sehr großen, leeren Puppenaugen an, um herauszufinden, in welche Kategorie für mich dieses Ereignis gehöre, sagte dann: »Scheußlich, was?«; es war mir immerhin gelungen, ihr eine Ausdrucksvariation abzuringen. Ich schlug ihr vor, doch die beiden Ohs einfach wegzulassen, nur noch hübsch und scheußlich zu sagen; sie kicherte, legte mir noch Spargel nach und sagte dann erst: »Oh, wie hübsch.« Schließlich lernten wir an diesem Abend auch noch das »ein Kinder« kennen, einen fünfjährigen Bengel, der so, wie er war, im Werbefernsehen als Kind hätte auftreten können. Dieses Zahnpastagetue, gute Nacht, Papi, gute Nacht, Mami, ein Diener vor Marie, einer vor mir. Ich wunderte mich, daß das Werbefernsehen ihn noch nicht entdeckt hat. Später, als wir Kaffee und Kognak am Kamin tranken, sprach Herbert von der großen Zeit, in der wir leben. Er holte dann noch Sekt und wurde pathetisch. Er bat mich um Verzeihung, kniete sogar nieder, um mich um eine, wie er es nannte, »säkularisierte Absolution« zu bitten – und ich war drauf und dran, ihn einfach in den Hintern zu treten, nahm aber dann ein Käsemesser vom Tisch und schlug ihn feierlich zum Demokraten. Seine Frau rief: »Ach, wie hübsch«, und ich hielt, als Herbert sich gerührt wieder hinsetzte, einen Vortrag über die jüdischen Yankees. Ich sagte, man habe eine Zeitlang geglaubt, der Name Schnier, mein Name, habe mit schnorren zu tun, aber es sei nachgewiesen, daß er von Schneider, Schnieder abzuleiten sei, nicht von schnorren, und ich sei weder Jude noch Yankee, und doch – und dann ohrfeigte ich Herbert ganz plötzlich, weil mir einfiel, daß er einen unserer Schulkameraden, Götz Buchel, gezwungen hatte, den Nachweis seiner arischen Abstammung zu erbringen, und Götz war in Schwierigkeiten geraten, weil seine Mutter eine Italienerin war, aus einem Dorf in Süditalien – und über deren Mutter dort etwas herauszukriegen, was auch nur annähernd einem arischen Nachweis ähnlich war, erwies sich als unmöglich, zumal das Dorf, in dem Götz' Mutter geboren war, um diese Zeit schon von den jüdischen Yankees besetzt war. Es waren peinliche, lebensgefährliche Wochen für Frau Buchel und Götz, bis Götz' Lehrer auf die Idee kam, einen von den Rassenspezialisten der Bonner Universität zu einem Gutachten zu bewegen. Der stellte fest, daß Götz »rein, aber auch vollkommen rein westisch« sei, aber Herbert Kalick brachte dann den Unsinn auf, alle Italiener wären Verräter, und Götz hatte bis Kriegsende keine ruhige Minute mehr. Das fiel mir ein, während ich den Vortrag über die jüdischen Yankees zu halten versuchte – und ich knallte Herbert Kalick einfach eine ins Gesicht, schmiß mein Sektglas ins Kaminfeuer, das Käsemesser hinterdrein und zog Marie am Arm hinter mir her, hinaus. Wir konnten da oben kein Taxi bekommen und mußten zu Fuß gehen, eine ganze Weile, bis wir zur Busstation kamen. Marie weinte und sagte die ganze Zeit über, es sei unchristlich und unmenschlich von mir gewesen, aber ich sagte, ich sei kein Christ und mein Beichtstuhl sei noch nicht geöffnet. Sie fragte mich auch, ob ich denn an seiner, Herberts, Wandlung zum Demokraten zweifle, und ich sagte: »Nein, nein, ich zweifle ja gar nicht dran – im Gegenteil –, aber ich mag ihn einfach nicht und werde ihn nie mögen.«

Ich schlug das Telefonbuch auf und suchte Kalicks Nummer. Ich war in der rechten Laune, mich mit ihm am Telefon zu unterhalten. Mir fiel ein, daß ich ihn später noch einmal bei einem *Jour fixe* zu Hause getroffen, er mich flehend und kopfschüttelnd angesehen hatte, während er sich mit einem Rabbiner über »jüdische Geistigkeit« unterhielt. Mir tat der Rabbiner leid. Er war ein sehr alter Mann, mit weißem Bart und sehr gütig und auf eine Weise harmlos, die mich beunruhigte. Natürlich erzählte Herbert jedem, den er kennenlernte, daß er Nazi und Antisemit gewesen sei, daß die »Geschichte ihm aber die Augen geöffnet« habe. Dabei hatte er noch am Tag, bevor die Amerikaner in Bonn einmarschierten, mit den Jungen in unserem Park geübt und ihnen gesagt: »Wenn ihr das erste Judenschwein seht, dann drauf mit dem Ding.« Was mich an diesen *Jours fixes* bei meiner Mutter aufregte, war die Harmlosigkeit der zurückgekehrten Emigranten. Sie waren so gerührt von all der Reue und den laut hinausposaunten Bekenntnissen zur Demokratie, daß es dauernd zu Verbrüderungen und Umarmungen kam. Sie begriffen nicht, daß das Geheimnis des Schreckens im Detail liegt. Große Sachen zu bereuen ist ja kinderleicht: Politische Irrtümer, Ehebruch, Mord, Antisemitismus – aber wer verzeiht einem, wer versteht die Details? Wie Brühl und Herbert Kalick meinen Vater angesehen hatten, als er mir die Hand auf die Schulter legte, und wie Herbert Kalick, außer sich vor Wut, mit den Knöcheln auf unseren Tisch schlug, mit seinen toten Augen mich ansah und sagte: »Härte, unerbittliche Härte«, oder wie er Götz Buchel am Kragen packte, ihn vor die Oberklasse stellte, obwohl der Lehrer leise protestierte, und sagte: »Seht euch den an – wenn das kein Jude ist!« Ich habe zuviel Augenblicke im Kopf, zuviel Details, Winzigkeiten – und Herberts Augen haben sich nicht geändert. Mir wurde bange, als ich ihn da bei dem alten, etwas dummen Rabbiner stehen sah, der so versöhnlich gestimmt war, sich von Herbert einen Cocktail holen und etwas über jüdische Geistigkeit vorschwätzen ließ. Die Emigranten wissen auch nicht, daß nur wenige Nazis an die Front geschickt wurden, gefallen sind fast nur die anderen, Hubert Knieps, der im Haus neben Wienekens wohnte, und Günther Cremer, der Sohn des Bäckers, sie wurden, obwohl sie Hitlerjugendführer waren, an die Front geschickt, weil sie »politisch nicht spurten«, die ganze ekelhafte Schnüffelei nicht mitmachten. Kalick wäre nie an die Front geschickt worden, der spurte, so wie er heute spurt. Er ist der geborene

Spurer. Die Sache war ja ganz anders, als die Emigranten glauben. Sie können natürlich nur in Kategorien wie schuldig, nicht schuldig – Nazis, Nichtnazis denken.

Der Kreisleiter Kierenhahn kam manchmal zu Maries Vater in den Laden, nahm sich einfach ein Paket Zigaretten aus der Schublade, ohne Marken oder Geld hinzulegen, steckte sich eine Zigarette an, setzte sich vor Maries Vater auf die Theke und sagte: »Na, Martin, wie wär's, wenn wir dich in ein nettes, kleines, nicht ganz so grausames KZ-chen steckten?« Dann sagte Maries Vater: »Schwein bleibt Schwein, und du bist immer eins gewesen.« Die beiden kannten sich schon seit ihrem sechsten Lebensjahr. Kierenhahn wurde wütend und sagte: »Martin, treib's nicht zu weit, übertreib's nicht.« Maries Vater sagte: »Ich treib's noch weiter: mach, daß du wegkommst.« Kierenhahn sagte: »Ich werde dafür sorgen, daß du nicht in ein nettes, sondern in ein übles KZ kommst.« So ging das hin und her, und Maries Vater wäre abgeholt worden, wenn nicht der Gauleiter seine »schützende Hand« über ihn gehalten hätte, aus einem Grund, den wir nie herausbekamen. Er hielt natürlich nicht seine schützende Hand über alle, nicht über den Lederhändler Marx und den Kommunisten Krupe. Sie wurden ermordet. Und dem Gauleiter geht es ganz gut heute, er hat sein Baugeschäft. Als Marie ihn eines Tages traf, sagte er, er »könne nicht klagen«. Maries Vater sagte mir immer: »Wie schrecklich diese Nazigeschichte war, kannst du nur ermessen, wenn du dir vorstellst, daß ich so einem Schwein wie dem Gauleiter tatsächlich mein Leben verdanke und daß ich auch noch schriftlich bescheinigen muß, daß ich es ihm verdanke.«

Ich hatte Kalicks Nummer inzwischen gefunden, zögerte noch, sie zu wählen. Es fiel mir ein, daß morgen Mutters *Jour fixe* war. Ich könnte hingehen, mir wenigstens vom Geld meiner Eltern die Taschen voll Zigaretten und Salzmandeln stecken, eine Tüte für Oliven mitnehmen, eine zweite für Käsegebäck, dann mit dem Hut rundgehen und für »ein notleidendes Mitglied der Familie« sammeln. Ich hatte das als Fünfzehnjähriger einmal gemacht, »für einen besonderen Zweck« gesammelt und fast hundert Mark zusammenbekommen. Ich hatte nicht einmal Gewissensbisse, als ich das Geld für mich verwendete, und wenn ich morgen »für ein notleidendes Mitglied der Familie« sammelte, würde ich nicht einmal lügen: ich war ein notleidendes Mitglied der Familie – und später könnte ich noch in die Küche gehen, an Annas Busen weinen und mir ein paar Wurstreste einstecken. Alle bei meiner Mutter versammelten Idioten würden mein Auftreten für einen herrlichen Witz erklären, meine Mutter selbst würde es mit saurem Lächeln als Witz durchgehen lassen müssen – und keiner würde wissen, daß es todernst war. Diese Leute verstehen nichts. Sie wissen zwar alle, daß ein Clown melancholisch sein muß, um ein guter Clown zu sein, aber daß für ihn die Melancholie eine todernste Sache ist, darauf kommen sie nicht. Bei Mutters *Jour fixe* würde ich sie alle treffen: Sommerwild und Kalick, Liberale und Sozialdemokraten, sechs verschiedene Sorten von Präsidenten, sogar Anti-Atom-Leute (meine Mutter war sogar einmal drei Tage Anti-Atomkämpferin gewesen, war aber dann, als ihr ein Präsident von irgendwas klarmachte, daß eine konsequente Anti-Atom-Politik einen radikalen Aktiensturz herbeiführen würde, sofort – buchstäblich sofort – zum Telefon gelaufen, hatte das Komitee angerufen und sich »distanziert«). Ich würde – zum Schluß erst, wenn ich mit meinem Hut schon rundgegangen war – Kalick öffentlich ohrfeigen, Sommerwild als pfäffischen Heuchler beschimpfen und den anwesenden Vertreter des

Dachverbandes katholischer Laien der Verleitung zu Unzucht und Ehebruch anklagen.

Ich nahm den Finger von der Wählscheibe und rief Kalick nicht an. Ich hatte ihn nur fragen wollen, ob er seine Vergangenheit inzwischen bewältigt habe, ob sein Verhältnis zur Macht noch in Ordnung sei und ob er mich über die jüdische Geistigkeit aufklären könne. Kalick hatte einmal während einer Hitlerjugendveranstaltung einen Vortrag gehalten mit dem Titel ›Machiavelli oder der Versuch, ein Verhältnis zur Macht zu gewinnen‹. Ich verstand nicht viel davon, nur Kalicks »offenes, hier deutlich ausgesprochenes Bekenntnis zur Macht«, aber an den Mienen der anderen anwesenden Hitlerjugendführer konnte ich ablesen, daß sogar ihnen diese Rede zu weit ging. Kalick sprach ohnehin kaum von Machiavelli, nur von Kalick, und die Mienen der anderen Führer zeigten, daß sie diese Rede für eine öffentliche Schamlosigkeit hielten. Es gibt ja diese Burschen, von denen man so viel in den Zeitungen liest: Schamverletzer. Kalick war nichts weiter als ein politischer Schamverletzer, und wo er auftrat, ließ er Schamverletzte hinter sich.

Ich freute mich auf den *Jour fixe*. Ich würde endlich etwas vom Geld meiner Eltern haben: Oliven und Salzmandeln, Zigaretten – ich würde auch bündelweise Zigarren einstecken und sie unter Preis verkaufen. Ich würde Kalick den Orden von der Brust reißen und ihn ohrfeigen. Verglichen mit ihm, kam mir sogar meine Mutter menschlich vor. Als ich ihn zum letztenmal traf, bei meinen Eltern in der Garderobe, hatte er mich traurig angesehen und gesagt: »Es gibt für jeden Menschen eine Chance, die Christen nennen es Gnade.« Ich hatte ihm keine Antwort gegeben. Ich war schließlich kein Christ. Es war mir eingefallen, daß er bei seinem Vortrag damals auch vom »Eros der Grausamkeit« gesprochen hatte und vom Machiavellismus des Sexuellen. Wenn ich an seinen Sexualmachiavellismus dachte, hatte ich Mitleid mit den Huren, zu denen er ging, wie ich Mitleid mit den Ehefrauen hatte, die irgendeinem Unhold vertraglich verpflichtet waren. Ich dachte an die unzähligen hübschen jungen Mädchen, deren Schicksal es war, entweder gegen Geld mit Typen wie Kalick oder ohne Bezahlung mit einem Ehemann die Sache zu tun, ohne daß sie Lust dazu hatten.

18

Ich wählte statt Kalicks Nummer die des Dings, in dem Leo wohnt. Irgendwann mußten sie doch mit dem Essen fertig werden und ihre sinnlichkeitsdämpfenden Salate verschlungen haben. Ich war froh, als sich dieselbe Stimme wie vorhin wieder meldete. Er rauchte jetzt eine Zigarre, und der Kohlgeruch war weniger deutlich. »Schnier«, sagte ich, »Sie erinnern sich?«

Er lachte. »Natürlich«, sagte er, »ich hoffe, Sie haben mich nicht wörtlich genommen und Ihren Augustinus tatsächlich verbrannt.«

»Doch«, sagte ich, »ich hab's getan. Das Ding auseinandergerissen und bogenweise in den Ofen gesteckt.«

Er schwieg einen Augenblick. »Sie scherzen«, sagte er heiser.

»Nein«, sagte ich, »in solchen Dingen bin ich konsequent.«

»Um Gottes willen«, sagte er, »ist Ihnen denn das Dialektische an meiner Äußerung nicht klar geworden?«

»Nein«, sagte ich, »ich bin nun mal eine gerade, ehrliche, unkomplizierte Haut. Was ist nun mit meinem Bruder«, sagte ich, »wann werden die Herren die Güte haben, mit dem Essen fertig zu sein?«

»Der Nachtisch ist eben reingebracht worden«, sagte er, »es kann nicht mehr lange dauern.«

»Was gibt's denn?« fragte ich.

»Zum Nachtisch?«

»Ja.«

»Eigentlich darf ich's nicht sagen, aber Ihnen sag ich's. Pflaumenkompott mit einem Schlag Sahne drauf. Sieht ganz hübsch aus. Mögen Sie Pflaumen?«

»Nein«, sagte ich, »ich habe eine ebenso unerklärliche wie unüberwindliche Abneigung gegen Pflaumen.«

»Sie sollten Hoberers ›Versuch über die Idiosynkrasie‹ lesen. Hängt alles mit sehr, sehr frühen Erlebnissen – meistens vor der Geburt – zusammen. Interessant. Hoberer hat achthundert Fälle genau untersucht. Sie sind Melancholiker?«

»Woher wissen Sie das?«

»Ich hör's an der Stimme. Sie sollten beten und ein Bad nehmen.«

»Gebadet habe ich schon, und beten kann ich nicht«, sagte ich.

»Es tut mir leid«, sagte er, »ich werde Ihnen einen neuen Augustinus stiften. Oder Kierkegaard.«

»Den hab ich noch«, sagte ich, »sagen Sie, könnten Sie meinem Bruder noch etwas ausrichten?«

»Gern«, sagte er.

»Sagen Sie ihm, er soll mir Geld mitbringen. Soviel er auftreiben kann.«

Er murmelte vor sich hin, sagte dann laut: »Ich notier's

nur. Soviel Geld wie möglich mitbringen. Übrigens sollten Sie Bonaventura wirklich lesen. Großartig – und verachten Sie mir das neunzehnte Jahrhundert nicht so sehr. Ihre Stimme klingt, als wenn Sie das neunzehnte Jahrhundert verachten.«

»Stimmt«, sagte ich, »ich hasse es.«

»Irrtum«, sagte er, »Unsinn. Nicht einmal die Architektur war so schlecht, wie sie gemacht wird.« Er lachte. »Warten Sie bis zum Ende des zwanzigsten, bevor Sie das neunzehnte Jahrhundert hassen. Macht es Ihnen was aus, wenn ich zwischendurch meinen Nachtisch esse.«

»Pflaumen?« fragte ich.

»Nein«, sagte er, er lachte dünn: »Ich bin in Ungnade gefallen und bekomme keine Herrenkost, nur noch Dienerkost; heute als Nachtisch Karamelpudding. Übrigens«, er hatte offenbar schon einen Löffel Pudding im Mund, schluckte, sprach kichernd weiter, »übrigens räche ich mich. Ich telefoniere stundenlang mit einem früheren Konfrater in München, der auch ein Schüler Schelers war. Manchmal rufe ich Hamburg an, die Kinoauskunft, oder in Berlin den Wetterdienst, aus Rache. Das fällt ja bei diesem Selbstwählsystem gar nicht auf.« Er aß wieder, kicherte, flüsterte dann: »Die Kirche ist ja reich, stinkreich. Sie stinkt wirklich vor Geld – wie der Leichnam eines reichen Mannes. Arme Leichen riechen gut – wußten Sie das?«

»Nein«, sagte ich. Ich spürte, wie meine Kopfschmerzen nachließen, und malte um die Nummer des Dings einen roten Kreis.

»Sie sind ungläubig, nicht wahr? Sagen Sie nicht nein: ich höre an Ihrer Stimme, daß Sie ungläubig sind. Stimmt's?«

»Ja«, sagte ich.

»Das macht nichts, gar nichts«, sagte er, »es gibt da eine

Stelle bei Isaias, die von Paulus im Römerbrief sogar zitiert wird. Hören Sie gut zu: Die werden es sehen, denen von ihm noch nichts verkündet ward, und die verstehen, die noch nichts vernommen haben.« Er kicherte bösartig. »Haben Sie verstanden?«

»Ja«, sagte ich matt.

Er sagte laut: »Guten Abend, Herr Direktor, guten Abend«, und legte auf. Seine Stimme hatte zuletzt auf eine bösartige Weise unterwürfig geklungen.

Ich ging zum Fenster und blickte auf die Uhr draußen an der Ecke. Es war schon fast halb neun. Ich fand, sie aßen ziemlich ausgiebig. Ich hätte Leo gern gesprochen, aber es ging mir jetzt fast nur noch um das Geld, das er mir leihen würde. Ich wurde mir allmählich über den Ernst meiner Situation klar. Manchmal weiß ich nicht, ob das, was ich handgreiflich realistisch erlebt habe, wahr ist, oder das, was ich wirklich erlebe. Ich werfe die Dinge durcheinander. Ich hätte nicht schwören können, ob ich den Jungen in Osnabrück gesehen hatte, aber ich hätte geschworen, daß ich mit Leo Holz gesägt hatte. Ich hätte auch nicht beschwören können, ob ich zu Edgar Wieneken nach Kalk zu Fuß gegangen war, um Großvaters Scheck über zweiundzwanzig Mark in Bargeld zu verwandeln. Daß ich mich der Details so genau erinnere, ist keine Garantie – der grünen Bluse, die die Bäckerin trug, die mir die Brötchen schenkte, oder der Löcher im Strumpf eines jungen Arbeiters, der an mir vorbeigegangen war, als ich auf der Türschwelle saß und auf Edgar wartete. Ich war vollkommen sicher, auf Leos Oberlippe Schweißtropfen gesehen zu haben, als wir das Holz durchsägten. Ich entsann mich auch aller Einzelheiten der Nacht, in der Marie in Köln die erste Fehlgeburt hatte. Heinrich Behlen hatte mir ein paar kleine Auftritte vor Jugendlichen für zwanzig Mark den Abend vermittelt.

Marie war meistens mit mir gegangen, an diesem Abend aber zu Hause geblieben, weil sie sich schlecht fühlte, und als ich spät mit den neunzehn Mark Reingewinn in der Tasche nach Hause kam, fand ich das Zimmer leer, sah im aufgeschlagenen Bett das blutige Bettuch und fand den Zettel auf der Kommode: »Bin im Krankenhaus. Nichts Schlimmes. Heinrich weiß Bescheid.« Ich rannte sofort los, ließ mir von Heinrichs griesgrämiger Haushälterin sagen, in welchem Krankenhaus Marie lag, lief dorthin, aber sie ließen mich nicht rein, ich mußte erst Heinrich im Krankenhaus suchen, ans Telefon rufen lassen, bevor die Nonne an der Pforte mich reinließ. Es war schon halb zwölf nachts, und als ich endlich in Maries Zimmer kam, war schon alles vorbei, sie lag da im Bett, ganz blaß, weinend, neben ihr eine Nonne, die den Rosenkranz betete. Die Nonne betete ruhig weiter, während ich Maries Hand hielt und Heinrich ihr mit leiser Stimme zu erklären versuchte, was mit der Seele des Wesens geschehen würde, das sie nicht hatte gebären können. Marie schien fest davon überzeugt, daß das Kind – sie nannte es so – nie in den Himmel kommen könnte, weil es nicht getauft war. Sie sagte immer, es würde in der Vorhölle bleiben, und ich erfuhr in dieser Nacht zum erstenmal, welche scheußlichen Sachen die Katholiken im Religionsunterricht lernen. Heinrich war vollkommen hilflos Maries Ängsten gegenüber, und gerade daß er so hilflos war, empfand ich als tröstlich. Er sprach von der Barmherzigkeit Gottes, die ja »wohl größer ist als das mehr juristische Denken der Theologen«. Die ganze Zeit über betete die Nonne den Rosenkranz. Marie – sie kann in religiösen Dingen sehr hartnäckig sein – fragte immer wieder, wo denn die Diagonale zwischen Gesetz und Barmherzigkeit verlaufe. Ich erinnerte mich des Ausdrucks Diagonale. Schließlich ging ich raus, ich kam mir wie ein Ausgestoßener, vollkommen überflüssig vor. Ich stellte mich an ein Flurfenster, rauchte, blickte über die Mauer auf der anderen Seite in einen Autofriedhof. An der Mauer klebten lauter Wahlplakate. Schenk Dein Vertrauen der SPD. Wählt CDU. Offenbar lag ihnen daran, die Kranken, die aus ihren Zimmern vielleicht auf die Mauer blicken konnten, mit ihrer unbeschreiblichen Stupidität zu deprimieren. Schenk Dein Vertrauen der SPD war ja geradezu genial, fast literarisch gegen den Stumpfsinn, der darin lag, einfach Wählt CDU auf ein Plakat zu drucken. Es war fast zwei Uhr nachts geworden, und ich stritt mich später mit Marie darüber, ob das, was ich dann sah, wirklich passiert war oder nicht. Es kam ein streunender Hund von links, er schnüffelte an einer Laterne, dann an dem SPD-Plakat, an dem CDU-Plakat und pinkelte gegen das CDU-Plakat und lief weiter, langsam in die Straße hinein, die rechts vollkommen dunkel wurde. Marie stritt mir, wenn wir später über diese trostlose Nacht sprachen, immer den Hund ab, und wenn sie mir den Hund als »wahr« zubilligte, stritt sie ab, daß er gegen das CDU-Plakat gepinkelt hätte. Sie sagte, ich hätte so sehr unter dem Einfluß ihres Vaters gestanden, daß ich, ohne mir einer Lüge oder Verfälschung der Wahrheit bewußt zu sein, behaupten würde, der Hund habe seine »Schweinerei« an das CDU-Plakat gemacht, auch wenn es das SPD-Plakat gewesen wäre. Dabei hatte ihr Vater die SPD viel mehr verachtet als die CDU – und was ich gesehen hatte, hatte ich gesehen.

Es war fast fünf, als ich Heinrich nach Hause brachte und er mir, während wir durch Ehrenfeld gingen, immer wieder zumurmelte, auf die Haustüren weisend: »Alles meine Schäfchen, alles meine Schäfchen.« Seine keifende Haushälterin mit den gelblichen Beinen, ihr böse ausgestoßenes »Was soll das?« Ich ging nach Hause, wusch heimlich in kaltem Wasser im Badezimmer das Bettuch aus.

Ehrenfeld, Braunkohlenzüge, Wäscheleinen, Badeverbot und nachts manchmal die an unserem Fenster vorbeirauschenden Abfallpakete, wie Blindgänger, deren Drohung im Aufklatschen verpuffte, höchstens durch eine wegrollende Eierschale verlängert wurde.

Heinrich bekam wieder Krach mit seinem Pfarrer unseretwegen, weil er aus der Caritaskasse Geld haben wollte, ich ging dann noch einmal zu Edgar Wieneken, und Leo schickte uns seine Taschenuhr zum Versetzen, Edgar trieb aus einer Arbeiterwohlfahrtskasse etwas für uns auf, und wir konnten wenigstens die Medikamente, das Taxi und die Hälfte der Arztkosten bezahlen.

Ich dachte an Marie, die rosenkranzbetende Nonne, das Wort Diagonale, den Hund, die Wahlplakate, den Autofriedhof – und an meine kalten Hände, nachdem ich das Bettuch ausgewaschen hatte, und ich hätte das alles doch nicht beschwören können. Ich hätte auch nicht schwören mögen, daß der Mann da in Leos Konvikt mir erzählt hatte, er telefoniere, um die Kirche finanziell zu schädigen, mit dem Wetterdienst in Berlin, und ich hatte es doch gehört wie sein Schmatzen und Schlucken, als er den Karamelpudding aß.

19

Ohne lange zu überlegen und ohne zu wissen, was ich ihr sagen wollte, wählte ich die Nummer von Monika Silvs. Es hatte noch nicht zum erstenmal ausgeklingelt, da hob sie schon ab und sagte: »Hallo.«

Schon ihre Stimme tat mir wohl. Sie ist klug und kräftig. Ich sagte: »Hier Hans, ich wollte ...« Aber sie unterbrach mich und sagte: »Ach, Sie ...« Es klang nicht kränkend oder unangenehm, nur war deutlich herauszuhören, daß sie nicht auf meinen, sondern auf jemand anderes Anruf gewartet hatte. Vielleicht wartete sie auf den Anruf einer Freundin, ihrer Mutter – und doch war ich gekränkt.

»Ich wollte mich nur bedanken«, sagte ich, »Sie waren so lieb.« Ich konnte ihr Parfüm gut riechen, Taiga oder wie es heißt, viel zu herb für sie.

»Es tut mir ja alles so leid«, sagte sie, »es muß schlimm für Sie sein.« Ich wußte nicht, was sie meinte: die Kostertsche Kritik, die offenbar ganz Bonn gelesen hatte, oder Maries Hochzeit, oder beides.

»Kann ich etwas für Sie tun?« fragte sie leise.

»Ja«, sagte ich, »Sie könnten herkommen und sich meiner Seele erbarmen, auch meines Knies, das ziemlich stark geschwollen ist.«

Sie schwieg. Ich hatte erwartet, daß sie sofort Ja sagen würde, mir war unheimlich bei dem Gedanken, daß sie wirklich kommen könnte. Aber sie sagte nur: »Heute nicht, ich erwarte Besuch.« Sie hätte dazu sagen sollen, wen sie erwartete, wenigstens sagen können: eine Freundin oder einen Freund. Das Wort Besuch machte mich elend. Ich sagte: »Nun, dann vielleicht morgen, ich muß wahrscheinlich mindestens eine Woche liegen.«

»Kann ich nicht sonst etwas für Sie tun, ich meine etwas, was sich telefonisch erledigen läßt.« Sie sagte das mit einer Stimme, die mich hoffen ließ, ihr Besuch könnte doch eine Freundin sein.

»Ja«, sagte ich, »Sie könnten mir die Mazurka in B-Dur Opus 7 von Chopin vorspielen.«

Sie lachte und sagte: »Sie haben Einfälle.« Beim Klang ihrer Stimme wurde ich zum erstenmal schwankend in meiner Monogamie. »Ich mag Chopin nicht sehr«, sagte sie, »und spiele ihn schlecht.«

»Ach, Gott«, sagte ich, »das macht doch nichts. Haben Sie die Noten da?«

»Irgendwo werden sie sein«, sagte sie. »Moment bitte.« Sie legte den Hörer auf den Tisch, und ich hörte sie durchs Zimmer gehen. Es dauerte einige Minuten, bis sie zurückkam, und es fiel mir ein, was Marie mir einmal erzählt hatte, daß sogar manche Heilige Freundinnen gehabt hatten. Natürlich nur geistig, aber immerhin: was geistig an der Sache war, hatten diese Frauen ihnen gegeben. Ich hatte nicht einmal das.

Monika nahm den Hörer wieder auf. »Ja«, sagte sie seufzend, »hier sind die Mazurki.«

»Bitte«, sagte ich, »spielen Sie doch die Mazurka B-Dur Opus 7 Nr. 1.«

»Ich habe jahrelang nicht mehr Chopin gespielt, ich müßte ein bißchen üben.«

»Vielleicht möchten Sie nicht gern, daß Ihr Besuch hört, wenn Sie Chopin spielen?«

»Oh«, sagte sie lachend, »der soll es ruhig hören.«

»Sommerwild?« fragte ich ganz leise, ich hörte ihren überraschten Ausruf und fuhr fort: »Wenn er's wirklich ist, dann schlagen Sie ihm den Deckel Ihres Flügels auf den Kopf.«

»Das hat er nicht verdient«, sagte sie, »er hat Sie sehr gern.«

»Das weiß ich«, sagte ich, »ich glaube es sogar, aber mir wäre lieber, ich hätte den Mut, ihn umzubringen.«

»Ich übe ein bißchen und spiele Ihnen die Mazurka«, sagte sie rasch. »Ich rufe Sie an.«

»Ja«, sagte ich, aber wir legten beide nicht auf. Ich hörte ihren Atem, ich weiß nicht, wie lange, aber ich hörte ihn, dann legte sie auf. Ich hätte den Hörer noch lange in der Hand gehalten, um sie atmen zu hören. Mein Gott, wenigstens der Atem einer Frau.

Obwohl die Bohnen, die ich gegessen hatte, mir noch schwer im Magen lagen und meine Melancholie steigerten, ging ich in die Küche, öffnete auch die zweite Büchse Bohnen, kippte den Inhalt in den Topf, in dem ich auch die erste Portion gewärmt hatte, und zündete das Gas an. Ich warf das Filterpapier mit dem Kaffeesatz in den Abfalleimer, nahm ein sauberes Filterpapier, tat vier Löffel Kaffee hinein, setzte Wasser auf und versuchte, in der Küche Ordnung zu schaffen. Ich warf den Aufnehmer über die Kaffeepfütze, die leeren Büchsen und die Eierschalen in den Eimer. Ich hasse unaufgeräumte Zimmer, aber ich bin selber unfähig aufzuräumen. Ich ging ins Wohnzimmer, nahm die schmutzigen Gläser, setzte sie in der Küche in den Ausguß. Es war nichts Unordentliches mehr in der Wohnung, und doch sah es nicht aufgeräumt aus. Marie hat so eine geschickte und sehr rasche Art, ein Zimmer aufgeräumt erscheinen zu lassen, obwohl sie nichts Sichtbares, Kontrollierbares darin anstellt. Es muß an ihren Händen liegen. Der Gedanke an Maries Hände – nur die Vorstellung, daß sie ihre Hände Züpfner auf die Schulter legen könnte – steigerte meine Melancholie zur Verzweiflung. Eine Frau kann mit ihren Händen soviel ausdrücken oder vortäuschen, daß mir Männerhände immer wie angeleimte Holzklötze vorkommen. Männerhände sind Händedruckhände, Prügelhände, natürlich Schießhände und Unterschrifthände. Drücken, prügeln, schießen, Verrechnungsschecks unterschreiben – das ist alles, was Männerhände können, und natürlich: arbeiten. Frauenhände sind schon fast keine Hände mehr: ob sie Butter aufs Brot oder Haare aus der Stirn streichen. Kein Theologe ist je auf die Idee gekommen, über die Frauenhände im Evangelium zu predigen: Veronika, Magdalena, Maria und Martha – lauter Frauenhände im Evangelium, die Christus Zärtlichkeiten erwiesen. Statt dessen predigen sie über Gesetze, Ordnungsprinzipien, Kunst, Staat. Christus hat sozusagen privat fast nur mit Frauen Umgang gehabt. Natürlich brauchte er Männer, weil die wie Kalick ein Verhältnis zur Macht haben, Sinn für Organisationen und den ganzen Unsinn. Er brauchte Männer, so wie man bei einem Umzug einfach Möbelpacker braucht, für die grobe Arbeit, und Petrus und Johannes waren ja so liebenswürdig, daß sie fast schon keine Männer mehr waren, während Paulus so männlich war, wie es sich für einen Römer geziemte. Wir bekamen zu Hause bei jeder sich bietenden Gelegenheit aus der Bibel vorgelesen, weil es in unserer Verwandtschaft von Pastoren wimmelt, aber keiner hat je über die Frauen im Evangelium oder so etwas Unfaßbares wie den ungerechten Mammon gesprochen. Auch bei den Katholiken im »Kreis« wollte nie einer über den ungerechten Mammon sprechen, Kinkel und Sommerwild lächelten immer nur verlegen, wenn ich sie darauf ansprach – als hätten sie Christus bei einem peinlichen Lapsus ertappt, und Fredebeul sprach von dem Verschleiß durch die Geschichte, den dieser Ausdruck erfahren habe. Ihn störte das »Irrationale« daran, wie er sagte. Als ob Geld etwas Rationales wäre. In Maries Händen verlor sogar das Geld seine Fragwürdigkeit, sie hatte eine wunderbare Art, achtlos und zugleich sehr achtsam damit umzugehen. Da ich Schecks und andere »Zahlungs-mittel« grundsätzlich ablehne, bekam ich mein Honorar immer bar auf den Tisch des Hauses, und so brauchten wir nie länger als zwei, höchstens drei Tage im voraus zu planen. Sie gab fast jedem Geld, der sie darum anging, manchmal auch solchen, die sie gar nicht angegangen hatten, sondern von denen sich im Laufe des Gesprächs herausstellte, daß sie Geld brauchten. Einem Kellner in Göttingen bezahlte sie einmal einen Wintermantel für seinen gerade schulpflichtigen Jungen, und dauernd zahlte sie für hilflose, in Zügen ins Erster-Klasse-Abteil verirrte Großmütter, die zu Beerdigungen fuhren, Zu-schläge und Übergänge. Es gibt unzählige Großmütter, die mit Zügen zu Beerdigungen von Kindern, Enkeln, Schwiegertöchtern und Schwiegersöhnen fahren und – manchmal natürlich mit einer gewissen Großmutterhilf-losigkeit kokettierend – sich umständlich mit schweren Koffern und Paketen voller Dauerwurst, Speck und Kuchen in Abteile erster Klasse fallen lassen. Marie zwang mich dann, die schweren Koffer und Pakete im Gepäcknetz unterzubringen, obwohl jedermann im Ab-teil wußte, daß die Oma nur eine Fahrkarte zweiter Klasse in der Tasche hatte. Sie ging dann auf den Flur und »regelte« die Sache mit dem Schaffner, bevor die Oma auf ihren Irrtum aufmerksam gemacht wurde. Marie fragte vorher immer, wie weit sie denn fahre und wer denn gestorben sei – damit sie den Aufschlag auch richtig lösen konnte. Die Kommentare der Großmütter bestanden meistens in den liebenswürdigen Worten: »Die Jugend ist gar nicht so schlecht, wie sie immer ge-macht wird«, das Honorar in gewaltigen Schinkenbro-ten. Besonders zwischen Dortmund und Hannover – so kam es mir immer vor – sind täglich viele Großmütter zu Beerdigungen unterwegs. Marie schämte sich immer, daß wir Erster fuhren, und es wäre ihr unerträglich gewesen, wenn jemand aus unserem Abteil hinausgeworfen worden wäre, weil er nur Zweiter gelöst hatte. Sie hatte eine unerschöpfliche Geduld beim Anhören sehr umständlicher Schilderungen von Verwandtschaftsverhältnissen und beim Anschauen von Fotos wildfremder Menschen. Einmal saßen wir zwei Stunden lang neben einer alten Bückeburger Bäuerin, die dreiundzwanzig Enkelkinder hatte und von jedem ein Foto bei sich trug, und wir hörten uns dreiundzwanzig Lebensläufe an, sahen dreiundzwanzig Fotos von jungen Männern und jungen Frauen, die es alle zu etwas gebracht hatten: Stadtinspektor in Münster oder verheiratet mit einem Bahnbetriebsassistenten, Leiter eines Sägewerks, und ein anderer war »hauptamtlich in dieser Partei, die wir immer wählen – Sie wissen schon«, und von einem weiteren, der bei der Bundeswehr war, behauptete sie, der »wäre schon immer für das ganz Sichere« gewesen. Marie war immer ganz in diesen Geschichten drin, fand sie ungeheuer spannend und sprach vom »wahren Leben«, mich ermüdete das Element der Wiederholung in dieser Form. Es gab so viele Großmütter zwischen Dortmund und Hannover, deren Enkel Bahnassistenten waren und deren Schwiegertöchter frühzeitig starben, weil sie »die Kinder nicht mehr alle zur Welt bringen, die Frauen heutzutage – das ist es«. Marie konnte sehr lieb sein und nett zu alten und hilfsbedürftigen Leuten; sie half ihnen auch bei jeder Gelegenheit beim Telefonieren. Ich sagte ihr einmal, sie hätte eigentlich zur Bahnhofsmission gehen sollen, und sie sagte etwas pikiert: »Warum nicht?« Ich hatte es gar nicht böse oder abfällig gemeint. Nun war sie ja in einer Art Bahnhofsmission, ich glaube, daß Züpfner sie geheiratet hat, um sie zu »retten«, sie ihn, um ihn zu »retten«, und ich war nicht sicher, ob er ihr erlauben würde, von seinem Geld Großmüttern D-Zug-Zuschläge und den Übergang in die erste Klasse zu bezahlen. Er war bestimmt nicht geizig, aber auf eine so aufreibende Art bedürfnislos wie Leo. Er war nicht bedürfnislos wie Franz von Assisi, der sich die Bedürfnisse anderer Menschen vorstellen konnte, obwohl er selbst auch bedürfnislos war. Die Vorstellung, daß Marie jetzt Züpfners Geld in ihrer Handtasche hatte, war mir unerträglich wie das Wort Flitterwochen und die Idee, ich könnte um Marie kämpfen. Kämpfen konnte doch nur körperlich gemeint sein. Selbst als schlecht trainierter Clown war ich sowohl Züpfner wie Sommerwild überlegen. Bevor sie sich auch nur in Positur gestellt hätten, hätte ich schon drei Purzelbäume geschlagen, mich von hinten an sie herangemacht, sie aufs Kreuz gelegt und in den Schwitzkasten genommen. Oder dachten sie etwa an regelrechte Schlägereien. Solch perverse Varianten der Nibelungensage waren ihnen zuzutrauen. Oder meinten sie's geistig? Ich hatte keine Angst vor ihnen, und warum hatte Marie meine Briefe, die ja eine Art geistigen Kampfes ankündigten, nicht beantworten dürfen? Sie nahmen Worte wie Hochzeitsreise und Flitterwochen in den Mund und wollten mich obszön nennen, diese Heuchler. Sie sollten sich nur einmal anhören, was Kellner und Zimmermädchen sich von Flitterwochen und Hochzeitsreisenden erzählen. Da flüstert doch jeder miese Vogel im Zug, im Hotel, wo sie sich auch zeigen, hinter ihnen her: »Flitterwochen«, und jedes Kind weiß, daß sie die Sache dauernd machen. Wer zieht die Wäsche vom Bett und wäscht sie? Wenn sie Züpfner die Hände auf die Schulter legt, muß ihr doch einfallen, wie ich ihre eiskalten Hände unter meinen Achseln gewärmt habe.

Ihre Hände, mit denen sie die Haustür öffnet, der kleinen Marie oben die Bettdecke geradezieht, in der Küche unten den Toaster einstöpselt, Wasser aufsetzt, eine Zigarette aus der Packung nimmt. Den Zettel des Mädchens findet sie diesmal nicht auf dem Küchentisch, sondern auf dem Eisschrank. »Bin ins Kino gegangen. Um zehn zurück.« Im Wohnzimmer auf dem Fernsehapparat Züpfners Zettel. »Mußte noch dringend zu F. Küsse, Heribert.« Eisschrank anstatt Küchentisch, Küsse statt Kuß. In der Küche, während du dick Butter, dick Leberwurst auf die Toastscheiben streichst, statt zwei, drei Löffel Schokoladenpulver in die Tasse tust, fühlst du sie zum erstenmal: Die Schlankheitskurengereiztheit, erinnerst dich der von Frau Blothert hingekreischten Feststellung, als du das zweite Stück Kuchen nahmst: »Aber das sind ja im ganzen mehr als fünfzehnhundert Kalorien, können Sie sich das leisten?« Der Metzgerblick auf die Taille, Blick, der die unausgesprochene Feststellung enthält: »Nein, Sie können es sich nicht leisten.« Oh, allerheiligster Ka – ka – ka, du -nzler und –tholon! »Ja, ja, du fängst an, anzusetzen.« Es wird geflüstert in der Stadt, in der Flüsterstadt. Warum diese Unruhe, dieser Wunsch, im Dunkeln allein zu sein, in Kinos und Kirchen, im dunklen Wohnzimmer jetzt mit Schokolade und Toast. Was hast du auf der Tanzparty dem jungen Bengel geantwortet, der die Frage rasch herausschoß: »Sagen Sie mir schnell, was Sie lieben, gnädige Frau, schnell!« Du wirst ihm die Wahrheit gesagt haben: »Kinder, Beichtstühle, Kinos, gregorianischen Choral und Clowns.« – »Und Männer nicht, gnädige Frau?« – »Doch, einen«, wirst du gesagt haben. »Nicht die Männer als solche, sie sind so dumm.« – »Darf ich das publizieren?« – »Nein, nein, um Gottes willen, nein!« Wenn sie gesagt hat: einen, aber warum sagt sie dann nicht: meinen? Wenn man einen Mann liebt, in

Worten einen, kann man doch nur seinen meinen, den angetrauten. Oh, vergessenes, verschlucktes kleines m.

Das Mädchen kommt nach Haus. Schlüssel ins Schloß, Tür auf, Tür zu, Schlüssel ins Schloß. Licht in der Diele an, aus, in der Küche an, Eisschranktür auf, zu, Licht in der Küche aus. In der Diele sanft an die Tür geklopft. »Gute Nacht, Frau Direktor.« – »Gute Nacht. War Marie lieb?« – »Ja, sehr.« Licht in der Diele aus, Schritte die Treppe hinauf. (»Da saß sie also ganz allein im dunklen Zimmer und hörte Kirchenmusik.«)

Alles rührst du mit diesen Händen an, die die Bettwäsche gewaschen haben, die ich unter meinen Achseln gewärmt habe: Plattenspieler, Platte, Hebel, Knopf, Tasse, Brot, Kinderhaar, Kinderdecke, den Tennisschläger. »Warum gehst du eigentlich nicht mehr zum Tennis?« Achselzucken. Keine Lust, einfach keine Lust. Tennis ist so gut für Frauen von Politikern und führenden Katholiken. Nein, nein, so ganz identisch sind die Begriffe noch nicht. Es hält schlank, elastisch und attraktiv. »Und F. spielt so gern Tennis mit dir. Magst du ihn nicht?« Doch, doch. Er hat so was Herzliches. Ja, ja, man sagt, er sei mit »Schnauze und Ellenbogen« Minister geworden. Er gilt als Schurke, Intrigant, und doch ist seine Zuneigung zu Heribert echt: Korrupte und Brutale mögen manchmal Gewissenhafte, Unbestechliche. Wie rührend korrekt es bei Heriberts Hausbau zuging: keine Sonderkredite, keine »Hilfen« baugewerblich erfahrener Partei- und Konfessionsfreunde. Nur weil er »Hanglage« wollte, mußte er den Überpreis bezahlen, den er »an sich« für korrupt hält. Aber gerade die Hanglage erweist sich nun als störend.

Wer auf Hängen baut, kann ansteigende oder abfallende Gärten wählen. Heribert hat abfallend gewählt – das erweist sich als Nachteil, wenn die kleine Marie anfangen wird, mit Bällen zu spielen, immer rollen die Bälle auf des Anliegers Hecke zu, manchmal durch diese durch in den Steingarten, knicken Zweige, Blumen, überrollen empfindliche, kostbare Moose und machen verkrampfte Entschuldigungsszenen notwendig. »Wie kann man nur einem so entzückenden kleinen Mädelchen böse sein?« Kann man nicht. Fröhlich wird von Silberstimmen Lässigkeit gemimt, von Schlankheitskuren verkrampfte Münder, angestrengte Hälse mit gespannten Muskeln geben Fröhlichkeit von sich, wo ein handfester Krach mit scharfem Wortwechsel das einzig Erlösende wäre. Alles verschluckt, mit falscher Nachbarschaftsfröhlichkeit zugedeckt, bis irgendwann an stillen Sommerabenden hinter verschlossenen Türen und heruntergelassenen Rolläden mit edlem Geschirr nach Embryogespenstern geworfen wird. »Ich wollte es doch haben – du, du wolltest nicht.« Edles Geschirr klingt nicht edel, wenn's an die Küchenwand geworfen wird. Krankenwagensirenen heulen den Hang hinauf. Geknickter Krokus, verletztes Moos, Kinderhand rollt Kinderball in Steingarten, heulende Sirenen verkünden den nicht erklärten Krieg. Oh, hätten wir ansteigenden Garten gewählt.

Das Klingeln des Telefons schreckte mich auf. Ich nahm den Hörer ab, wurde rot, ich hatte Monika Silvs vergessen. Sie sagte: »Hallo, Hans?« Ich sagte: »Ja«, wußte noch nicht, weswegen sie anrief. Erst als sie sagte: »Sie werden enttäuscht sein«, fiel mir die Mazurka wieder ein. Ich konnte jetzt nicht mehr zurück, konnte nicht sagen, »ich verzichte«, wir mußten durch diese entsetzliche Mazurka hindurch. Ich hörte noch, wie Monika den Hörer auf den Flügel legte, zu spielen anfing, sie spielte ausgezeichnet, der Klang war hervorragend, aber während sie spielte, fing ich an, vor Elend zu weinen. Ich hätte nicht versuchen dürfen, diesen Augenblick zu wiederholen: als ich von Marie nach Hause kam und Leo im Musikzimmer die Mazurka spielte. Man kann Augenblicke nicht wiederholen und nicht mitteilen. Der Herbstabend, bei uns im Park, als Edgar Wieneken die 100 Meter in 10,1 lief. Ich habe ihn eigenhändig gestoppt, eigenhändig für ihn die Strecke abgemessen, und er lief sie an diesem Abend in 10,1. Er war in Hochform, Hochstimmung – aber natürlich glaubte niemand es uns. Es war unser Fehler, daß wir überhaupt darüber sprachen und dem Augenblick dadurch Dauer verleihen wollten. Wir hätten glücklich sein sollen zu wissen, daß er wirklich 10,1 gelaufen war. Später lief er natürlich immer wieder seine 10,9 und 11,0, und niemand glaubte uns, sie lachten uns aus. Über solche Augenblicke reden ist schon falsch, sie wiederholen zu wollen, Selbstmord. Es war eine Art Selbstmord, den ich beging, als ich jetzt Monika am Telefon zuhörte, wie sie Mazurka spielte. Es gibt rituelle Augenblicke, die die Wiederholung in sich schließen: wie Frau Wieneken das Brot schnitt – aber ich hatte auch diesen Augenblick mit Marie wiederholen wollen, indem ich sie einmal bat, doch das Brot so zu schneiden, wie Frau Wieneken es getan hatte. Die Küche einer Arbeiterwohnung ist kein Hotelzimmer, Marie war nicht Frau Wieneken – das Messer rutschte ihr aus, sie schnitt sich in den linken Oberarm, und dieses Erlebnis machte uns für drei Wochen krank. So teuflisch kann Sentimentalität ausgehen. Man soll Augenblicke lassen, nie wiederholen.

Ich konnte vor Elend nicht einmal mehr weinen, als Monika mit der Mazurka zu Ende war. Sie muß es gespürt haben. Als sie ans Telefon kam, sagte sie nur leise: »Na, sehen Sie.« Ich sagte: »Es war mein Fehler – nicht Ihrer – verzeihen Sie mir.«

Ich fühlte mich, als läge ich besoffen und stinkend in

der Gosse, mit Erbrochenem bedeckt, den Mund voll widerlicher Flüche, und als hätte ich jemand bestellt, mich zu fotografieren, und Monika das Foto geschickt. »Darf ich Sie noch einmal anrufen?« fragte ich leise. »In ein paar Tagen vielleicht. Ich habe nur eine Erklärung für meine Scheußlichkeit, mir ist so elend, daß ich's nicht beschreiben kann.« Ich hörte nichts, nur ihren Atem, für ein paar Augenblicke, dann sagte sie: »Ich fahre weg, für vierzehn Tage.«

»Wohin?« fragte ich.

»In Exerzitien«, sagte sie, »und ein bißchen malen.«

»Wann kommen Sie her«, fragte ich, »und machen mir ein Omelett mit Pilzen und einen von Ihren hübschen Salaten?«

»Ich kann nicht kommen«, sagte sie, »jetzt nicht.«

»Später?« fragte ich.

»Ich komme«, sagte sie; ich hörte noch, daß sie weinte, dann legte sie auf.

20

Ich dachte, ich müßte ein Bad nehmen, so schmutzig fühlte ich mich, und ich dachte, ich müßte stinken, wie Lazarus gestunken hatte – aber ich war vollkommen sauber und roch nicht. Ich kroch in die Küche, drehte das Gas unter den Bohnen ab, unter dem Wasser, ging wieder ins Wohnzimmer, setzte die Kognakflasche an den Mund: es half nichts. Nicht einmal das Klingeln des Telefons weckte mich aus meiner Dumpfheit. Ich nahm auf, sagte: »Ja?« und Sabine Emonds sagte: »Hans, was machst du für Sachen?« Ich schwieg, und sie sagte: »Schickst Telegramme. Das wirkt so dramatisch. Ist es denn so schlimm?«

»Schlimm genug«, sagte ich matt.

»Ich war mit den Kindern spazieren«, sagte sie, »und Karl ist für eine Woche weg, mit seiner Klasse in einem Landschulheim – und ich mußte erst jemand zu den Kindern holen, bevor ich anrufen konnte.« Ihre Stimme klang gehetzt, auch ein bißchen gereizt, wie sie immer klingt. Ich brachte es nicht über mich, sie um Geld zu bitten. Seitdem er verheiratet ist, rechnet Karl an seinem Existenzminimum herum; er hatte drei Kinder, als ich den Krach mit ihm bekam, das vierte war damals unterwegs, aber ich hatte nicht den Mut, Sabine zu fragen, ob es inzwischen angekommen war. Immer herrschte in ihrer Wohnung diese schon nicht mehr gedämpfte Gereiztheit, überall lagen seine verfluchten Notizbücher herum, in denen er Berechnungen anstellt, wie er mit seinem Gehalt zurechtkommen könnte, und wenn ich allein mit ihm war, wurde Karl immer auf eine scheußliche Weise »offen« und fing seine Unter-Männern-Gespräche an, übers Kinderkriegen, und immer fing er an, der katholischen Kirche Vorwürfe zu machen (ausgerechnet mir gegenüber!), und es kam immer ein Punkt, wo er mich wie ein heulender Hund ansah, und meistens kam gerade dann Sabine herein, schaute ihn verbittert an, weil sie wieder schwanger war. Für mich gibt es kaum etwas Peinlicheres, als wenn eine Frau ihren Mann verbittert anschaut, weil sie schwanger ist. Schließlich hockten sie beide da und heulten, weil sie sich doch wirklich gern haben. Im Hintergrund der Kinderlärm, Nachttöpfe wurden mit Wonne umgeschmissen, klatschnasse Waschlappen gegen nagelneue Tapeten geworfen, während Karl immer von »Disziplin, Disziplin« und von »absolutem, unbedingtem Gehorsam« spricht, und es blieb mir nichts anderes übrig, als ins Kinderzimmer zu gehen und den Kindern ein paar Faxen vorzumachen, um sie zu beruhigen, aber es beruhigte sie nie, sie kreischten vor Vergnügen, wollten mir alles nachmachen, und zu guter Letzt hockten wir da, hatten jeder ein Kind auf dem Schoß, die Kinder durften an unseren Weingläsern nippen. Karl und Sabine fingen an, von den Büchern und Kalendern zu sprechen, in denen man nachsehen kann, wann eine Frau kein Kind kriegen kann. Und dann bekommen sie dauernd Kinder, und es fiel ihnen nicht ein, daß diese Erzählungen Marie und mich besonders quälen mußten, weil wir ja keine Kinder bekamen. Wenn Karl dann betrunken war, fing er an, Flüche nach Rom zu schicken, unselige Wünsche auf Kardinalshäupter und Papstgemüter zu häufen, und das Groteske war, daß ich anfing, den Papst zu verteidigen. Marie wußte noch viel besser Bescheid und klärte Karl und Sabine darüber auf, daß die in Rom in dieser Frage ja gar nicht anders können. Zuletzt wurden sie beide listig und blickten sich an, als wollten sie sagen: Ach, ihr – ihr müßt doch etwas ganz Raffiniertes anstellen, daß ihr keine Kinder kriegt, und es endete meistens damit, daß eins der übermüdeten Kinder Marie, mir, Karl oder Sabine das Weinglas aus der Hand riß und den Wein über die Klassenarbeitshefte ausgoß, die Karl immer stapelweise auf dem Schreibtisch liegen hat. Das war natürlich peinlich für Karl, der seinen Schülern dauernd von Disziplin und Ordnung vorpredigt, ihnen dann ihre Klassenarbeitshefte mit Weinflecken zurückgeben muß. Es gab Prügel, Weinen, und indem sie uns einen »Ach-ihr-Männer-Blick« zuwarf, ging Sabine mit Marie in die Küche, um Kaffee zu kochen, und sicher hatten sie dann ihr Unter-Frauen-

Gespräch, etwas, das Marie so peinlich ist wie mir das Unter-Männern-Gespräch. Wenn ich dann mit Karl allein war, fing er wieder von Geld an, in vorwurfsvollem Ton, als wenn er sagen wollte: Ich rede mit dir darüber, weil du ein netter Kerl bist, aber *verstehen* tust du nichts davon.

Ich seufzte und sagte: »Sabine, ich bin vollkommen ruiniert, beruflich, seelisch, körperlich, finanziell ... ich bin ...«

»Wenn du wirklich Hunger hast«, sagte sie, »dann weißt du doch hoffentlich, wo immer ein Töpfchen Suppe für dich auf dem Herd steht.« Ich schwieg, ich war gerührt, es klang so ehrlich und trocken. »Hörst du?« sagte sie.

»Ich höre«, sagte ich, »und ich werde spätestens morgen mittag kommen und mein Töpfchen Suppe essen. Und wenn ihr noch einmal jemand braucht, der auf die Kinder aufpassen muß, ich – ich«, ich stockte. Ich konnte ja schlecht, was ich immer umsonst für sie getan hatte, jetzt für Geld anbieten, und die idiotische Geschichte mit dem Ei, das ich Gregor gegeben hatte, fiel mir ein. Sabine lachte und sagte: »Na, sag's doch.« Ich sagte: »Ich meine, wenn ihr mich bei Bekannten empfehlen könntet, ich habe ja Telefon – und ich mach's so billig wie jeder andere.«

Sie schwieg, und ich konnte gut merken, daß sie erschüttert war. »Du«, sagte sie, »ich kann nicht mehr lange sprechen, aber sag mir doch – was ist denn passiert?« Offenbar war sie die einzige in Bonn, die Kosterts Kritik nicht gelesen hatte, und mir fiel ein, daß sie ja gar nicht wissen konnte, was zwischen Marie und mir geschehen war. Sie kannte ja keinen aus dem Kreis.

»Sabine«, sagte ich, »Marie ist von mir weg – und hat einen gewissen Züpfner geheiratet.«

»Mein Gott«, rief sie, »das ist doch nicht wahr.«

»Es ist wahr«, sagte ich.

Sie schwieg, und ich hörte, wie gegen die Tür der Telefonzelle gebumst wurde. Sicher irgendein Idiot, der seinem Skatbruder mitteilen wollte, wie er das Herz Solo ohne drei hätte gewinnen können.

»Du hättest sie heiraten sollen«, sagte Sabine leise, »ich meine – ach, du weißt, was ich meine.«

»Ich weiß«, sagte ich, »ich wollte ja, aber dann kam heraus, daß man diesen verfluchten Schein vom Standesamt haben muß und daß ich unterschreiben, verstehst du, unterschreiben mußte, die Kinder katholisch erziehen zu lassen.«

»Aber es ist doch nicht daran gescheitert?« fragte sie. Das Bumsen an der Tür der Telefonzelle wurde stärker.

»Ich weiß nicht«, sagte ich, »der Anlaß war's schon – aber es kommt wohl vieles hinzu, was ich nicht verstehe. Häng jetzt ein, Sabinchen, sonst bringt dich dieser erregte deutsche Mensch an der Tür noch um. Es wimmelt von Unholden in diesem Land.« – »Du mußt mir versprechen, zu kommen«, sagte sie, »und denk daran: dein Süppchen steht den ganzen Tag auf dem Feuer.« Ich hörte, daß ihre Stimme schwach wurde, sie flüsterte noch: »Wie gemein, wie gemein«, aber sie hatte offenbar in ihrer Verwirrung nicht den Hörer auf die Gabel gelegt, nur auf das Tischchen, auf dem immer das Telefonbuch liegt. Ich hörte den Kerl sagen: »Na, endlich«, aber Sabine schien schon weg zu sein. Ich schrie ins Telefon laut: »Hilfe, Hilfe«, mit einer schrillen, hohen Stimme, der Kerl fiel drauf rein, nahm den Hörer auf und sagte: »Kann ich etwas für Sie tun?« Seine Stimme klang seriös, gefaßt, sehr männlich, und ich konnte riechen, daß er irgend etwas Saures gegessen hatte, eingelegte Heringe oder etwas Ähnliches. »Hallo, hallo«, sagte er, und ich sagte: »Sind Sie Deutscher, ich spreche grundsätzlich nur mit deutschen Menschen.«

»Das ist ein guter Grundsatz«, sagte er, »wo fehlt's denn bei Ihnen?«

»Ich mache mir Sorgen um die CDU«, sagte ich, »wählen Sie auch fleißig CDU?«

»Aber das ist doch selbstverständlich«, sagte er beleidigt, und ich sagte: »Dann bin ich beruhigt«, und legte auf.

21

Ich hätte den Kerl richtig beleidigen, ihn fragen sollen, ob er seine eigene Frau schon vergewaltigt, den Grand mit zweien gewonnen und im Amt mit seinen Kollegen den obligatorischen zweistündigen Plausch über den Krieg schon hinter sich habe. Er hatte die Stimme eines richtigen Eheherrn und aufrechten deutschen Menschen gehabt, und sein »Na, endlich« hatte geklungen wie: »Legt an.« Sabine Emonds' Stimme hatte mich etwas getröstet, sie hatte ein bißchen gereizt geklungen, auch gehetzt, aber ich wußte, daß sie Maries Handlungsweise wirklich gemein fand und das Töpfchen Suppe bei ihr immer für mich auf dem Herd stand. Sie war eine sehr gute Köchin, und wenn sie nicht schwanger war und dauernd die »Ach-ihr-Männer-Blicke« um sich warf, war sie sehr munter und auf eine viel nettere Art katholisch als Karl, der über das »Sextum« seine merkwürdigen Seminaristenvorstellungen behalten hatte. Sabines vorwurfsvolle Blicke galten wirklich dem ganzen Geschlecht, sie nahmen

nur, wenn sie Karl, den Urheber ihres Zustandes, anblickte, eine besonders dunkle Färbung an, fast gewitter-
haft. Ich hatte meistens versucht, Sabine abzulenken, ich
führte eine meiner Nummern vor, dann mußte sie lachen,
lange und herzlich, bis sie anfing, Tränen zu lachen, dann
blieb sie meistens in den Tränen hängen, und es war kein
Lachen mehr drin ... Und Marie mußte sie hinausbringen
und sie trösten, während Karl mit finsterer, schuldbe-
wußter Miene bei mir saß und schließlich vor Verzweiflung anfing, Hefte zu korrigieren. Manchmal half ich ihm
dabei, indem ich die Fehler mit einem roten Tintenkuli
anstrich, aber er traute mir nie, sah alles noch einmal
durch und war jedesmal wütend, weil ich nichts über-
sehen und die Fehler ganz korrekt angestrichen hatte. Er
konnte sich gar nicht vorstellen, daß ich eine solche Arbeit selbstverständlich fair und in seinem Sinn erledigen
würde. Karls Problem ist nur ein Geldproblem. Wenn
Karl Emonds eine Siebenzimmerwohnung hätte, wäre die
Gereiztheit, das Gehetztsein nicht mehr unumgänglich.
Ich hatte mich mit Kinkel einmal über seinen Begriff
»Existenzminimum« gestritten. Kinkel galt als einer der
genialen Spezialisten für solche Themen, und er war es,
glaube ich, der das Existenzminimum für eine alleinste-
hende Person in einer Großstadt, die Miete nicht gerechnet, auf vierundachtzig, später auf sechsundachtzig Mark
berechnen ließ. Ich kam ihm schon gar nicht mit dem
Einwand, daß er selbst, nach der ekelhaften Anekdote zu
urteilen, die er uns erzählt hatte, offenbar das Fünfund-
dreißigfache davon für *sein* Existenzminimum hielt. Solche Einwände gelten ja als zu persönlich und geschmacklos, aber das Geschmacklose liegt darin, daß so einer anderen ihr Existenzminimum vorrechnet. In dem Betrag
von sechsundachtzig Mark war sogar ein Betrag für kulturelle Bedürfnisse eingeplant: Kino wahrscheinlich, oder

Zeitungen, und als ich Kinkel fragte, ob sie erwarteten, daß sich der Betreffende für dieses Geld einen guten Film anschaue, einen mit volkserzieherischem Wert – wurde er wütend, und als ich ihn fragte, wie der Posten »Erneuerung des Wäschebestandes« zu verstehen sei, ob sie vom Ministerium extra einen gutmütigen alten Mann anheuern, der durch Bonn rennt und seine Unterhose verschleißt und dem Ministerium berichtet, wie lange er braucht, bis die Unterhose verschlissen ist – da sagte seine Frau, ich sei auf eine gefährliche Weise subjektiv, und ich sagte ihr, ich könnte mir etwas darunter vorstellen, wenn Kommunisten anfingen zu planen, mit Modellmahlzeiten, Verschleißzeiten für Taschentücher und diesem Unsinn, schließlich hätten Kommunisten nicht das heuchlerische Alibi Übernatur, aber daß Christen wie ihr Mann sich zu solch einem anmaßenden Wahnsinn hergäben, fände ich unglaublich – da sagte sie, ich sei eben ein kompletter Materialist und hätte kein Verständnis für Opfer, Leid, Schicksal, Größe der Armut. Bei Karl Emonds habe ich nie den Eindruck von Opfer, Leid, Schicksal, Größe der Armut. Er verdient ganz gut, und alles, was sich von Schicksal und Größe zeigte, war eine ständige Gereiztheit, weil er sich ausrechnen konnte, daß er nie eine für ihn angemessene Wohnung würde bezahlen können. Als mir klar wurde, daß ausgerechnet Karl Emonds der einzige war, den ich um Geld angehen konnte, wurde mir meine Situation klar. Ich besaß keinen Pfennig mehr.

22

Ich wußte auch, daß ich das alles nicht tun würde: nach
Rom fahren und mit dem Papst sprechen oder morgen
nachmittag bei Mutters *Jour fixe* Zigaretten und Zigarren
klauen, Erdnüsse in die Tasche stecken. Ich hatte nicht
einmal mehr die Kraft, daran zu glauben wie an das
Holzdurchsägen mit Leo. Jeder Versuch, die Marionettenfäden wieder zu knüpfen und mich daran hochzuzie-
hen, würde scheitern. Irgendwann würde ich soweit
sein, daß ich Kinkel anpumpte, auch Sommerwild und
sogar diesen Sadisten Fredebeul, der mir wahrscheinlich
ein Fünfmarkstück vor die Nase halten und mich zwingen würde, danach zu springen. Ich würde froh sein,
wenn mich Monika Silvs zum Kaffee einlud, nicht, weil
es Monika Silvs war, sondern wegen des kostenlosen
Kaffees. Ich würde die dumme Bela Brosen noch einmal
anrufen, mich bei ihr einschmeicheln und ihr sagen, daß
ich nicht mehr nach der Höhe der Summe fragen würde,
daß jede, jede Summe mir willkommen wäre, dann – eines Tages würde ich zu Sommerwild gehen, ihm »überzeugend« dartun, daß ich reumütig, einsichtig sei, reif zu
konvertieren, und dann würde das Fürchterlichste kommen: eine von Sommerwild inszenierte Versöhnung mit
Marie und Züpfner, aber wenn ich konvertierte, würde
mein Vater wahrscheinlich gar nichts mehr für mich tun.
Offenbar wäre das für ihn das Schrecklichste. Ich mußte
mir die Sache überlegen: meine Wahl war nicht *rouge et
noir*, sondern dunkelbraun oder schwarz: Braunkohle
oder Kirche. Ich würde werden, was sie alle von mir
schon so lange erwarteten: ein Mann, reif, nicht mehr
subjektiv, sondern objektiv und bereit, in der Herren-

Union einen deftigen Skat zu dreschen. Ich hatte noch ein paar Chancen: Leo, Heinrich Behlen, Großvater, Zohnerer, der mich vielleicht als Schmalzguitarristen aufbauen würde, ich würde singen: »Wenn der Wind in deinen Haaren spielt, weiß ich, du bist mein.« Ich hatte es Marie schon vorgesungen, und sie hatte sich die Ohren zugehalten und mir gesagt, sie fände es scheußlich. Schließlich würde ich das allerletzte tun: zu den Kommunisten gehen und ihnen all die Nummern vorführen, die sie so hübsch als antikapitalistisch einstufen konnten.

Ich war tatsächlich einmal hingefahren und hatte mich mit irgendwelchen Kulturfritzen in Erfurt getroffen. Sie empfingen mich mit ziemlichem Pomp am Bahnhof, Riesenblumensträuße, und im Hotel gab es anschließend Forelle blau, Kaviar, Halbgefrorenes und Unmengen von Sekt. Dann fragten sie uns, was wir denn von Erfurt sehen möchten. Ich sagte, ich würde gern die Stelle sehen, wo Luther seine Doktordisputation gehalten habe, und Marie sagte, sie habe gehört, es gebe in Erfurt eine katholisch-theologische Fakultät, sie interessiere sich für das religiöse Leben. Sie machten saure Gesichter, konnten aber nichts machen, und es wurde alles sehr peinlich: für die Kulturfritzen, für die Theologen und für uns. Die Theologen mußten ja meinen, wir hätten irgend etwas mit diesen Idioten zu tun, und keiner sprach offen mit Marie, auch als sie sich über Glaubensfragen mit einem Professor unterhielt. Der merkte irgendwie, daß Marie nicht richtig mit mir verheiratet war. Er fragte sie in Gegenwart der Funktionäre: »Aber Sie sind doch wirklich Katholikin«, und sie wurde schamrot und sagte: »Ja, auch wenn ich in der Sünde lebe, bleibe ich ja katholisch.« Es wurde scheußlich, als wir merkten, daß auch den Funktionären unser Nichtverheiratetsein gar nicht gefiel, und als wir dann zum Kaffee ins Hotel zurückgingen, fing einer der Funktionäre davon an, daß es bestimmte Erscheinungsformen kleinbürgerlicher Anarchie gebe, die er gar nicht billige. Dann fragten sie mich, was ich vorführen wolle, in Leipzig, in Rostock, ob ich nicht den ›Kardinal‹, ›Ankunft in Bonn‹ und ›Aufsichtsratssitzung‹ vorführen könne. (Woher sie vom ›Kardinal‹ wußten, haben wir nie herausgekriegt, denn diese Nummer hatte ich für mich allein einstudiert, sie nur Marie gezeigt, und die hatte mich gebeten, sie doch nicht aufzuführen, Kardinäle trügen nun einmal Märtyrerrot.) Und ich sagte nein, ich müsse erst die Lebensbedingungen hier ein wenig studieren, denn der Sinn der Komik läge darin, den Menschen in abstrakter Form Situationen vorzuführen, die ihrer eigenen Wirklichkeit entnommen seien, nicht einer fremden, und es gäbe ja in ihrem Land weder Bonn noch Aufsichtsräte, noch Kardinäle. Sie wurden unruhig, einer wurde sogar blaß und sagte, sie hätten sich das anders vorgestellt, und ich sagte, ich auch. Es war scheußlich. Ich sagte, ich könnte ja ein bißchen studieren und eine Nummer wie ›Sitzung des Kreiskomitees‹ vorführen oder ›Der Kulturrat tritt zusammen‹, oder ›Der Parteitag wählt sein Präsidium‹ – oder ›Erfurt, die Blumenstadt‹; es sah gerade um den Erfurter Bahnhof herum nach allem anderen, nur nicht nach Blumen aus – aber da stand der Hauptmacher auf, sagte, sie könnten doch keine Propaganda gegen die Arbeiterklasse dulden. Er war schon nicht mehr blaß, sondern richtig bleich – ein paar andere waren wenigstens so mutig, zu grinsen. Ich erwiderte ihm, ich sähe keine Propaganda gegen die Arbeiterklasse darin, wenn ich etwa eine leicht einzustudierende Nummer wie ›Der Parteitag wählt sein Präsidium‹ vorführte, und ich machte den dummen Fehler, Bardeidag zu sagen, da wurde der bleiche Fanatiker wild, schlug auf den Tisch, so heftig, daß mir die Schlagsahne vom Kuchen auf den Teller rutschte, und sagte: »Wir haben uns in Ihnen getäuscht, getäuscht«, und ich sagte, dann könnte ich ja abfahren, und er sagte: »Ja, das können Sie – bitte, mit dem nächsten Zug.« Ich sagte noch, ich könnte ja die Nummer ›Aufsichtsrat‹ einfach ›Sitzung des Kreiskomitees‹ nennen, denn da würden ja wohl auch nur Sachen beschlossen, die vorher schon beschlossene Sache gewesen wären. Da wurden sie regelrecht unhöflich, verließen das Sälchen, bezahlten nicht einmal den Kaffee für uns. Marie weinte, ich war nahe daran, irgend jemand zu ohrfeigen, und als wir dann zum Bahnhof hinübergingen, um mit dem nächsten Zug zurückzufahren, war weder ein Gepäckträger noch ein Boy aufzutreiben, und wir mußten eigenhändig unsere Koffer schleppen, etwas, was ich hasse. Zum Glück begegnete uns auf dem Bahnhofsvorplatz einer von den jungen Theologen, mit denen Marie am Morgen gesprochen hatte. Er wurde rot, als er uns sah, nahm aber der weinenden Marie den schweren Koffer aus der Hand, und Marie flüsterte die ganze Zeit über auf ihn ein, er solle sich doch nicht in Schwierigkeiten bringen.

Es war scheußlich. Wir waren im ganzen nur sechs oder sieben Stunden in Erfurt gewesen, aber wir hatten es mit allen verdorben: mit den Theologen und mit den Funktionären.

Als wir in Bebra ausstiegen und in ein Hotel gingen, weinte Marie die ganze Nacht, schrieb morgens einen langen Brief an den Theologen, aber wir erfuhren nie, ob er ihn wirklich bekommen hat.

Ich hatte geglaubt, mich mit Marie und Züpfner zu versöhnen, würde das letzte sein, aber mich dem blassen Fanatiker auszuliefern und denen da den ›Kardinal‹ vorzuführen, würde doch das allerallerletzte sein. Ich hatte immer noch Leo, Heinrich Behlen, Monika Silvs, Zohnerer, Großvater und das Töpfchen Suppe bei Sabine Emonds, und ich konnte mir wohl ein bißchen Geld verdienen, indem ich auf Kinder aufpaßte. Ich würde mich schriftlich verpflichten, den Kindern keine Eier zu geben. Offenbar war das für eine deutsche Mutter unerträglich. Was andere die objektive Wichtigkeit der Kunst nennen, ist mir schnuppe, aber wo es gar keine Aufsichtsräte gibt, über Aufsichtsräte zu spotten, das würde mir gemein vorkommen.

Ich hatte einmal eine ziemlich lange Nummer ›Der General‹ einstudiert, lange daran gearbeitet, und als ich sie aufführte, wurde es das, was man in unseren Kreisen einen Erfolg nennt: das heißt, die richtigen Leute lachten, und die richtigen ärgerten sich. Als ich nach dem Auftritt mit stolzgeschwellter Brust in die Garderobe ging, wartete eine alte, sehr kleine Frau auf mich. Ich bin nach den Auftritten immer gereizt, vertrage nur Marie um mich, aber Marie hatte die alte Frau in meine Garderobe gelassen. Die fing an zu reden, bevor ich noch richtig die Tür zugemacht hatte, und erklärte mir, ihr Mann sei auch General gewesen, er wäre gefallen und hätte ihr vorher noch einen Brief geschrieben und sie gebeten, keine Pension anzunehmen. »Sie sind noch sehr jung«, sagte sie, »aber doch alt genug, zu verstehen« – und dann ging sie raus. Ich konnte von da ab die Nummer ›General‹ nie mehr aufführen. Die Presse, die sich Linkspresse nennt, schrieb daraufhin, ich habe mich offenbar von der Reaktion einschüchtern lassen, die Presse, die sich Rechtspresse nennt, schrieb, ich hätte wohl eingesehen, daß ich dem Osten in die Hand spiele, und die unabhängige Presse schrieb, ich habe offensichtlich jeglicher Radikalität und dem Engagement abgeschworen. Alles kompletter Schwachsinn. Ich konnte die Nummer nicht mehr vorführen, weil ich immer an die alte kleine Frau denken mußte, die sich wahrscheinlich, von allen verlacht und verspottet, kümmerlich durchschlug. Wenn mir eine Sache keinen Spaß mehr macht, höre ich damit auf – das einem Journalisten zu erklären ist wahrscheinlich viel zu kompliziert. Sie müssen immer etwas »wittern«, »in der Nase haben«, und es gibt den weitverbreiteten hämischen Typ des Journalisten, der nie drüber kommt, daß er selbst kein Künstler ist und nicht einmal das Zeug zu einem künstlerischen Menschen hat. Da versagt dann natürlich die Witterung, und es wird geschwafelt, möglichst in Gegenwart hübscher junger Mädchen, die noch naiv genug sind, jeden Schmierfink anzuhimmeln, nur weil er in einer Zeitung sein »Forum« hat und »Einfluß«. Es gibt merkwürdige unerkannte Formen der Prostitution, mit denen verglichen die eigentliche Prostitution ein redliches Gewerbe ist: da wird wenigstens fürs Geld was geboten.

Selbst dieser Weg, mich von der Barmherzigkeit käuflicher Liebe erlösen zu lassen, war mir verschlossen: ich hatte kein Geld. Inzwischen probierte Marie in ihrem römischen Hotel ihre spanische Mantilla an, um als First Lady des deutschen Katholizismus standesgemäß zu repräsentieren. Nach Bonn zurückgekehrt, würde sie bei jeder sich bietenden Gelegenheit Tee trinken, lächeln, Komitees beitreten, Ausstellungen »religiöser Kunst« eröffnen und sich nach einer »angemessenen Schneiderin umschauen«. Alle Frauen, die amtlich nach Bonn heirateten, »schauten sich nach angemessenen Schneiderinnen um«.

Marie als First Lady des deutschen Katholizismus, mit der Teetasse oder dem Cocktailglas in der Hand: »Haben Sie den süßen kleinen Kardinal schon gesehen, der morgen die von Krögert entworfene Mariensäule einweiht? Ach, in Italien sind offenbar sogar die Kardinäle Kavaliere. Einfach süß.«

Ich konnte nicht einmal mehr richtig humpeln, wirklich nur noch kriechen, ich kroch auf den Balkon hinaus, um etwas Heimatluft zu atmen: auch sie half nichts. Ich war schon zu lange in Bonn, fast zwei Stunden, und nach dieser Frist ist die Bonner Luft als Luftveränderung keine Wohltat mehr.

Es fiel mir ein, daß sie es eigentlich mir verdanken, daß Marie katholisch geblieben ist. Sie hatte fürchterliche Glaubenskrisen, aus Enttäuschungen über Kinkel, auch über Sommerwild, und ein Kerl wie Blothert hätte wahrscheinlich sogar den Heiligen Franziskus zum Atheisten gemacht. Sie ging eine Zeitlang nicht einmal mehr zur Kirche, dachte gar nicht daran, sich mit mir kirchlich trauen zu lassen, sie verfiel in eine Art Trotz und ging erst drei Jahre, nachdem wir aus Bonn weg waren, in den Kreis, obwohl die sie dauernd einluden. Ich sagte ihr damals, Enttäuschung sei kein Grund. Wenn sie die Sache als solche für wahr hielte – könnten tausend Fredebeuls sie nicht unwahr machen, und schließlich – so sagte ich – gebe es ja doch Züpfner, den ich zwar ein bißchen steif fände, gar nicht mein Typ, aber als Katholiken glaubwürdig. Es gäbe sicher viele glaubwürdige Katholiken, ich zählte ihr Pastöre auf, deren Predigten ich mir mitangehört hatte, ich erinnerte sie an den Papst, Gary Cooper, Alec Guinness – und sie rankte sich an Papst Johannes und Züpfner wieder hoch. Merkwürdigerweise zog Heinrich Behlen um diese Zeit schon nicht mehr, im Gegenteil, sie sagte, sie fände ihn schmierig, wurde immer verlegen, wenn ich von ihm anfing, so daß ich den Verdacht bekam, er könne sich ihr »genähert« haben. Ich fragte sie nie danach, aber mein Verdacht war groß, und wenn ich mir Heinrichs Haushälterin vorstellte, konnte ich verstehen, daß er sich Mädchen »näherte«. Mir war der Gedanke daran widerwärtig, aber ich konnte es verstehen, so wie ich manche widerwärtigen Sachen, die im Internat passierten, verstand.

Es fiel mir jetzt erst ein, daß ich es gewesen war, der ihr Papst Johannes und Züpfner als Trost bei Glaubenszweifeln angeboten hatte. Ich hatte mich vollkommen fair dem Katholizismus gegenüber verhalten, genau das war falsch gewesen, aber für mich war Marie auf eine so natürliche Weise katholisch, daß ich ihr diese Natur zu erhalten sann. Ich weckte sie, wenn sie sich verschlief, damit sie rechtzeitig zur Kirche kam. Oft genug habe ich ihr ein Taxi spendiert, damit sie pünktlich kam, ich habe für sie herumtelefoniert, wenn wir in evangelischen Gegenden waren, um eine Heilige Messe für sie aufzutreiben, und sie hat immer gesagt, das fände sie »besonders« lieb, aber dann sollte ich diesen verfluchten Zettel unterschreiben, *schriftlich* geben, daß ich die Kinder katholisch erziehen lassen würde. Wir hatten oft über unsere Kinder gesprochen. Ich hatte mich sehr auf Kinder gefreut, mich schon mit meinen Kindern unterhalten, ich hatte sie schon auf dem Arm gehalten, ihnen rohe Eier in die Milch geschlagen, mich beunruhigte nur die Tatsache, daß wir in Hotels wohnen würden, und in Hotels werden meistens nur die Kinder von Millionären oder Königen gut behandelt. Den Kindern von Nichtkönigen oder Nichtmillionären, jedenfalls den Jungen, wird zuerst einmal zugebrüllt: »Du bist hier nicht zu Hause«, eine dreifache Unterstellung, weil vorausgesetzt wird, daß man sich zu Hause wie ein Schwein benimmt, daß man sich nur wohl fühlt, wenn man sich wie ein Schwein benimmt, und daß man sich als Kind um keinen Preis wohl fühlen soll. Mädchen haben immer die Chance, als »süß« betrachtet und gut behandelt zu werden, aber Jungen werden zunächst angeschnauzt, wenn die Eltern nicht dabei sind. Für die Deutschen ist ja jeder Junge ein ungezogenes Kind, das nie ausgesprochene Adjektiv ungezogen ist einfach mit dem Substantiv verschmolzen. Würde einer auf die Idee kommen, das Vokabularium, das die meisten Eltern im Gespräch mit ihren Kindern verwenden, einmal zu testen, würde er feststellen, daß das Vokabularium der Bild-Zeitung, damit verglichen, fast das Wörterbuch der Brüder Grimm wäre. Es wird nicht mehr lange dauern, und deutsche Eltern werden mit ihren Kindern nur noch in der Kalick-Sprache sprechen: Oh, wie hübsch und oh, wie scheußlich; hin und wieder werden sie sich zu differenzierten Äußerungen wie »keine Widerrede« oder »davon verstehst du nichts« entschließen. Mit Marie habe ich sogar schon darüber gesprochen, was wir unseren Kindern anziehen würden, sie war für »helle, flott geschnittene Regenmäntel«, ich für Anoraks, weil ich mir vorstellte, daß ein Kind in einem hellen, flott geschnittenen Regenmantel nicht in einer Pfütze spielen könnte, während ein Anorak fürs Spielen in der Pfütze günstig wäre, sie – ich dachte immer zunächst an ein Mädchen – wäre warm angezogen und hätte doch die Beine frei, und wenn sie Steine in die Pfütze warf, würden die Spritzer nicht unbedingt den Mantel, möglicherweise nur die Beine treffen, und wenn sie mit einer Blechbüchse die Pfütze ausschöpfte und das schmutzige Wasser vielleicht schief aus der Büchse herauslaufen ließ, brauchte es nicht unbedingt den Mantel zu treffen, jedenfalls war die Chance, daß sie sich nur die Beine beschmutzte, größer. Marie war der Meinung, daß sie sich in einem hellen Regenmantel eben mehr in acht nehmen würde, die Frage, ob unsere Kinder wirklich in Pfützen würden spielen dürfen, wurde nie grundsätzlich geklärt. Marie lächelte nur immer, wich aus und sagte: Wir wollen mal abwarten.

Wenn sie mit Züpfner Kinder haben sollte, könnte sie ihnen weder Anoraks anziehen noch flott geschnittene, helle Regenmäntel, sie mußte ihre Kinder ohne Mantel laufen lassen, denn wir hatten über alle Mantelsorten ausgiebig gesprochen. Wir hatten auch über lange und kurze Unterhosen, Wäsche, Socken, Schuhe gesprochen – sie mußte ihre Kinder nackt durch Bonn laufen lassen, wenn sie sich nicht als Hure oder Verräterin fühlen wollte. Ich wußte auch gar nicht, was sie ihren Kindern zu essen geben wollte: wir hatten alle Nahrungssorten, alle Ernährungsmethoden durchgesprochen, waren uns einig gewesen, daß wir keine Stopfkinder haben würden, Kinder, in die dauernd Brei oder Milch hineingestopft oder hineingeschüttet wird. Ich wollte nicht, daß meine Kinder zum Essen gezwungen würden, es hatte mich angeekelt, wenn ich zusah, wie Sabine Emonds ihre ersten beiden Kinder, besonders das älteste, das Karl seltsamerweise Edeltrud genannt hatte, stopfte. Über die leidige Eierfrage hatte ich mich sogar mit Marie gestritten, sie war gegen Eier, und als wir uns darüber stritten, sagte sie, das sei Reicheleutekost, war dann rot geworden, und ich hatte sie trösten müssen. Ich war daran gewöhnt, anders als andere behandelt und betrachtet zu werden, nur weil ich von den Braunkohlenschniers abstamme, und Marie war es nur zweimal passiert, daß sie etwas Dummes darüber sagte: am ersten Tag, als ich zu ihr in die Küche runterkam, und als wir über Eier sprachen. Es ist scheußlich, reiche Eltern zu haben, besonders scheußlich natürlich, wenn man von dem Reichtum nie etwas gehabt hat. Eier hatte es bei uns zu Hause sehr selten gegeben, meine Mutter hielt Eier für »ausgesprochen schädlich«. Bei Edgar Wieneken war es im umgekehrten Sinn peinlich, er wurde überall als Arbeiterkind eingeführt und vorgestellt; es gab sogar Priester, die, wenn sie ihn vorstellten, sagten: »Ein waschechtes Arbeiterkind«, das klang so, als wenn sie gesagt hätten: Seht mal, der hat gar keine Hörner und sieht ganz intelligent aus. Es ist eine Rassenfrage, um die sich Mutters Zentralkomitee einmal kümmern sollte. Die einzigen Menschen, die in diesem Punkt unbefangen zu mir waren, waren Wienekens und Maries Vater. Sie kreideten es mir nicht an, daß ich von den Braunkohlenschniers abstamme, und flochten mir auch keinen Kranz daraus.

23

Ich ertappte mich dabei, daß ich noch immer auf dem Balkon stand und auf Bonn blickte. Ich hielt mich am Geländer fest, mein Knie schmerzte heftig, aber die Mark, die ich runtergeworfen hatte, beunruhigte mich. Ich hätte sie gern wiedergehabt, konnte aber jetzt nicht auf die Straße gehen, Leo mußte jeden Augenblick kommen. Irgendwann mußten sie ja mit ihren Pflaumen, der Schlagsahne und dem Tischgebet fertig sein. Ich konnte die Mark unten auf der Straße nicht entdecken: es war ziemlich tief, und nur in Märchen blinken Geldstücke so deutlich, daß man sie findet. Es war das erstemal, daß ich irgend etwas, was mit Geld zusammenhing, bereute: diese weggeworfene Mark, zwölf Zigaretten, zwei Straßenbahnfahrten, ein Würstchen mit Brot. Ohne Reue, aber mit einer gewissen Wehmut dachte ich an die vielen D-Zug-Zuschläge und Übergänge in die erste Klasse, die wir für niedersächsische Großmütter bezahlt hatten, wehmütig, wie einer an Küsse denkt, die er einem Mädchen gegeben hat, das einen anderen heiratete. Auf Leo war nicht viel Hoffnung zu setzen, er hat merkwürdige Vorstellungen von Geld, ungefähr wie eine Nonne von der »ehelichen Liebe«.

Nichts blinkte unten auf der Straße, obwohl alles hellerleuchtet war, kein Sternthaler zu sehn; nur Autos, Straßenbahn, Bus und Bonner Bürger. Ich hoffte, daß die Mark auf dem Dach der Straßenbahn liegengeblieben war und irgendeiner im Depot sie finden würde.

Natürlich konnte ich mich auch an den Busen der evangelischen Kirche schmeißen. Nur: als ich Busen dachte, fröstelte mich. An Luthers Brust hätte ich mich schmeißen können, aber »Busen der evangelischen Kirche« – nein. Wenn ich schon heuchelte, wollte ich mit Erfolg heucheln, möglichst viel Spaß dabei haben. Es würde mir Spaß machen, einen Katholiken zu heucheln, ich würde mich ein halbes Jahr ganz »zurückhalten«, dann anfangen, in Sommerwilds Abendpredigten zu gehen, bis ich anfing, von katholons zu wimmeln wie eine schwärende Wunde von Bazillen. Aber damit nahm ich mir eine letzte Chance, in Vaters Gunst zu gelangen und in einem Braunkohlenbüro Verrechnungsschecks zu unterschreiben. Vielleicht würde meine Mutter mich in ihrem Zentralkomitee unterbringen und mir Gelegenheit geben, dort meine Rassentheorien zu vertreten. Ich würde nach Amerika fahren und vor Frauenclubs als lebendes Beispiel der Reue der deutschen Jugend Vorträge halten. Nur, ich hatte nichts zu bereuen, gar nichts, und ich würde also Reue heucheln müssen. Ich konnte ihnen auch erzählen, wie ich Herbert Kalick die Asche vom Tennisplatz ins Gesicht geworfen hatte, wie ich im Schießstandschuppen eingesperrt gewesen war und später vor Gericht gestanden hatte: Vor Kalick, Brühl, Lövenich. Aber wenn ich es erzählte, war's schon geheuchelt. Ich konnte diese Augenblicke nicht beschreiben und sie mir wie einen Orden um den Hals hängen. Jeder trägt die Orden seiner heldenhaften Augenblicke an Hals und Brust. Sich an die Vergangenheit klammern ist Heuchelei, weil kein Mensch die Augenblicke kennt: wie Henriette in ihrem blauen Hut in der Straßenbahn gesessen hatte und weggefahren war, um die heilige deutsche Erde bei Leverkusen gegen die jüdischen Yankees zu verteidigen.

Nein, die sicherste Heuchelei und die, die mir am meisten Spaß machen würde, war, »auf die katholische Karte setzen«. Da gewann jede Nummer.

Ich warf noch einen Blick über die Dächer der Universität hinweg auf die Bäume im Hofgarten: da hinten zwischen Bonn und Godesberg auf den Hängen würde Marie wohnen. Gut. Es war besser, in ihrer Nähe zu sein. Es wäre zu leicht für sie, wenn sie denken konnte, ich wäre dauernd unterwegs. Sie sollte immer damit rechnen, mir zu begegnen, und jedesmal schamrot werden, wenn ihr einfiel, wie unzüchtig und ehebrecherisch ihr Leben verlief, und wenn ich ihr mit ihren Kindern begegnete und sie trügen Regenmäntel, Anoraks oder Lodenmäntel; ihre Kinder würden ihr plötzlich nackt vorkommen.

Es wird geflüstert in der Stadt, gnädige Frau, daß Sie Ihre Kinder nackt umherlaufen lassen. Das geht zu weit. Und Sie haben ein kleines m vergessen, gnädige Frau, an entscheidender Stelle; wenn Sie sagen, daß Sie nur einen Mann lieben – hätten Sie sagen müssen: meinen. Es wird auch geflüstert, daß Sie über den dumpfen Groll lächeln, den jeder hier gegen den nährt, den sie den Alten nennen. Sie finden, daß alle ihm auf eine vertrackte Weise ähnlich sind. Schließlich – finden Sie – halten sich alle für so unersetzlich, wie er sich hält, schließlich lesen alle Kriminalromane. Natürlich passen die Umschläge der Kriminalromane nicht in die geschmackvoll eingerichteten Wohnungen. Die Dänen haben vergessen, ihren Stil auf die Umschläge für Kriminalromane auszudehnen. Die Finnen werden so schlau sein und ihre Umschläge den Stühlen, Sesseln, Gläsern und Töpfen anpassen. Sogar bei Blothert liegen Kriminalromane herum, waren nicht schamhaft genug versteckt an jenem Abend, als man das Haus besichtigte.

Immer im Dunkel, gnädige Frau, in Kinos und Kirchen, in dunklen Wohnzimmern bei Kirchenmusik, die Helligkeit der Tennisplätze scheuend. Viel Geflüster. Die Dreißig-, die Vierzig-Minuten-Beichten im Münster. Kaum verhohlene Empörung im Blick der Wartenden. Mein Gott, was hat denn die soviel zu beichten: hat den hübschesten, nettesten, fairsten Mann. Richtig anständig. Eine entzückende kleine Tochter, zwei Autos.

Die gereizte Ungeduld da hinterm Gitter, das endlose Hin- und Hergeflüster über Liebe, Ehe, Pflicht, Liebe und schließlich die Frage: »Nicht einmal Glaubenszweifel – was fehlt Ihnen denn, meine Tochter?«

Du kannst es nicht aussprechen, nicht einmal denken, was ich weiß. Dir fehlt ein Clown, offizielle Berufsbezeichnung: Komiker, keiner Kirche steuerpflichtig.

Ich humpelte vom Balkon ins Badezimmer, um mich zu schminken. Es war ein Fehler gewesen, Vater ungeschminkt gegenüberzustehen und gegenüberzusitzen, aber ich hatte mit seinem Besuch ja am wenigsten rechnen können. Leo war immer so erpicht drauf gewesen, meine wahre Meinung, mein wahres Gesicht, mein wahres Ich zu sehen. Er sollte es sehen. Er hatte immer Angst vor meinen »Masken«, vor meiner Spielerei, vor dem, was er »unernst« nannte, wenn ich keine Schminke trug. Mein Schminkkoffer war noch unterwegs zwischen Bochum und Bonn. Als ich im Badezimmer das weiße Wandschränkchen öffnete, war es zu spät. Ich hätte daran denken müssen, welche tödliche Sentimentalität Gegenständen innewohnt. Maries Tuben und Tiegel, Fläschchen und Stifte: es war nichts mehr davon im Schrank, und daß so eindeutig *nichts* mehr von ihr darin war, war so schlimm, als wenn ich eine Tube oder einen Tiegel von ihr gefunden hätte. Alles weg. Vielleicht war Monika Silvs so barmherzig gewesen, alles einzupacken und wegzutun. Ich blickte mich im Spiegel an: meine Augen waren vollkommen leer, zum erstenmal brauchte ich sie nicht, indem ich mich eine halbe Stunde lang anblickte und Gesichtsgymnastik trieb, zu leeren. Es war das Gesicht eines Selbstmörders, und als ich anfing, mich zu schminken, war mein Gesicht das Gesicht eines Toten. Ich schmierte mir Vaseline übers Gesicht und riß eine halb eingetrocknete Tube weißer Schminke auf, quetschte heraus, was noch drin war, und schminkte mich vollkommen weiß: kein Strich Schwarz, kein Tupfer Rot, alles weiß, auch die Brauen überschminkt; mein Haar sah darüber wie eine Perücke aus, mein ungeschminkter Mund dunkel, fast blau, die Augen, hellblau wie ein steinerner Himmel, so leer wie die eines Kardinals, der sich nicht eingesteht, daß er den Glauben längst verloren hat. Ich hatte nicht einmal Angst vor mir. Mit diesem Gesicht konnte ich Karriere machen, konnte sogar an der Sache Heuchelei begehen, die mir in all ihrer Hilflosigkeit, in ihrer Dummheit die relativ sympathischste war: die Sache, an die Edgar Wieneken glaubte. Diese Sache würde wenigstens nicht schmecken, sie war in ihrer Geschmacklosigkeit die ehrlichste unter den unehrlichen, das kleinste der kleineren Übel. Es gab also außer Schwarz, Dunkelbraun und Blau noch eine Alternative, die Rot zu nennen wieder zu euphemistisch und zu optimistisch wäre, es war Grau mit einem sanften Schimmer von Morgenrot drin. Eine traurige Farbe für eine traurige Sache, in der vielleicht sogar Platz für einen Clown war, der sich der schlimmsten aller Clownssünden schuldig gemacht hatte: Mitleid zu erregen. Das Schlimme war nur: Edgar konnte ich am allerwenigsten betrügen, ihm am wenigsten etwas vorheucheln. Ich war der einzige Zeuge dafür, daß er die hundert Meter wirklich in 10,1 gelaufen war, und er war einer der wenigen, die mich immer so genommen hatten, wie ich war, denen ich immer so erschienen war, wie ich war. Und er hatte keinen Glauben als den an bestimmte Menschen – die anderen glaubten ja an mehr als an die Menschen: an Gott, an abstraktes Geld, an etwas wie Staat und Deutschland. Edgar nicht. Es war schon schlimm genug für ihn gewesen, als ich damals das Taxi nahm. Es tat mir jetzt leid, ich hätte es ihm erklären müssen, niemand sonst war ich irgendwelche Erklärungen schuldig. Ich ging vom Spiegel weg; es gefiel mir zu gut, was ich dort sah, ich dachte keinen Augenblick daran, daß ich selbst es war, den ich sah. Das war kein Clown mehr, ein Toter, der einen Toten spielte.

Ich humpelte in unser Schlafzimmer hinüber, das ich noch nicht betreten hatte, aus Angst vor Maries Kleidern. Die meisten Kleider habe ich selbst ihr gekauft, sogar die Änderungen mit den Schneiderinnen besprochen. Sie kann fast alle Farben tragen außer Rot und Schwarz, sie kann sogar Grau tragen, ohne langweilig auszusehen, Rosa steht ihr sehr gut und Grün. Ich könnte in der Branche Damenmode wahrscheinlich Geld verdienen, aber für einen, der monogam und nicht schwul ist, wäre das eine zu fürchterliche Tortur. Die meisten Männer geben ihren Frauen einfach Verrechnungsschecks und empfehlen ihnen, sich dem »Diktat der Mode« zu beugen. Wenn dann Violett modern ist, tragen alle diese Frauen, die mit Verrechnungsschecks gefüttert werden, Violett, und wenn dann auf einer Party sämtliche Frauen, die »etwas auf sich halten«, in Violett herumlaufen, sieht das Ganze aus wie eine Generalversammlung mühsam zum Leben erweckter weiblicher Bischöfe. Es gibt nur wenige Frauen, denen Violett steht. Marie konnte gut Violett tragen. Als ich noch zu Hause war, kam plötzlich die Sackmode auf, und alle armen Hühner, denen ihre Männer befehlen, sich »repräsentativ« zu kleiden, rannten auf unserem *Jour fixe* in Säcken umher. Ein paar Frauen taten mir so leid – besonders die große, schwere Frau irgendeines der zahllosen Präsidenten –, daß ich am liebsten zu ihr gegangen wäre und irgend etwas – eine Tischdecke oder einen Vorhang – als Mantel der Barmherzigkeit um sie gelegt hätte. Ihr Mann, dieser stupide Hund, merkte nichts, sah nichts, hörte nichts, er hätte seine Frau in einem rosa Nachthemd auf den Markt geschickt, wenn irgendein Schwuler das als Mode diktiert hätte. Am nächsten Tag hielt er vor hundertfünfzig evangelischen Pastoren einen Vortrag über das Wort »Erkennen« in der Ehe. Wahrscheinlich wußte er nicht einmal, daß seine Frau viel zu eckige Knie hat, als daß sie kurze Kleider tragen könnte.

Ich riß die Tür des Kleiderschranks schnell auf, um dem Spiegel zu entgehen: nichts mehr von Marie im Schrank, nichts mehr, nicht einmal mehr ein Schuhspanner oder ein Gürtel, wie ihn Frauen manchmal hängen lassen. Kaum noch der Geruch ihres Parfüms, sie hätte barmherzig sein, auch meine Kleider mitnehmen, sie verschenken oder verbrennen können, aber meine Sachen hingen noch da: eine grüne Manchesterhose, die ich nie getragen hatte, ein schwarzer Tweedrock, ein paar Krawatten, und drei Paar Schuhe standen unten auf dem Schuhbrett; in den kleinen Schubladen würde ich alles finden, alles: Manschettenknöpfe und die weißen Stäbchen für die Hemdkragen, Socken und Taschentücher. Ich hätte es mir denken können: wenn es um Besitz geht, werden Christen unerbittlich, gerecht. Ich brauchte die Schubladen gar nicht zu öffnen: was mir gehörte, würde alles da sein, was ihr gehörte, alles weg. Wie barmherzig wäre es gewesen, auch meine Klamotten mitzunehmen, aber hier in unserem Kleiderschrank war es ganz gerecht zugegangen, auf eine tödliche Weise korrekt. Sicher hatte Marie auch Mitleid empfunden, als sie alles, was mich an sie erinnern würde, wegnahm, und bestimmt hatte sie geweint, jene Tränen, die Frauen in Ehescheidungsfilmen weinen, wenn sie sagen: »Die Zeit mit dir werde ich nie vergessen.«

Der aufgeräumte, saubere Schrank (irgend jemand war sogar mit dem Staublappen drübergegangen) war das Schlimmste, was sie mir hinterlassen konnte, ordentlich, getrennt, ihre Sachen von meinen geschieden. Es sah im Schrank aus wie nach einer erfolgreichen Operation. Nichts mehr von ihr, nicht einmal ein abgesprungener Blusenknopf. Ich ließ die Tür offen, um dem Spiegel zu entgehen, humpelte in die Küche zurück, steckte mir die Flasche Kognak in die Rocktasche, ging ins Wohnzimmer und legte mich auf die Couch und zog mein Hosenbein hoch. Das Knie war stark geschwollen, aber der Schmerz ließ nach, sobald ich lag. Es waren noch vier Zigaretten in der Schachtel, ich steckte eine davon an.

Ich überlegte, was schlimmer gewesen wäre: wenn Marie ihre Kleider hiergelassen hätte, oder so: alles ausgeräumt und sauber und nicht einmal irgendwo ein Zettel: »Die Zeit mit dir werde ich nie vergessen.« Vielleicht war es so besser, und doch hätte sie wenigstens einen abgesprungenen Knopf liegen oder einen Gürtel hängen lassen können, oder den ganzen Schrank mitnehmen und verbrennen sollen.

Als die Nachricht von Henriettes Tod kam, wurde bei uns zu Hause gerade der Tisch gedeckt, Anna hatte Henriettes Serviette, die ihr noch nicht waschreif zu sein schien, in dem gelben Serviettenring auf der Anrichte gelassen, und wir alle blickten auf die Serviette, es war etwas Marmelade dran und ein kleiner brauner Flecken von Suppe oder Soße. Ich spürte zum erstenmal, wie furchtbar die Gegenstände sind, die einer zurückläßt, wenn er weggeht oder stirbt. Mutter machte tatsächlich einen Versuch zu essen, sicher sollte das bedeuten: Das Leben geht weiter oder etwas Ähnliches, aber ich wußte genau: es stimmte nicht, nicht das Leben geht weiter, sondern der Tod. Ich schlug ihr den Suppenlöffel aus der Hand, rannte in den Garten, wieder zurück ins Haus, wo das Gekreische und Geschreie in vollem Gang war. Meine Mutter hatte sich an der heißen Suppe das Gesicht verbrannt. Ich rannte in Henriettes Zimmer hinauf, riß das Fenster auf und warf alles, so wie es mir zwischen die Hände kam, in den Garten hinaus: Schächtelchen und Kleider, Puppen, Hüte, Schuhe, Mützen, und als ich die Schubladen aufriß, fand ich ihre Wäsche und dazwischen merkwürdige kleine Dinge, die ihr bestimmt teuer gewesen waren: getrocknete Ähren, Steine, Blumen, Papierfetzen und ganze Bündel von Briefen, mit rosa Bändern umwickelt. Tennisschuhe, Schläger, Trophäen, wie es mir in die Hände kam, warf ich es raus in den Garten. Leo sagte mir später, ich hätte ausgesehen wie »ein Verrückter«, und es wäre so schnell gegangen, wahnsinnig schnell, daß niemand etwas hätte tun können. Ganze Schubladen kippte ich einfach so über die Fensterbank, rannte in die Garage und trug den schweren Reservetank voll Benzin in den Garten, kippte ihn über das Zeug und steckte es an: alles, was herumlag, stieß ich mit dem Fuß in die hohe Flamme, suchte alle Fetzen und Stücke, getrocknete Blumen,

Ähren und die Briefbündel zusammen und warf sie ins Feuer. Ich lief ins Eßzimmer, nahm die Serviette mit dem Ring von der Anrichte, warf sie ins Feuer! Leo sagte später, das Ganze habe keine fünf Minuten gedauert, und bevor einer ahnte, was geschah, brannte die Flamme schon lichterloh, und ich hatte alles reingeworfen. Es tauchte sogar ein amerikanischer Offizier auf, der meinte, ich verbrenne Geheimmaterial, Akten des großdeutschen Werwolfs, aber als der kam, war schon alles angesengt, schwarz und häßlich und stinkend, und als er nach einem der Briefbündel greifen wollte, schlug ich ihm auf die Hand und kippte den Rest Benzin, der noch im Kanister war, in die Flamme. Später tauchte sogar die Feuerwehr auf mit lächerlich großen Schläuchen, und im Hintergrund schrie einer mit einer lächerlich hohen Stimme das lächerlichste Kommando, das ich je gehört habe: »Wasser, marsch!«, und sie schämten sich nicht, diesen armseligen Scheiterhaufen noch mit ihren Schläuchen zu bespritzen, und weil ein Fensterrahmen ein bißchen Feuer gefangen hatte, richtete einer seinen Schlauch darauf, drinnen schwamm alles, und später warf sich der Parkettboden, und Mutter heulte wegen des verdorbenen Bodens und telefonierte mit sämtlichen Versicherungen, um herauszubekommen, ob es Wasserschaden, Feuerschaden war oder unter die Sachversicherung fiel.

Ich nahm einen Schluck aus der Flasche, steckte sie wieder in die Rocktasche zurück und betastete mein Knie. Wenn ich lag, schmerzte es weniger. Wenn ich vernünftig war, mich konzentrierte, würden Schwellung und Schmerz nachlassen. Ich konnte mir eine leere Apfelsinenkiste besorgen, mich vor den Bahnhof setzen, Guitarre spielen und die Lauretanische Litanei singen. Ich würde – wie zufällig – meinen Hut oder meine Mütze neben mich auf die Stufe legen, und wenn erst einer auf die Idee kam, was reinzuwerfen, würden andere auch den Mut dazu haben. Ich brauchte Geld, schon, weil ich fast keine Zigaretten mehr hatte. Am besten wäre es, einen Groschen und ein paar Fünfpfennigstücke in den Hut reinzulegen. Sicher würde Leo mir wenigstens soviel mitbringen. Ich sah mich schon da sitzen: das weißgeschminkte Gesicht vor der dunklen Bahnhofsfassade, ein blaues Trikot, meine schwarze Tweedjacke und die grüne Manchesterhose, und ich »hub an«, gegen den Straßenlärm anzusingen: *Rosa mystica – ora pro nobis – turris Davidica – ora pro nobis – virgo fidelis – ora pro nobis –* ich würde dort sitzen, wenn die Züge aus Rom ankamen und meine *coniux infidelis* mit ihrem katholischen Mann ankam. Die Trauungszeremonie mußte peinliche Überlegungen notwendig gemacht haben: Marie war nicht Witwe, sie war nicht geschieden, sie war – das wußte ich nun zufällig genau – nicht mehr Jungfrau. Sommerwild hatte sich die Haare raufen müssen, eine Trauung ohne Schleier verdarb ihm das ganze ästhetische Konzept. Oder hatten sie besondere liturgische Vorschriften für gefallene Mädchen und ehemalige Clownskonkubinen? Was hatte sich der Bischof gedacht, der die Trauung vollzog? Unter einem Bischof würden sie es nicht tun. Marie hatte mich einmal in ein Bischofsamt geschleppt, und das ganze Hin und Her mit Mitra ab- und Mitra aufsetzen, weißes Band um-, weißes Band ablegen, Bischofsstab dorthin, Bischofsstab hierhin legen, rotes Band um-, weißes ablegen, hatte mich sehr beeindruckt, als sensible Künstlernatur habe ich ein Organ für die Ästhetik der Wiederholung.

Ich dachte auch an meine Schlüsselpantomime. Ich konnte mir Plastilin besorgen, einen Schlüssel hineindrücken, Wasser in die Hohlform gießen und im Eisschrank ein paar Schlüssel backen; es war sicher möglich, eine kleine transportable Kühltruhe zu finden, in der ich mir jeden Abend für meinen Auftritt die Schlüssel backen würde, die während der Nummer dahinschmelzen sollten. Vielleicht war aus dem Einfall was zu machen, im Augenblick verwarf ich ihn, er war zu kompliziert, machte mich von zu vielen Requisiten und von technischen Zufällen abhängig, und wenn irgendein Bühnenarbeiter im Krieg einmal von einem Rheinländer betrogen worden war, würde er die Kühltruhe öffnen und mir die Schau unmöglich machen. Das andere war besser: mit meinem wahren Gesicht, weißgeschminkt, auf der Bonner Bahnhofstreppe sitzen, die Lauretanische Litanei singen und auf der Guitarre ein paar Akkorde anschlagen. Neben mir der Hut, den ich früher bei Chaplin-Imitationen getragen hatte, mir fehlten nur die Lockmünzen: ein Groschen wäre schon gut, ein Groschen und ein Fünfer besser, am besten aber drei Münzen: ein Groschen, ein Fünfer und ein Zweipfennigstück. Die Leute mußten sehen, daß ich kein religiöser Fanatiker war, der eine milde Gabe verabscheute, und sie mußten sehen, daß jedes Scherflein, auch ein kupfernes, willkommen war. Später würde ich dann eine silberne Münze dazulegen, es mußte ersichtlich sein, daß größere Gaben nicht nur nicht verschmäht, sondern auch gegeben wurden. Ich würde sogar eine Zigarette in den offenen Hut legen, der Griff zur Zigarettenschachtel fiel den meisten sicher leichter als zum Portemonnaie. Irgendwann würde natürlich einer auftauchen, der Ordnungsprinzipien geltend machte: Lizenz als Straßensänger, oder einer vom Zentralkomitee zur Bekämpfung der Gotteslästerung würde das Religiöse meiner Darbietung angreifbar finden. Für den Fall, daß ich nach Ausweisen gefragt wurde, hätte ich immer ein Brikett neben mir liegen, die Aufschrift »Heiz dir ein mit Schnier« kannte jedes Kind, ich würde mit roter Kreide das schwarze Schnier deutlich unterstreichen, vielleicht ein H. davor malen. Das wäre eine unpraktische, aber unmißverständliche Visitenkarte: Gestatten, Schnier. Und eins konnte mein Vater wirklich für mich tun, es würde ihn nicht einmal etwas kosten. Er konnte mir eine Straßensängerlizenz besorgen. Er brauchte nur den Oberbürgermeister anzurufen, oder ihn, wenn er in der Herren-Union mit ihm Skat spielte, darauf anzusprechen. Das mußte er für mich tun. Dann konnte ich auf der Bahnhofstreppe sitzen und auf den Zug aus Rom warten. Wenn Marie es fertigbrächte, an mir vorüberzugehen, ohne mich zu umarmen, blieb immer noch Selbstmord. Später. Ich zögerte, an Selbstmord zu denken, aus einem Grund, der hochmütig erscheinen mag: ich wollte mich Marie erhalten. Sie konnte sich von Züpfner wieder trennen, dann waren wir in der idealen Besewitz-Situation, sie konnte meine Konkubine bleiben, weil sie kirchlich ja nie mehr von Züpfner geschieden werden konnte. Ich brauchte mich dann nur noch vom Fernsehen entdecken zu lassen, neuen Ruhm zu erwerben, und die Kirche würde sämtliche Augen zudrücken. Mich verlangte ja nicht danach, mit Marie kirchlich getraut zu werden, und sie brauchten nicht einmal ihre ausgeleierte Kanone Heinrich den Achten auf mich abzuschießen.

Ich fühlte mich besser. Das Knie schwoll ab, der Schmerz ließ nach, Kopfschmerz und Melancholie blieben, aber sie sind mir so vertraut wie der Gedanke an den Tod. Ein Künstler hat den Tod immer bei sich, wie ein guter Priester sein Brevier. Ich weiß sogar genau, wie es nach meinem Tod sein wird: die Schniergruft wird mir nicht erspart bleiben. Meine Mutter wird weinen und behaupten, sie sei die einzige gewesen, die mich je verstanden hat. Nach meinem Tod wird sie jedermann erzählen, »wie unser Hans wirklich war«. Bis zum heutigen Tag und wahrscheinlich bis in alle Ewigkeiten hinein ist sie fest davon überzeugt, daß ich »sinnlich« und »geldgierig« bin. Sie wird sagen: »Ja, unser Hans, der war begabt, nur leider sehr sinnlich und geldgierig – leider vollkommen undiszipliniert – aber so begabt, begabt.« Sommerwild wird sagen: »Unser guter Schnier, köstlich, köstlich – leider hatte er unausrottbare antiklerikale Ressentiments und keinerlei Gefühl für Metaphysik.« Blothert wird bereuen, daß er mit seiner Todesstrafe nicht früh genug durchgedrungen ist, um mich öffentlich hinrichten zu lassen. Für Fredebeul werde ich »eine unersetzliche Type« sein, »ohne jede soziologische Konsequenz«. Kinkel wird weinen, aufrichtig und heiß, er wird vollkommen erschüttert sein, aber zu spät. Monika Silvs wird schluchzen, als wenn sie meine Witwe wäre, und bereuen, daß sie nicht sofort zu mir gekommen ist und mir das Omelett gemacht hat. Marie wird es einfach nicht glauben, daß ich tot bin – sie wird Züpfner verlassen, von Hotel zu Hotel fahren und nach mir fragen, vergebens.

Mein Vater wird die Tragik voll auskosten, voller Reue darüber sein, daß er mir nicht wenigstens ein paar Lappen heimlich auf den Garderobekasten legte, als er wegging. Karl und Sabine werden weinen, hemmungslos, auf eine Weise, die allen Teilnehmern am Begräbnis unästhetisch vorkommen wird. Sabine wird heimlich in Karls Manteltasche greifen, weil sie wieder ihr Taschentuch vergessen hat. Edgar wird sich verpflichtet fühlen, die Tränen zu unterdrücken, und vielleicht nach der Beerdigung in unserem Park die Hundertmeterstrecke noch einmal abgehen, allein zum Friedhof zurückgehen und an der Gedächtnisplakette für Henriette einen großen Strauß Rosen niederlegen. Außer mir weiß keiner, daß er in sie verliebt war, keiner weiß, daß die gebündelten Briefe, die ich verbrannte, alle hinten als Absender nur E. W. trugen. Und ich werde ein weiteres Geheimnis mit ins Grab nehmen: daß ich Mutter einmal beobachtete, wie sie im Keller heimlich in ihre Vorratskammer ging, sich eine dicke Scheibe Schinken abschnitt und sie unten aß, stehend, mit den Fingern, hastig, es sah nicht einmal widerwärtig aus, nur überraschend, und ich war eher gerührt als entsetzt. Ich war in den Keller gegangen, um in der Kofferkammer nach alten Tennisbällen zu suchen, verbotenerweise, und als ich ihre Schritte hörte, knipste ich das Licht aus, ich sah, wie sie ein Glas eingemachtes Apfelmus aus dem Regal nahm, das Glas noch einmal absetzte, sah nur die Schneidebewegung ihrer Ellenbogen, und dann stopfte sie sich die zusammengerollte Scheibe Schinken in den Mund. Ich hab's nie erzählt und werde es nie erzählen. Unter einer Marmorplatte in der Schniergruft wird mein Geheimnis ruhen. Merkwürdigerweise mag ich die, von deren Art ich bin: die Menschen.

Wenn einer von meiner Art stirbt, bin ich traurig. Sogar am Grab meiner Mutter würde ich weinen. Am Grab des alten Derkum konnte ich mich gar nicht fassen; ich schaufelte immer mehr und mehr Erde auf das nackte Holz des Sarges und hörte hinter mir jemanden flüstern, das sei ungehörig – aber ich schaufelte weiter, bis Marie mir die Schüppe aus der Hand nahm. Ich wollte nichts mehr sehen von dem Laden, dem Haus, wollte auch kein Andenken an ihn haben. Nichts. Marie war nüchtern, sie verkaufte den Laden und tat das Geld weg »für unsere Kinder«.

Ich konnte schon, ohne zu humpeln, in die Diele gehen, meine Guitarre holen. Ich knöpfte die Hülle ab, schob im Wohnzimmer zwei Sessel gegeneinander, zog das Telefon zu mir hin, legte mich wieder und stimmte die Guitarre. Die wenigen Töne taten mir wohl. Als ich anfing zu singen, fühlte ich mich fast wohl: *mater amabilis – mater admirabilis* – das *ora pro nobis* intonierte ich auf der Guitarre. Die Sache gefiel mir. Mit der Guitarre in der Hand, den offenen Hut neben mir, mit meinem wahren Gesicht würde ich auf den Zug aus Rom warten. *Mater boni consilii.* Marie hatte mir doch gesagt, als ich mit dem Geld von Edgar Wieneken kam, daß wir uns nie, nie mehr trennen würden: »Bis daß der Tod uns scheidet.« Ich war noch nicht tot. Frau Wieneken sagte immer: »Wer singt, lebt noch«, und: »Wem's schmeckt, der ist noch nicht verloren.« Ich sang und hatte Hunger. Am wenigsten konnte ich mir Marie seßhaft vorstellen: wir waren miteinander von Stadt zu Stadt, von Hotel zu Hotel gezogen, und wenn wir irgendwo ein paar Tage blieben, sagte sie immer: »Die offenen Koffer starren mich an wie Mäuler, die gestopft werden wollen«, und wir stopften den Koffern die Mäuler, und wenn ich wo ein paar Wochen bleiben mußte, lief sie durch die Städte wie durch ausgegrabene Städte. Kinos, Kirchen, unseriöse Zeitungen, Mensch-ärgere-Dich-nicht. Wollte sie wirklich an dem großen feierlichen Hochamt teilnehmen, wenn Züpfner zum Malteserritter geschlagen wurde, zwischen Kanzlern und Präsidenten, zu Hause mit eigener Hand die Wachsflecken aus dem Ordenshabit bügeln? Geschmackssache, Marie, aber nicht dein Geschmack. Es ist besser, auf einen ungläubigen Clown zu vertrauen, der dich früh genug weckt, damit du pünktlich zur Messe kommst, der dir notfalls ein Taxi zur Kirche spendiert. Mein blaues Trikot brauchst du nie zu waschen.

24

Als das Telefon klingelte, war ich einige Augenblicke verwirrt. Ich hatte mich ganz darauf konzentriert, die Woh-
nungsklingel nicht zu überhören und Leo die Tür zu öffnen. Ich legte die Guitarre aus der Hand, starrte auf den
klingelnden Apparat, nahm den Hörer auf und sagte:
»Hallo.«

»Hans?« sagte Leo.

»Ja«, sagte ich, »schön, daß du kommst.« Er schwieg,
hüstelte, ich hatte seine Stimme nicht sofort erkannt. Er
sagte: »Ich habe das Geld für dich.« *Das* Geld klang selt-
sam. Leo hat überhaupt seltsame Vorstellungen von Geld.
Er ist fast vollkommen bedürfnislos, raucht nicht, trinkt
nicht, liest keine Abendzeitungen und geht nur ins Kino,
wenn mindestens fünf Personen, denen er vollkommen
vertraut, ihm den Film als sehenswert empfohlen haben;
das geschieht alle zwei, drei Jahre. Er geht lieber zu Fuß,
als mit der Bahn zu fahren. Als er *das* Geld sagte, sank
meine Stimmung sofort wieder. Wenn er gesagt hätte,
etwas Geld, so hätte ich gewußt, daß es zwei bis drei
Mark wären. Ich schluckte an meiner Angst und fragte
heiser: »Wieviel?« – »Oh«, sagte er, »sechs Mark und
siebzig Pfennige.« Das war für ihn eine Menge, ich glaube, für das, was man persönliche Bedürfnisse nennt, lang-
te das für ihn auf zwei Jahre: hin und wieder eine Bahn-
steigkarte, eine Rolle Pfefferminz, ein Groschen für einen
Bettler, er brauchte ja nicht einmal Streichhölzer, und
wenn er sich einmal eine Schachtel kaufte, um sie für
»Vorgesetzte«, denen er Feuer geben mußte, griffbereit
zu haben, dann kam er ein Jahr damit aus, und selbst
wenn er sie ein Jahr lang mit sich herumtrug, sah sie noch

wie neu aus. Natürlich mußte er hin und wieder zum Friseur gehen, aber das nahm er sicher vom »Studienkonto«, das Vater ihm eingerichtet hatte. Früher hatte er manchmal Geld für Konzertkarten ausgegeben, aber meistens hatte er von Mutter deren Freikarten bekommen. Reiche Leute bekommen ja viel mehr geschenkt als arme, und was sie kaufen müssen, bekommen sie meistens billiger, Mutter hatte einen ganzen Katalog vom Grossisten: ich hätte ihr zugetraut, daß sie sogar Briefmarken billiger bekam. Sechs Mark siebzig – das war für Leo eine respektable Summe. Für mich auch, im Augenblick – aber er wußte wahrscheinlich noch nicht, daß ich – wie wir es zu Hause nannten – »im Moment ohne Einnahmen« war.

Ich sagte: »Gut, Leo, vielen Dank – bring mir doch eine Schachtel Zigaretten mit, wenn du herkommst.« Ich hörte ihn hüsteln, keine Antwort, und fragte: »Du hörst mich doch? Wie?« Vielleicht war er gekränkt, daß ich mir gleich von seinem Geld Zigaretten mitbringen ließ. »Ja, ja«, sagte er, »nur . . .«, er stammelte, stotterte: »Es fällt mir schwer, es dir zu sagen – kommen kann ich nicht.«

»Was?« rief ich, »du kannst nicht kommen?«

»Es ist ja schon Viertel vor neun«, sagte er, »und ich muß um neun im Haus sein.«

»Und wenn du zu spät kommst«, sagte ich, »wirst du dann exkommuniziert?«

»Ach, laß das doch«, sagte er gekränkt.

»Kannst du denn nicht um Urlaub oder so etwas bitten?«

»Nicht um diese Zeit«, sagte er, »das hätte ich mittags machen müssen.«

»Und wenn du einfach zu spät kommst?«

»Dann ist eine strenge Adhortation fällig!« sagte er leise.

»Das klingt nach Garten«, sagte ich, »wenn ich mich meines Lateins noch erinnere.«

Er lachte ein bißchen. »Eher nach Gartenschere«, sagte er, »es ist ziemlich peinlich.«

»Na gut«, sagte ich, »ich will dich nicht zwingen, dieses peinliche Verhör auf dich zu nehmen, Leo – aber die Gegenwart eines Menschen würde mir guttun.«

»Die Sache ist kompliziert«, sagte er, »du mußt mich verstehen. Eine Adhortation würde ich noch auf mich nehmen, aber wenn ich diese Woche noch einmal zur Adhortation muß, kommt es in die Papiere, und ich muß im Scrutinium darüber Rechenschaft geben.«

»Wo?« sagte ich, »bitte, sag's langsam.« Er seufzte, knurrte ein bißchen und sagte ganz langsam: »Scrutinium.«

»Verdammt, Leo«, sagte ich, »das klingt ja, als würden Insekten auseinandergenommen. Und ›in die Papiere‹ – das ist ja wie in Annas I. R. 9. Da kam auch alles sofort in die Papiere, wie bei Vorbestraften.«

»Mein Gott, Hans«, sagte er, »wollen wir uns in den wenigen Minuten über unser Erziehungssystem streiten?«

»Wenn's dir so peinlich ist, dann bitte nicht. Aber es gibt doch sicher Wege – ich meine Umwege, über Mauern klettern oder etwas Ähnliches, wie beim I. R. 9. Ich meine, es gibt doch immer Lücken in so strengen Systemen.«

»Ja«, sagte er, »die gibt es, wie beim Militär, aber ich verabscheue sie. Ich will meinen geraden Weg gehen.«

»Kannst du nicht meinetwegen deinen Abscheu überwinden und einmal über die Mauer steigen?«

Er seufzte, und ich konnte mir vorstellen, wie er den Kopf schüttelte. »Hat's denn nicht Zeit bis morgen? Ich meine, ich kann die Vorlesung schwänzen und gegen neun bei dir sein. Ist es so dringend? Oder fährst du gleich wieder los?«

»Nein«, sagte ich, »ich bleibe eine Zeitlang in Bonn. Gib mir wenigstens Heinrich Behlens Adresse, ich möchte ihn anrufen, und vielleicht kommt er noch rüber, von Köln oder wo er jetzt sein mag. Ich bin nämlich verletzt, am Knie, ohne Geld, ohne Engagement – und ohne Marie. Allerdings werde ich morgen auch noch verletzt, ohne Geld, ohne Engagement und ohne Marie sein – es ist also nicht dringend. Aber vielleicht ist Heinrich inzwischen Pastor, hat ein Moped, oder irgend etwas. Hörst du noch?«

»Ja«, sagte er matt.

»Bitte«, sagte ich, »gib mir seine Adresse, seine Telefonnummer.«

Er schwieg. Das Seufzen hatte er schon raus, wie jemand, der hundert Jahre lang im Beichtstuhl gesessen und über die Sünden und Torheiten der Menschheit geseufzt hat. »Na gut«, sagte er schließlich, mit hörbarer Überwindung, »du weißt also nicht?«

»Was weiß ich nicht«, rief ich, »mein Gott, Leo, sprich doch deutlich.«

»Heinrich ist nicht mehr Priester«, sagte er leise.

»Ich denke, das bleibt man, solange man atmet.«

»Natürlich«, sagte er, »ich meine, er ist nicht mehr im Amt. Er ist weggegangen, seit Monaten spurlos verschwunden.«

Er quetschte das alles mühsam aus sich heraus. »Na«, sagte ich, »er wird schon wieder auftauchen«, dann fiel mir etwas ein, und ich fragte: »Ist er allein?«

»Nein«, sagte Leo streng, »mit einem Mädchen weg.« Es klang, als hätte er gesagt: »Er hat die Pest auf dem Hals.«

Mir tat das Mädchen leid. Sie war sicherlich katholisch, und es mußte peinlich für sie sein, mit einem ehemaligen Priester jetzt irgendwo in einer Bude zu hocken und die Details des »fleischlichen Verlangens« zu erdulden, herumliegende Wäsche, Unterhosen, Hosenträger, Unterteller mit Zigarettenresten, durchgerissene Kinobilletts und beginnende Geldknappheit, und wenn das Mädchen die Treppe hinunterging, um Brot, Zigaretten oder eine Flasche Wein zu holen, machte eine keifende Wirtin die Tür auf, und sie konnte nicht einmal rufen: »Mein Mann ist ein Künstler, ja, ein Künstler.« Mir taten sie beide leid, das Mädchen mehr als Heinrich. Die kirchlichen Behörden waren in einem solchen Fall, wenn es um einen nicht nur unansehnlichen, sogar schwierigen Kaplan ging, sicher streng. Bei einem Typ wie Sommerwild würden sie wahrscheinlich sämtliche Augen zudrücken. Er hatte ja auch keine Haushälterin mit gelblicher Haut an den Beinen, sondern eine hübsche, blühende Person, die er Maddalena nannte, eine ausgezeichnete Köchin, immer gepflegt und heiter.

»Na gut«, sagte ich, »dann fällt er vorläufig für mich aus.«

»Mein Gott«, sagte Leo, »du hast aber eine kaltschnäuzige Art, das hinzunehmen.«

»Ich bin weder Heinrichs Bischof noch ernsthaft an der Sache interessiert«, sagte ich, »nur die Details machen mir Kummer. Hast du denn wenigstens Edgars Adresse oder Telefonnummer?«

»Du meinst Wieneken?«

»Ja«, sagte ich. »Du erinnerst dich doch noch an Edgar? In Köln habt ihr euch doch bei uns getroffen, und zu Hause spielten wir doch immer bei Wienekens und aßen Kartoffelsalat.«

»Ja, natürlich«, sagte er, »natürlich erinnere ich mich, aber Wieneken ist gar nicht im Lande, soviel ich weiß. Jemand hat mir erzählt, daß er eine Studienreise macht, mit irgendeiner Kommission, Indien oder Thailand, ich weiß nicht genau.«

»Bist du sicher?« fragte ich.

»Ziemlich«, sagte er, »ja, jetzt erinnere ich mich, Heribert hat's mir erzählt.«

»Wer?« schrie ich, »wer hat's dir erzählt?«

Er schwieg, ich hörte ihn nicht einmal mehr seufzen, und ich wußte jetzt, warum er nicht zu mir kommen wollte. »Wer?« schrie ich noch einmal, aber er gab keine Antwort. Er hatte sich auch schon dieses Beichtstuhlhüsteln angewöhnt, das ich manchmal gehört hatte, wenn ich in der Kirche auf Marie wartete. »Es ist besser«, sagte ich leise, »wenn du auch morgen nicht kommst. Es wäre schade um deine versäumte Vorlesung. Sag mir nur noch, daß du auch Marie gesehen hast.«

Offenbar hatte er wirklich nichts als Seufzen und Hüsteln gelernt. Jetzt seufzte er wieder, tief, unglücklich, lange. »Du brauchst mir nicht zu antworten«, sagte ich, »grüß mir nur den netten Kerl, mit dem ich heute zweimal bei euch telefoniert habe.«

»Strüder?« fragte er leise.

»Ich weiß nicht, wie er heißt, aber er klang so nett am Telefon.«

»Aber den nimmt doch keiner ernst«, sagte er, »der ist doch – ist doch sozusagen auf Gnadenbrot gesetzt.« Leo brachte es tatsächlich fertig, eine Art Lachen zustande zu bringen, »er schleicht sich nur manchmal ans Telefon und redet Unsinn.«

Ich stand auf, blickte durch einen Spalt im Vorhang auf die Uhr unten auf dem Platz. Es war drei Minuten vor neun.

»Du mußt jetzt gehen«, sagte ich, »sonst bekommst du's doch in die Papiere. Und versäum mir morgen deine Vorlesung nicht.«

»Aber versteh mich doch«, flehte er.

»Verflucht«, sagte ich, »ich versteh dich ja. Nur zu gut.«

»Was bist du eigentlich für ein Mensch?« fragte er. »Ich bin ein Clown«, sagte ich, »und sammle Augenblicke. Tschüs.« Ich legte auf.

<h1 style="text-align:center">25</h1>

Ich hatte vergessen, ihn nach seinen Erlebnissen beim Militär zu fragen, aber vielleicht würde sich irgendwann die Gelegenheit dazu ergeben. Sicher würde er die »Verpflegung« loben – so gut hatte er zu Hause nie zu essen bekommen –, die Strapazen für »erzieherisch äußerst wertvoll« halten und die Berührung mit dem Mann aus dem Volke für »ungeheuer lehrreich«. Ich konnte mir sparen, ihn danach zu fragen. Er würde diese Nacht in seinem Konviktsbett kein Auge zutun, sich in Gewissensbissen hin und her wälzen und sich fragen, ob es richtig gewesen war, nicht zu mir zu kommen. Ich hatte ihm so viel sagen wollen: daß es besser für ihn wäre, in Südamerika oder Moskau, irgendwo in der Welt, nur nicht in Bonn, Theologie zu studieren. Er mußte doch begreifen, daß für das, was er seinen Glauben nannte, hier kein Platz war, zwischen Sommerwild und Blothert, in Bonn war ein konvertierter Schnier, der sogar Priester wurde, ja fast geeignet, die Börsenkurse zu festigen. Ich mußte einmal mit ihm über alles reden, am besten, wenn zu Hause *Jour fixe* war. Wir beiden abtrünnigen Söhne würden uns zu Anna in die Küche setzen, Kaffee trinken, alte Zeiten heraufbeschwören, glorreiche Zeiten, in denen in unserem Park noch mit Panzerfäusten geübt worden war und Wehrmachtsautos vor der Einfahrt hielten, als wir Einquartierung bekamen. Ein Offizier – Major oder so was – mit Feldwebeln und Soldaten, ein Auto mit Standarte, und sie alle hatten nichts anderes im Kopf als Spiegeleier, Kognak, Zigaretten und handgreifliche Scherze mit den Mädchen in der Küche. Manchmal wurden sie dienstlich, d. h. wichtigtuerisch: dann traten sie vor unserem Haus an, der Offizier warf sich in die Brust, steckte sogar seine Hand unter den Rock, wie ein Schmierenschauspieler, der einen Obristen spielt, und schrie etwas vom »Endsieg«. Peinlich, lächerlich, sinnlos. Als dann herauskam, daß Frau Wieneken nachts heimlich mit ein paar Frauen durch den Wald gegangen war, durch die deutschen und amerikanischen Linien hindurch, um drüben bei ihrem Bruder, der eine Bäckerei hatte, Brot zu holen, wurde die Wichtigtuerei lebensgefährlich. Der Offizier wollte Frau Wieneken und zwei andere Frauen wegen Spionage und Sabotage erschießen lassen (Frau Wieneken hatte bei einem Verhör zugegeben, drüben mit einem amerikanischen Soldaten gesprochen zu haben). Aber da wurde mein Vater – zum zweitenmal in seinem Leben, soweit ich mich erinnern kann – energisch, holte die Frauen aus dem improvisierten Gefängnis, unserer Bügelkammer, heraus und versteckte sie im Bootsschuppen unten am Ufer. Er wurde richtig tapfer, schrie den Offizier an, der schrie ihn an. Das Lächerlichste an dem Offizier waren seine Orden, die auf der Brust bebten vor Empörung, während meine Mutter mit ihrer sanften Stimme sagte: »Meine Herren, meine Herren – es gibt schließlich Grenzen.« Was ihr peinlich an der Sache war, war die Tatsache, daß zwei »Herren« sich anbrüllten. Mein Vater sagte: »Bevor diesen Frauen ein Leid geschieht, müssen Sie mich erschießen – bitte«, und er knöpfte wirklich seinen Rock auf und hielt dem Offizier seine Brust hin, aber die Soldaten zogen dann ab, weil die Amerikaner schon auf den Rheinhöhen waren, und die Frauen konnten aus dem Bootsschuppen wieder raus. Das Peinlichste an diesem Major, oder was er war, waren seine Orden. Undekoriert hätte er vielleicht noch die Möglichkeit gehabt, eine gewisse Würde zu wahren. Wenn ich die miesen Spießer bei Mutters *Jour fixe* mit ihren Orden herumstehen sehe, denke ich immer an diesen Offizier, und sogar Sommerwilds Orden kommt mir dann noch erträglich vor: *Pro Ecclesia* und irgend was. Sommerwild tut immerhin für seine Kirche Dauerhaftes: er hält seine »Künstler« bei der Stange und hat noch Geschmack genug, den Orden »an sich« für peinlich zu halten. Er trägt ihn nur bei Prozessionen, feierlichen Gottesdiensten und Fernsehdiskussionen. Das Fernsehen bringt auch ihn um den Rest von Scham, den ich ihm zubilligen muß. Wenn unser Zeitalter einen Namen verdient, müßte es Zeitalter der Prostitution heißen. Die Leute gewöhnen sich ans Hurenvokabularium. Ich traf Sommerwild einmal nach einer solchen Diskussion (›Kann moderne Kunst religiös sein?‹), und er fragte mich: »War ich gut? Fanden Sie mich gut?«, wortwörtlich Fragen, wie sie Huren ihren abziehenden Freiern stellen. Es fehlte nur noch, daß er gesagt hätte: »Empfehlen Sie mich weiter.« Ich sagte ihm damals: »Ich *finde* Sie nicht gut, kann Sie also gestern nicht gut gefunden haben.« Er war vollkommen niedergeschlagen, obwohl ich meinen Eindruck von ihm noch sehr schonend ausgedrückt hatte. Er war abscheulich gewesen; um ein paar billiger Bildungspointen willen hatte er seinen Gesprächspartner, einen etwas hilflosen Sozialisten, »geschlachtet«

oder »abgeschossen«, vielleicht auch nur »zur Sau gemacht«. Listig, indem er fragte: »So, Sie finden also den frühen Picasso abstrakt?«, brachte er den alten, grauhaarigen Mann, der etwas von Engagement murmelte, vor zehn Millionen Zuschauern um, indem er sagte: »Ach, Sie meinen wohl sozialistische Kunst – oder gar sozialistischen Realismus?«

Als ich ihn am anderen Morgen auf der Straße traf und ihm sagte, ich hätte ihn schlecht gefunden, war er wie vernichtet. Daß *einer* von zehn Millionen ihn nicht gut gefunden hatte, traf seine Eitelkeit schwer, aber er wurde durch eine »wahre Welle des Lobes« in allen katholischen Zeitungen reichlich entschädigt. Sie schrieben, er habe für die »gute Sache« einen Sieg errungen.

Ich steckte mir die drittletzte Zigarette an, nahm die Guitarre wieder hoch und klimperte ein bißchen vor mich hin. Ich dachte darüber nach, was ich Leo alles erzählen, was ich ihn fragen wollte. Immer, wenn ich ernsthaft mit ihm reden mußte, machte er entweder Abitur oder hatte Angst vor einem Scrutinium. Ich überlegte auch, ob ich wirklich die Lauretanische Litanei singen sollte; besser nicht: es könnte einer auf die Idee kommen, mich für einen Katholiken zu halten, sie würden mich für »einen der unsrigen« erklären, und es könnte eine hübsche Propaganda für sie draus werden, sie machen sich ja alles »dienstbar«, und das Ganze würde mißverständlich und verwirrend wirken, daß ich gar nicht katholisch war, nur die Lauretanische Litanei schön fand und Sympathie mit dem Judenmädchen empfand, dem sie gewidmet war, sogar das würde niemand verstehen, und durch irgendwelche Drehs würden sie ein paar Millionen katholons an mir entdecken, mich vors Fernsehen schleppen – und die Aktienkurse würden noch mehr steigen. Ich mußte mir einen anderen Text suchen, schade, ich hätte am liebsten wirklich die Lauretanische Litanei gesungen, aber auf der Bonner Bahnhofstreppe konnte das nur mißverständlich sein. Schade. Ich hatte schon so nett geübt und konnte das *Ora pro nobis* so hübsch auf der Guitarre intonieren.

Ich stand auf, um mich für den Auftritt fertig zu machen. Sicher würde auch mein Agent Zohnerer mich »fallenlassen«, wenn ich anfing, auf der Straße zur Guitarre Lieder zu singen. Hätte ich wirklich Litaneien, *Tantum ergo* und all die Texte gesungen, die ich so gern sang und in der Badewanne jahrelang geübt hatte, so wäre er vielleicht noch »eingestiegen«, das wäre eine gute Masche gewesen, ungefähr so wie Madonnenmalerei. Ich glaubte ihm sogar, daß er mich wirklich gern hatte – die Kinder dieser Welt sind herzlicher als die Kinder des Lichts –, aber »geschäftlich« war ich für ihn erledigt, wenn ich mich auf die Bonner Bahnhofstreppe setzte.

Ich konnte wieder laufen, ohne merklich zu humpeln. Das machte die Apfelsinenkiste überflüssig, ich brauchte mir nur unter den linken Arm ein Sofakissen, unter den rechten die Guitarre zu klemmen und zur Arbeit zu gehen. Zwei Zigaretten besaß ich noch, eine würde ich noch rauchen, die letzte würde in dem schwarzen Hut verlockend genug aussehen; wenigstens eine Münze daneben wäre gut gewesen. Ich suchte in meinen Hosentaschen, krempelte sie um; ein paar Kinobillets, ein rotes Mensch-ärgere-Dich-nicht-Püppchen, ein verschmutztes Papiertaschentuch, aber kein Geld. Ich riß in der Diele die Garderobenschublade auf: eine Kleiderbürste, eine Quittung der Bonner Kirchenzeitung, ein Bon für eine Bierflasche, kein Geld. Ich wühlte in der Küche sämtliche Schubladen durch, rannte ins Schlafzimmer, suchte zwischen Kragenknöpfchen, Hemdenstäbchen, Manschettenknöpfen, zwischen Socken und Taschentüchern, in den Taschen der grünen Manchesterhose: nichts. Ich zog meine dunkle

Hose runter, ließ sie auf dem Boden liegen wie eine abgestreifte Haut, warf das weiße Hemd daneben und zog das hellblaue Trikot über den Kopf: grasgrün und hellblau, ich klappte die Spiegeltür auf: großartig, so gut hatte ich noch nie ausgesehen. Ich hatte die Schminke zu dick aufgetragen, ihr Fettgehalt war in den Jahren, die sie schon dort gelegen haben mochte, eingetrocknet, und nun sah ich im Spiegel, daß die Schminkschicht schon gesprungen war, Risse zeigte wie ein ausgegrabenes Denkmalsgesicht. Meine dunklen Haare wie eine Perücke darüber. Ich summte einen Text vor mich hin, der mir gerade einfiel: »Der arme Papst Johannes, hört nicht die CDU, er ist nicht Müllers Esel, er will nicht Müllers Kuh.« Das konnte für den Anfang gehn, und das Zentralkomitee zur Bekämpfung der Gotteslästerung konnte an dem Text nichts auszusetzen haben. Ich würde noch viele Strophen hinzudichten, das Ganze balladesk intonieren. Ich hätte gern geweint: die Schminke hinderte mich, sie saß so gut, mit den Rissen, mit den Stellen, wo sie anfing abzublättern, die Tränen hätten das alles zerstört. Ich könnte später weinen, nach Feierabend, wenn mir noch danach zumute war. Der professionelle Habitus ist der beste Schutz, auf Leben und Tod zu treffen sind nur Heilige und Amateure. Ich trat vom Spiegel zurück, tiefer in mich hinein und zugleich weiter weg. Wenn Marie mich so sah und es dann über sich brachte, ihm die Wachsflecken aus seiner Malteserritteruniform rauszubügeln – dann war sie tot, und wir waren geschieden. Dann konnte ich anfangen, an ihrem Grab zu trauern. Ich hoffte, sie würden alle genug Kleingeld bei sich haben, wenn sie vorbeikamen: Leo etwas mehr als einen Groschen, Edgar Wieneken, wenn er aus Thailand zurückkam, vielleicht eine alte Goldmünze, und Großvater, wenn er aus Ischia kam – er würde mir wenigstens einen Verrechnungsscheck ausschreiben. Ich hatte inzwischen gelernt, daraus Bargeld zu machen, meine Mutter würde wahrscheinlich zwei bis fünf Pfennige für angebracht halten, Monika Silvs würde sich vielleicht zu mir herunterbeugen und mir einen Kuß geben, während Sommerwild, Kinkel und Fredebeul, empört über meine Geschmacklosigkeit, nicht einmal eine Zigarette in meinen Hut werfen würden. Zwischendurch, wenn für Stunden kein Zug aus dem Süden zu erwarten war, würde ich zu Sabine Emonds hinausradeln und mein Süppchen essen. Vielleicht würde Sommerwild Züpfner in Rom anrufen und ihm raten, schon in Godesberg auszusteigen. Dann würde ich hinausradeln, mich vor die Villa mit abfallendem Garten am Hang setzen und mein Liedchen dort singen: sie sollte nur kommen, mich anschauen und tot oder lebendig sein. Der einzige, der mir leid tat, war mein Vater. Es war sehr nett von ihm gewesen, daß er die Frauen vor dem Erschießen rettete, und es war nett gewesen, daß er mir die Hand auf die Schulter legte, und – ich sah's jetzt im Spiegel – so geschminkt, wie ich war, glich ich ihm nicht nur, ich war ihm verblüffend ähnlich, und ich verstand jetzt, wie heftig er Leos Konversion abgelehnt hatte. Mit Leo hatte ich kein Mitleid, er hatte ja seinen Glauben.

Es war noch nicht halb zehn, als ich im Aufzug runterfuhr. Mir fiel der christliche Herr Kostert ein, der mir noch die Flasche Schnaps schuldete und die Differenz zwischen der Fahrkarte erster und zweiter Klasse. Ich würde ihm eine unfrankierte Postkarte schreiben und an sein Gewissen pochen. Er mußte mir auch noch den Gepäckschein schikken. Es war gut, daß mir meine Nachbarin, die hübsche Frau Grebsel, nicht begegnete. Ich hätte ihr alles erklären müssen. Wenn sie mich auf der Treppe des Bahnhofs sitzen sah, brauchte ich nichts mehr zu erklären. Mir fehlte nur das Brikett, meine Visitenkarte.

Es war kühl draußen, Märzabend, ich schlug den Rockkragen hoch, setzte den Hut auf, tastete nach meiner letzten Zigarette in der Tasche. Mir fiel die Kognakflasche ein, sie hätte sehr dekorativ gewirkt, aber doch die Mildtätigkeit behindert, es war eine teure Marke, am Korken erkennbar. Das Kissen unter den linken, die Guitarre unter den rechten Arm geklemmt, ging ich zum Bahnhof zurück. Auf dem Weg erst bemerkte ich Spuren der Zeit, die man hier die »närrische« nennt. Ein als Fidel Castro maskierter betrunkener Jugendlicher versuchte, mich anzurempeln, ich wich ihm aus. Auf der Bahnhofstreppe wartete eine Gruppe von Matadoren und spanischen Donnas auf ein Taxi. Ich hatte vergessen, es war Karneval. Das paßte gut. Nirgendwo ist ein Professioneller besser versteckt als unter Amateuren. Ich legte mein Kissen auf die dritte Stufe von unten, setzte mich hin, nahm den Hut ab und legte die Zigarette hinein, nicht genau in die Mitte, nicht an den Rand, so, als wäre sie von oben geworfen worden, und fing an zu singen: ›Der arme Papst Johannes‹, niemand achtete auf mich, das wäre auch nicht gut gewesen: nach einer, nach zwei, drei Stunden würden sie schon anfangen, aufmerksam zu werden. Ich unterbrach mein Spiel, als ich drinnen die Stimme des Ansagers hörte. Er meldete einen Zug aus Hamburg – und ich spielte weiter. Ich erschrak, als die erste Münze in meinen Hut fiel: es war ein Groschen, er traf die Zigarette, verschob sie zu sehr an den Rand. Ich legte sie wieder richtig hin und sang weiter.

Nachwort 1985
zu ›Ansichten eines Clowns‹

Nachgeborene – und darunter verstehe ich schon die jungen Deutschen, die Ende der fünfziger, Anfang der sechziger Jahre geboren sind, heute also zwischen 25 und 27 Jahre alt sind –, Nachgeborene werden kaum begreifen, wieso ein solch harmloses Buch seinerzeit einen solchen Wirbel hervorrufen konnte. Lernen können sie an diesem Buch, wie rasch in unseren Zeiten ein Roman zum *historischen* Roman wird; lernen auch – und das wäre möglicherweise das einzig »zeitlose« an diesem Roman –, wie *Verbandsdenken* sich anmaßt, im Namen ganzer Bevölkerungsgruppen zu sprechen, zu urteilen. In diesem Falle geht es um die uralte, bis heute ungeklärte Frage, wie repräsentativ katholische Verbände, Organisationen und ihre publizistischen Organe für die immerhin erhebliche statistische Masse von ungefähr 26 Millionen deutscher Katholiken sind? Wer spricht da in wessen Namen, wer ist der *Wortführer* für wen? Immerhin erschien dem streitbaren Carl Amery der Roman »zu fromm«, immerhin hat der Roman auch ein Motto, das man getrost als eine Art Schlüssel hätte benutzen können: »Die werden es sehen, denen von Ihm noch nichts verkündet ward, und die verstehen, die noch nichts vernommen haben.« Nachzulesen in einem kleinen Buch, das immer noch nicht auf dem Index steht, und zwar im Römerbrief, Kapitel 15, Zeile 21. Hätte man nicht auch an diesem Motto

»knabbern« können, statt den dümmsten aller Fehler zu begehen, Autor und »Held« *total* zu identifizieren? Statt dessen reagierte man mit Humorlosigkeit, unter völliger Verkennung des literarischen Mittels der Satire. Unsensibel, peinlich, mir nicht einmal ärgerlich, weil dann doch *zu dumm,* war die Reaktion in den Verbandsorganen. Es wäre möglich, daß das Buch nur deshalb noch einige Zeit lebt und überlebt, weil es – nicht bei den Katholiken, sondern im militanten Verbandskatholizismus – das berühmt-berüchtigte »kulturelle Defizit« beweisen könnte. Ich möchte an dieser Stelle, bei dieser Gelegenheit an Reinhold Schneider erinnern, Autor von Rang, einer der Vorzeige-Autoren des »Milieus«, verkannt auch von den »Linken«, der sich heute als einer der Vor- und Urdenker aller »Friedensbewegten« erweist, vom »Milieu« verstoßen, weil er es wagte, gegen die Wiederbewaffnung zu protestieren, als die ersten Signale zu erkennen waren; erinnern auch an die tapfere Gertrud von le Fort, die jahrzehntelang unter dem Druck möglicher Exkommunikation gehalten wurde. Es wäre, wenn man über dieses »kulturelle Defizit« ausführlich schreiben müßte, weit zurückzugreifen, mindestens bis ins Jahr 1896, als der damals 31jährige Carl Muth unter dem Pseudonym Veremundus eine Streitschrift publizierte mit dem Titel: ›Steht die katholische Belletristik auf der Höhe der Zeit?‹ Es gab Krach, Gegenschriften, Muth gab sein Pseudonym preis, ergab sich aber nicht und blieb ein Gegner der verkitschten Erbauungsliteratur, die seine Gegner verteidigten. Später wurde Muth Herausgeber des ›Hochland‹, der ersten und letzten katholischen, von einem Laien herausgegebenen Monatsschrift, die dem »Milieu« einigen Respekt verschaffte. Im Zweiten Weltkrieg (er starb 77jährig im Jahre 1944) war er Freund und Berater der Geschwister Scholl und ihrer Freunde.

Was hier an verbandskatholischen Rezensionen publiziert wird, scheint zu beweisen: es hat sich in fast 100 Jahren nichts geändert. Muth, lebte er noch, würde wahrscheinlich wie Carl Amery den ›Clown‹ eher als »zu fromm« einstufen, ihn vielleicht sogar der Erbauungsliteratur zuordnen. Sollte irgendwann einmal jemand in einer ausführlichen Schrift das »kulturelle Defizit« des Verbandskatholizismus analysieren, er müßte die mühsame Arbeit auf sich nehmen, eine hundertjährige *Rück*entwicklung darzustellen und an Beispielen zu erläutern. Dieses harmlose Buch hier (das seine Schwächen hat) führte bei den *Wort*führern der militant-apologetischen Minderheit, die sich anmaßt, für alle deutschen Katholiken zu sprechen, zu Reaktionen, die bis zum Boykott führten. Es gab katholisch definierte Buchhandlungen, die das Buch nur »unterm Ladentisch« verkauften, nicht riskieren konnten, es auszulegen und offen anzubieten. Es klingt verrückt, aber es waren verrückte Zeiten – und wie, wie ist es möglich, diese *historische* Situation jemandem zu vermitteln, der heute zwischen 25 und 30 Jahre alt ist, diese Situation zu verdeutlichen, sie ihm zu erklären? Die liberale, nicht kirchlich orientierte Literaturkritik begriff einiges, nicht alles, da für sie der Katholizismus, ob verbandsgebunden oder nicht, ein *eigentlich* uninteressantes Thema ist und war; eine Täuschung, wie ich finde, da der Katholizismus der Adenauer-Ära eine *erhebliche* Macht darstellte. Immerhin gab es unter anderem einen Personalchef der Bundeswehr, der geschiedenen Offizieren Beförderung verweigerte oder erschwerte, weil er sich als gläubiger Katholik dazu verpflichtet fühlte. Ein persönlich möglicherweise ehrenwerter Standpunkt, nur: in einer säkularen Gesellschaft einigermaßen absurd.

In meinem Buch ist viel versteckt von der Geschichte der Bundesrepublik, die, als ich anfing, es zu schreiben, zwölf, als es erschien, vierzehn Jahre alt war, die inzwischen sechsunddreißig Jahre alt geworden ist. Einer der Hauptvorwürfe war die Tatsache, daß in diesem Roman ein Paar unverheiratet zusammenlebt. Welcher Jugendliche kann das heute verstehen oder eine notwendige Erklärung gewisser Entwicklungen, die *auch* im Milieu stattgefunden haben, als die *Wort*führer der Verbände weit hinter Carl Muth zurückgefallen sind, jedenfalls vor zwanzig Jahren noch *waren*. Nein, dieser Roman ist keine 100, er ist jetzt erst 22 Jahre alt und schon historisch.

Unverheiratet zusammenzuleben ist nicht nur gebräuchlich, es ist akzeptiert, in katholischen Kreisen genauso wie in nichtkirchlichen, und doch ist ›Ansichten eines Clowns‹ ein Eheroman, fast dem Bibelwort entsprechend: Was Gott zusammengeführt hat, soll der Mensch nicht trennen. Gewiß für Carl Amery wieder »zu fromm«, diese Deutung. Der Anspruch, daß nur Kirche oder Staat, meistens beide gemeinsam, bestimmen dürfen, was eine Ehe ist, wird angezweifelt. Mehr nicht. Es wird weder »Konkubinat« propagiert noch Promiskuität, sondern – ich schäme mich nicht, es zu schreiben – eine Art von Keuschheit, die den meisten Interpreten unfaßbar geblieben ist. Auch in katholischen Familien wird es inzwischen hingenommen, daß man unverheiratet zusammen lebt, nicht immer gebilligt, aber *hingenommen*. Die Anpassungsfähigkeit, die ich nicht Fortschrittlichkeit nennen möchte, ist geradezu verblüffend. Was noch vor zwanzig Jahren zu Verfluchungen und Verstoßen geführt hat und hätte, katholische Familien nehmen es hin, wie sie die Raketen hingenommen haben. Die Distanz zwischen dem Verbandskatholizismus und der großen Bevölkerungsgruppe »deutsche Katholiken« wird immer größer.

Es mag sein, daß dieser Roman schon nach wenigen Jahren, vielleicht jetzt schon, als eine ironisch-satirische

Zeitskizze erscheinen wird, der historische Augenblick seines Erscheinens wird interessant bleiben wegen der Reaktion der Militanz-Wortführer-Katholiken.

Zugegeben: das Jahr 1963 war für die Demonstrativ-Cisten ein hartes Jahr. Es erschien Carl Amerys ›Kapitulation‹, Hochhuths ›Stellvertreter‹ und das im Jahre 2 des zweiten Vatikanischen Konzils. Einem der Kapitel von Carl Amerys ›Die Kapitulation‹ steht ein Motto voran, das man ebenfalls einmal genauer hätte betrachten können, bevor man in blinde Wut verfiel: »Das Christentum ist in den Untergang des Bürgertums hineingezogen, und es ist sicher, daß aus dieser Schicht keine Rettung mehr kommen kann« (Robert Grosche). Und man muß wissen – wer weiß das noch –, daß Grosche keineswegs ein »Linker«, nicht einmal andeutungsweise »linksverdächtiger« Prälat war: er war konservativ, aber klug genug, die Zeichen der Zeit zu erkennen.

Er war »römisch« bis auf die Knochen, für ihn war wohl bürgerlich mit »konservativ« nicht identisch, und es gab Zeiten, in denen er als Anwärter auf den Erzbischofssitz in Köln galt. Nun, wir wissen, daß es anders kam.

Einer der kirchlich orientierten Kritiker befürchtete 1963, mein Buch könnte in die Hände von Abiturienten geraten. Nun, was damals befürchtet wurde, ist inzwischen eingetreten, und ich frage mich, ob heute 19- bis 20jährige Abiturienten in die Mentalität der Adenauer-Ära zurückzuversetzen sind, um die Historizität des Romans zu erkennen. Möglich, daß das Jahr 1963 mit der ›Kapitulation‹, dem ›Stellvertreter‹ und diesem Buch ein Jahr der »Wende« war, alle Versuche zur »Rückwende« des Verbandskatholizismus sind gescheitert: keiner mag mehr so recht zwanzig Jahre beziehungsweise ein Jahrhundert zurück. Nicht einmal die Raketeneuphorie innerhalb des »Milieus« ist ungebrochen.

Es müssen, wenn man vom deutschen Katholizismus spricht, vier Kategorien voneinander unterschieden werden: der Verbandskatholizismus, in dem es auch zu bröckeln beginnt, etwa innerhalb der organisierten katholischen Jugend, die Amtskirche, die deutschen Katholiken und die katholische Theologie, die das kulturelle Defizit längst aufgeholt hat.

Heinrich Böll

Heinrich Böll
Erzählungen

Gebunden
Sonderausgabe

Als Heinrich Böll 1972 den Literaturnobelpreis erhielt, wurde er als einer der bedeutendsten Erzähler seiner Zeit gewürdigt. Dieser Band präsentiert Erzählungen aus vier Jahrzehnten und belegt, dass Bölls Werk eine überzeitliche Geltung besitzt und sich dem neugierigen Blick immer neu öffnet.
Es beginnt im Jahr 1937 mit der Erzählung »Jugend« und endet 1982 mit dem satirischen Text »In welcher Sprache heißt man Schneckenröder?«. Heinrich Böll hat seine literarische Laufbahn mit Kurzgeschichten eröffnet, und er ist diesem Genre zeit seines Lebens treu geblieben. Der Erfolg der frühen Erzählungen aus den Jahren nach dem Krieg setzte sich in den 50er- und frühen 60er-Jahren fort, in denen Böll die kurze literarische Form zur Vollendung führte.

Kiepenheuer
& Witsch   www.kiwi-verlag.de

Heinrich Böll im dtv

»Man kann eine Grenze nur erkennen, wenn man sie
zu überschreiten versucht.«
Heinrich Böll

Bitte besuchen Sie uns im Internet: www.dtv.de

Heinrich Böll im dtv

Bitte besuchen Sie uns im Internet: www.dtv.de

Siegfried Lenz im dtv

»Siegfried Lenz gehört nicht nur zu den ohnehin raren großen
Erzählern in deutscher Sprache, sondern darüber hinaus auch
noch zu den ganz wenigen, die Humor haben.«
Rudolf Walter Leonhardt

Jäger des Spotts
Geschichten aus dieser Zeit
ISBN 978-3-423-00276-9

Das Feuerschiff
Erzählungen
ISBN 978-3-423-00336-0

Es waren Habichte in der Luft
Roman
ISBN 978-3-423-00542-5

Der Spielverderber
Erzählungen
ISBN 978-3-423-00600-2

Beziehungen
Ansichten und Bekenntnisse
zur Literatur
ISBN 978-3-423-00800-6

**Einstein überquert die Elbe
bei Hamburg**
Erzählungen
ISBN 978-3-423-01381-9

Der Geist der Mirabelle
Geschichten aus Bollerup
ISBN 978-3-423-01445-8

Der Verlust
Roman
ISBN 978-3-423-10364-0

**Die Erzählungen
1949–1984**
3 Bände in Kassette
ISBN 978-3-423-10527-9

Exerzierplatz
Roman
ISBN 978-3-423-10994-9

Ein Kriegsende
Erzählung
ISBN 978-3-423-11175-1

**Leute von Hamburg
Meine Straße**
ISBN 978-3-423-11538-4

Die Klangprobe
Roman
ISBN 978-3-423-11588-9

Über das Gedächtnis
Reden und Aufsätze
ISBN 978-3-423-12147-7

Ludmilla
Erzählungen
ISBN 978-3-423-12443-0

Duell mit dem Schatten
Roman
ISBN 978-3-423-12744-8

Bitte besuchen Sie uns im Internet: www.dtv.de

Siegfried Lenz im dtv

»Denn was sind Geschichten? Man kann sagen, zierliche
Nötigungen der Wirklichkeit, Farbe zu bekennen. Man kann
aber auch sagen: Versuche, die Wirklichkeit da zu verstehen,
wo sie nichts preisgeben möchte.«
Siegfried Lenz

Bitte besuchen Sie uns im Internet: www.dtv.de